MOSAIK
Deutsche Literatur

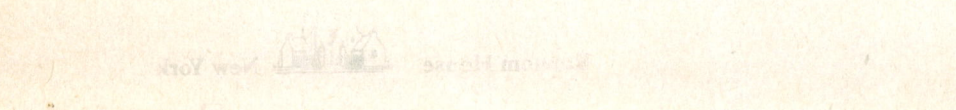

MOSAIK
Deutsche Literatur

Second Edition

Roselinde Konrad

University of California, Santa Barbara

Kim Vivian

Guilford College

Random House   New York

This book was developed for Random House by Eirik Børve, Inc.

PF 3117 .D39 1986
Konrad, Roselinde.
Deutsche Literatur

Second Edition

9 8 7 6 5 4 3 2 1

Copyright © 1986 by Random House, Inc.

All rights reserved under International and Pan-American Copyright Conventions. No part of this book may be reproduced in any form or by any means, electronic or mechanical, including photocopying, without permission in writing from the publisher. All inquiries should be addressed to Random House, Inc., 201 East 50th Street, New York, N.Y. 10022. Published in the United States by Random House, Inc., and simultaneously in Canada by Random House of Canada Limited, Toronto.

Library of Congress Cataloging-in-Publication Data

Main entry under title:

Deutsche Literatur.

  (Mosaik)
  Readings in German, preceded by introds. in English.
  1. German language—Readers. 2. German literature—20th century. 3. German language—Text-books for foreign speakers—English. I. Konrad, Roselinde. II. Vivian, Kim. III. Series.
PF3117.D39 1986   438.6'421   85-30074
ISBN 0-394-34252-6

Manufactured in the United States of America

Book production: Greg Hubit Bookworks
Text design: Katherine Tillotson
Cover design: Dare Porter
Photo research: Lindsay Kefauver
Composition: Graphic Typesetting Service

Picture Credits

Page

 1 George Grosz, *Wanderer.* Pen and black ink on cream wove paper, 431 × 305 mm. The Fine Arts Museums of San Francisco, Achenbach Foundation for Graphic Arts. Purchase, 160.55

 9 Ernst Ludwig Kirchner, *Berglandschaft bei Glarus*, 1933. Woodcut, $13\frac{1}{2} \times 19\frac{1}{2}$ in. Philadelphia Museum of Art: Curt Valentin Bequest

15 Edvard Munch, *Attraction* (or *Lovers on the Shore*), 1896. Lithograph

31 George Grosz, *Querschnitt* (*Ecce Homo:* Plate 68), 1920. © Grosz/VAGA, New York 1985

35 Erich Heckel, *Mann mit verbundenem Kopf (Selbstbildnis)*, 1914. Staatliche Kunsthalle, Karlsruhe, West Germany

(continued on page A-11)

Preface

The Program

Mosaik is a complete second-year German program for the college level. It consists of three integrated texts: *Mosaik: Deutsche Grammatik, Mosaik: Deutsche Kultur,* and *Mosaik: Deutsche Literatur.* The review grammar, *Deutsche Grammatik,* is the core of the program and is accompanied by a combination workbook and laboratory manual with a tape program. Any of the three texts can be used alone or in combination with the other two, depending on the objectives of the course. Each of the fourteen chapters of each component is integrated grammatically and thematically with the corresponding chapters of the other two components. The texts are therefore mutually supportive, each one illustrating and reinforcing the same grammatical structures, related vocabulary, and themes.

Mosaik: Deutsche Literatur

This reader is designed primarily for college students who have completed one year of German language instruction. The texts, mostly by modern authors, provide a glimpse of what Germans think and feel. Many aspects of the human condition are touched upon, including some of the grimmer themes as well as more lighthearted fare. It is not surprising that much of German writing deals with serious issues such as war and death: the Second World War had a profound effect on all aspects of German life and thought, and death itself plays an important role in all literature that is deeply concerned with life.

    The authors believe that the American student for whom this reader may be the first (and possibly only) direct exposure to German literature will be the richer for having worked with the "real thing." At the very least, he or she will have had a genuine first impression of German writing.

    Within this framework, the texts were chosen to appeal to students; they deal with issues students can relate to or may be curious about. Many are suspenseful; others were selected for their psychological aspects or because of their irony and satirical content. Most of them should touch a chord with which students can identify. Texts such as the war stories, which relate to matters completely foreign to the students' experience, may broaden their horizons.

One of the main advantages of using short prose pieces for reading instruction lies in their variety of theme and style: each student will find something to his or her liking. Although a story may seem too difficult in places, perhaps because of style or vocabulary, every effort has been made to select readable pieces. Rather than excluding such worthwhile literature from this new edition, the editors have expanded the glosses extensively so that these more difficult short stories could be included as intermediate reading materials. To achieve a balance, three of the more complex text selections from the first edition have been replaced in the second edition by four easier ones. In addition, a new feature has been added to the exercise sections that follow each story (see the description of *Zum Leseverständnis* below). Another new section called *To the Student: Recommended Approaches* may prove helpful to the learner in developing good study habits and in utilizing the exercise sections to best advantage.

The fourteen chapter headings that are broadly connected with the other components of the *Mosaik* package (both thematically and with respect to grammar review exercises) provide the thematic base and vocabulary for each chapter of *Mosaik: Deutsche Literatur*. These individual themes may be understood literally or in a broader, figurative sense. Such a thematic division is useful in many respects: it helps to organize one's thought processes and the vocabulary connected with them, and it creates a natural background for a conversational approach to language learning.

Each chapter in the text follows this organization:

1. A brief introduction to the author and his or her place in German literature.

2. *Wortschatz* sections, which list essential vocabulary items taken from the reading selection that are relevant to the chapter theme. This vocabulary was carefully selected to be "active" because it is practical and useful in general, as well as for discussing the story and its themes. As such, the vocabulary has its place in the general vocabulary building that is part of the language-learning process in intermediate German courses. The fourteen chapters build to a total of about eight hundred active words. Thus the *Wortschatz* sections in this reader do not merely represent a reading aid for the text but are a language-learning tool as well, placing vocabulary learning in context.

    The exercises in the *Wortschatz* sections show how the vocabulary is used and engage students actively in practicing it. Recognizing the words and expressions in the reading selections that follow will both facilitate reading comprehension and reinforce vocabulary learning.

3. The reading selections themselves, with English definitions of vocabulary items that may be unfamiliar to the students provided as marginal glosses. These definitions are indicated in the text itself by a °. Wherever knowledge of a word equivalent to that in the text may be assumed, the explanation is not given in English but with the equivalent word (often a true synonym) in German, e.g., **gelangen = ankommen.** As previously noted, the marginal glosses have been considerably expanded in the second edition, at times even to the extent of including vocabulary that might normally be included in the end vocabulary

only. As most students will agree, there is no virtue in looking up more words than necessary! However, the end vocabulary is, of course, useful for finding the answers to additional lexical questions.

4. *Zum Leseverständnis* sections, which approach the story paragraph by paragraph (as indicated by line numbers). Exercises alternate between true-or-false content questions (to establish comprehension) and discussion questions or suggestions designed to elicit responses that demonstrate comprehension actively. The latter exercises are leading questions; they actually provide a guide to understanding the selection rather than testing comprehension of it. Thus the reader can find hints about the story's plot and its implications in the questions themselves.

5. *Inhaltliches* sections, which offer straightforward questions concerning plot. Students are not expected to give summaries of the stories, because that would require skills of a kind not necessary for language learning at the intermediate level. The purpose of these content questions is, rather, to give the students practice in making simple statements with the stories providing the context and, obviously, to enable students to demonstrate reading comprehension. They may be assigned as written work or done orally in class.

6. *Vom Inhalt zum Gehalt,* which goes beyond simple comprehension questions to the meanings and themes of the stories. The accent here is on human interest, not on literary evaluation. Some instructors may have students discuss these issues in English rather than in German. Many of the items in this section lend themselves to written composition in either language.

7. *Praktisches und Persönliches,* which takes the personal approach of the preceding section a step further by extracting the theme from the story and applying it to the individual reader's own concerns and interests. This gives the students a chance to express their own views and experiences and perhaps to compare them to the psychological insights of the author. When possible, the instructor should encourage students to use the vocabulary of the chapter in doing these exercises.

8. *Grammatisches,* a section of brief grammatical exercises complementing those in the corresponding chapter of the review grammar. The active vocabulary from the literary selections is emphasized here.

We have tried in this reader to combine as many aspects of language learning as possible: reading, vocabulary building, speaking, structural review, and writing, with the whole under the umbrella of students' personal interests. Together, instructor and students can use these teaching tools in the way that best suits the needs of their class.

R. K.
K. V.

Contents

1 Unterwegs — 1

   Ernst Glaeser: Das Kirschenfest — 2

2 Vergangenheit — 31

   Wolfgang Borchert: Lesebuchgeschichten — 32

   Hans Bender: Forgive Me! — 39

3 Landschaft — 49

   Wolfdietrich Schnurre: Reusenheben — 50

4 Stadtleben — 63

   Walter Bauer: Die am schnellsten wachsende Stadt der Welt — 64

5 Schulzeiten — 75

   Erich Kästner: Ansprache zum Schulbeginn — 76

   Paul Schallück: Schulaufsatz — 85

6 Grenzfälle — 93

   Heinz Risse: Der Diebstahl — 94

7 Menschen miteinander — 113
Rainer Maria Rilke: Die Flucht — 114
Janos Bardi: Hunne im Abendland — 126

8 Höhere Mächte — 135
Günther Anders: Wie heißt dieses Wesen? — 136
Kurt Kusenberg: Ein verächtlicher Blick — 140

9 Familienleben — 153
Marie Luise Kaschnitz: Schneeschmelze — 154

10 Menschenschicksal — 173
Luise Rinser: Ein alter Mann stirbt — 174

11 Festefeiern — 191
Siegfried Lenz: Risiko für Weihnachtsmänner — 192

12 Gefährdungen — 207
Josef Mühlberger: Der Kranzträger — 208
Max Frisch: Geschichte von Isidor — 219

13 Kunst und Wirklichkeit — 229
Hermann Hesse: Der Dichter — 230

14 Alltagsgeschäfte — 247
Franz Kafka: Der Nachbar — 248
Alfred Polgar: Sein letzter Irrtum — 253

German-English Vocabulary — A–1

To the Student: Recommended Approaches

The exercises that accompany the reading selections in this text serve not only as reading aids but also as a way of practicing other language skills. Whether used in the classroom or when preparing homework assignments, whether all or only some of them are used, they are valuable learning materials.

The approach suggested here (which is, of course, only one of many possible approaches) is time-tested and highly recommended, especially for homework preparation. Following the brief step-by-step procedure outlined here will make using *Mosaik: Deutsche Literatur* a more pleasant and profitable experience.

1. Read the brief introduction to the author and his work in order to place each story in its literary and cultural contexts.

2. Familiarize yourself with the *Wortschatz* before you start to read.
   - Study the list of words and do the simple exercises.
   - When you are finished, read the exercises aloud and repeat them until they feel natural. Try to remember the meaning of the words and expressions in context.
   - Return to the *Wortschatz* listing at the beginning to review the words *outside* of context, e.g., verbs in their infinitive form.
   - Use these vocabulary lists while you are reading, to verify meaning, to determine grammatical categories and forms, and so on.
   - Consider this vocabulary "active," i.e., for your active use in speaking or writing, whether connected with the reading texts or not.
   - Make vocabulary building an important part of your foreign language study.
   - Review vocabulary from earlier chapters often and use it actively as frequently as you can.

3. Read a page (or a few paragraphs) of the story without using a dictionary.
   - Don't worry about words you don't understand; see how much meaning you can gather from a spontaneous reading.
   - Read the page again, this time looking at the marginal glosses.
   - Mark and look up words whose meaning you cannot guess, using the end vocabulary and/or your own dictionary.

- Don't write over the lines (do it in the margin if you must); you need a clear picture of the sentence structure.
- Be sure you understand German sentence structure.
- *Know* the structure and *guess* at the vocabulary!
- Mark difficult spots so you can ask about them in class.

4. Do the *Leseverständnis* section at the end of reading, the whole story, or segments thereof.
   - Check whether your comprehension of the story was accurate. If the many questions and statements in that section don't give you the answer, ask for clarification in class.
   - Answer *Wir Diskutieren* orally or in writing, as preparation for class.
   - Make sure you have a basic grasp of the story plot.

5. Retell the plot in your own words, using *Inhaltliches* as a guide.
   - Express yourself clearly in full sentences. Keep it simple!
   - Put your vocabulary to work.
   - Relate details that are easily expressed, even if they are not important to the story.
   - Apply the grammar you are reviewing, e.g., use the simple past for narrative, apply the indirect-discourse mode, and so on.
   - Write down *some* statements ahead of time, if you are hesitant about speaking in German.
   - Prepare the storyline as *Nacherzählung*, not as a translation.
   - Translate passages indicated by your instructor, so that you get a sense for the complexities of word order and style in German.
   - When you are comfortable retelling the story, start thinking about questions regarding the plot.
   - Use every chance to get a word in; the better prepared you are, the more speaking practice you will get in the classroom.

6. Pick items from the *Vom Inhalt zum Gehalt* sections that interest you and plan what you'll want to contribute to class discussion.
   - The more evident your interest, the more likely your instructor will be to use this section for classwork.
   - If you are interested in writing, use some themes from this section. Most instructors are quite willing to correct unassigned material.

7. Choose items from *Praktisches und Persönliches* that interest you.
   - Be ready for a real discussion in class.
   - "Assemble" your vocabulary in advance.
   - If you relate the issues and themes in each chapter to yourself, you not only create a very real basis for conversation but you may ultimately gain a deeper understanding of the stories.

8. Do *Grammatisches* last, as a final check-up and to make sure that you are in control of the material in a particular review segment.
   - This reader is not a grammar text, but it is good to remember that a knowledge of structure is essential to good reading habits in German.

Recommendation: Use the exercise sections in this text for preparation and practice on your own. Your instructor will not be able to use all of them in class, and some instructors may not use them at all. Regardless of what your instructor does, you can benefit greatly by using them as guide.

1 Unterwegs

George Grosz Wanderer

■ **Ernst Glaeser**

Das Kirschenfest

Ernst Glaeser was born in Butzbach (Hessen) in 1902. He studied in Freiburg and Munich, was a drama producer at the Neues Theater in Frankfurt, and worked in newspaper and radio during the years of the Weimar Republic. In 1933 he was forced to emigrate, but he returned to Germany in 1939, became a soldier, and worked for a military newspaper. In his autobiographical novel *Glanz und Elend der Deutschen,* he explains his actions.

Glaeser is best known for his novels that depict small towns in pre–World War II Germany. He also wrote short stories, dramas, radio plays, and essays. He died in Mainz in 1963.

Wortschatz

die Brücke, -n bridge
die Fabrik, -en factory
der Fluß, ¨sse river
die Frucht, ¨e fruit
das Gebirge, - mountain range
der Hafen, ¨ harbor
das Hemd, -en (men's) shirt
die Hose, -n pant(s)
die Kartoffel, -n potato
die Kirsche, -n cherry; **das Kirschenfest** cherry festival
der Korb, ¨e basket
das Laub foliage

die Landstraße, -n country highway
die Luft air
das Pferd, -e horse
die Stimme, -n voice
das Tal, ¨er valley
der Tau dew
das Tuch, ¨er scarf, kerchief; cloth
der Vogel, ¨ bird
der Vorort, -e suburb
die Wiese, -n meadow

an·kommen, -kam, -gekommen to arrive
aus·drücken to express
begleiten to accompany
bemerken to notice; to remark
besorgen to take care of
blasen, -ie, -a, -ä to blow
blitzen to glitter; to flash (*e.g., lightning*)

dauern to last; to take
ein·schlafen, -ie, -a, -ä to fall asleep
ernten to harvest
fahren, -u, -a, -ä to drive; to ride; to travel; to go
gefallen, -ie, -a, -ä to like; **es gefällt mir** I like it
nennen, nannte, genannt to name; to call

pflücken to pick (*e.g., flowers or fruit*)
reisen to travel; to go
riechen, -o, -o to smell
sammeln to collect
spazieren·gehen, -ging, -a to go for a walk; to walk
steigen, -ie, -ie to climb; to rise; to board

bereit ready
feucht damp
geradeaus straight ahead
göttlich divine
kahl bare
köstlich delicious, delightful
nah near
reif ripe; mature

stören to disturb, bother
treffen, traf, getroffen, -i to meet
verkaufen to sell
sich ... vor·stellen to imagine
warten to wait
wehen to blow (*e.g., wind*)
ziehen, zog, -o to go; to wander; to move; to pull

stark strong
steil steep
übermorgen the day after tomorrow
(un)ruhig (restless), calm
unten below
vorne in front

A. Find the word that does not belong.
 1. nennen / bemerken / besorgen / ausdrücken
 2. blasen / blitzen / wehen / stören
 3. Fabrik / Tau / Wiese / Laub
 4. sammeln / verkaufen / pflücken / ernten

B. Give an opposite from the *Wortschatz* for each of the following expressions.
 1. oben
 2. weit
 3. trocken
 4. menschlich
 5. schwach
 6. um die Ecke
 7. hinten
 8. vorgestern

C. Complete the sentences with words from the *Wortschatz*.
 1. Ich habe lange auf dem Sofa gesessen; nun möchte ich _____ .
 2. Ich bin sehr weit zu Fuß gegangen; nun möchte ich mit dem Auto _____ .
 3. Ich habe Ferien; da möchte ich nach Deutschland _____ .
 4. Ich reise nicht gern allein, Fräulein Schneider; ich möchte gern, daß Sie mich _____ .

5. Packen Sie Ihren Koffer; dann können wir uns am Flugplatz _____ .

6. Das Flugzeug ist eben abgeflogen; es wird bald auf 1 000 m Höhe _____ .

7. Wir sind nun schon acht Stunden im Flugzeug; ich hoffe, daß wir bald _____ .

8. Meine Verwandten wollen uns abholen; hoffentlich brauchen sie nicht lange zu _____ .

D. Match each word on the left with a word you associate with it on the right.

1. Pferd   a. Gebirge
2. Hemd   b. Kirsche
3. Frucht   c. Vorort
4. Fluß   d. Brücke
5. Tal   e. Hosen
6. Landstraße   f. Vogel

E. Complete the sentences with words from the *Wortschatz*.

1. Du bist müde von deinen Reisevorbereitungen; kannst du vor einer Reise schnell _____ ? Wie lange _____ es?

2. Schläfst du ruhig oder _____ ?

3. Morgen fährst du. Bist du reisefertig? Stehen die Koffer _____ ?

4. Du freust dich sicher auf die frische _____ auf dem Lande. Das Heu auf den Feldern _____ so gut—ganz _____ !

5. Wenn es am Wasser zu windig ist, kannst du dir ein _____ um den Kopf binden und am _____ spazierengehen.

6. In den Obstgärten sind die Früchte schon _____ ; nimm einen _____ mit und geh Kirschen pflücken!

7. Die Kinder helfen mit und singen dabei mit lauter _____ .

8. Würde es dir _____ , auf dem Lande zu leben? Vielleicht _____ wir dorthin. Ich kann mir ein Leben dort sehr gut _____ .

Teil 1

Die Arbeit, die ich in Rheinhessen° für acht Tage gefunden hatte, war zu Ende. Drei Mark hatte ich in der Tasche und im Rucksack eine Literflasche Wein. So zog ich nach Mainz.° In einer Kneipe am

Rheinhessen: *province of the state of* Rheinland-Pfalz

Mainz: *capital of* Rheinland-Pfalz

Hafen° traf ich einen Kollegen, einen Rohrleger°
aus Gladbach,° der war arbeitslos wie ich und ging
auch so durch Deutschland spazieren. Zunächst°
haben wir einmal ein Viertel° getrunken, und dann
waren es plötzlich vier, und als wir uns unser Leben
erzählt hatten, da waren es acht, und mein Geld war
weg. Darauf hat der Kollege lange in den Hosen
gekramt,° und siehe,° der Wirt brachte noch zwei
Viertel, und dann haben wir uns umarmt und Brü-
derschaft getrunken.° Wie aber der Kollege anfing,
zu erzählen, was er früher alles° gearbeitet hatte, da
konnte ich mich auch nicht zurückhalten und legte
los° und erzählte von meinen Reisen auf Montage°
in Deutschland, in Rumänien und in Schweden.

Da riß der Kollege das Maul auf° und sagte:
„Mensch,° das waren aber feine Zeiten . . . " Mir
jedoch stieg die Trauer in die Kehle,° und ich
schwang mein letztes Viertelchen und sang: „Was
nützt° mir ein schöner Garten, wenn andre drin spa-
zierengehn und pflücken mir die Röslein° ab . . . "

Da kam der Wirt, setzte sich an unsern Tisch,
und plötzlich erzählten wir uns alle vom Krieg.
„Damals in Cambrai° . . . " rief mein Kollege, da
erhob sich° der Wirt und holte einen Krug,° und wir
tranken ihn auch noch leer, und unsere Seelen°
waren weit fort, draußen im Gelände,° an der Aisne,
bei Bapaume und im Argonner Wald.° Das aber ver-
gesse ich nie, wie der Kollege plötzlich ganz dunkle
Augen bekam und so vor sich hin sagte: „Kinder,
wenn wir damals gewußt hätten, was das für einen
Frieden° gibt . . . " Da wurden wir alle still, nur
die Uhr tickte, und der Wein schaukelte° in den
Gläsern.

Teil 2

Plötzlich befand ich mich° auf der Straße. Der
Kollege lag mit den Armen auf dem Tisch and
heulte.° Er wollte kein Abschiedswort hören.
„Deckung!" schrie er. „Nehme Deckung,° wer kann!"
Da ging ich von° ihm, weil er betrunken war. Der
Wirt begleitete mich an die Tür. Dort, im vergesse-
nen Licht des Tages, sagte er zu mir: „Bald wird es
gut in Deutschland." Da schüttelte ich ihm die
Rechte° und antwortete, wie ich das schon oft tat:
„Wolle Gott,° Kamerad . . . "

Zuerst waren die Häuser etwas krumm,° und die Autos fuhren, als seien sie allein auf der Straße. Ich ließ mich aber nicht stören° und ging los über den Damm.° Da mußte sogar ein Auto halten, und meine Wenigkeit° wurde von seinem Besitzer beschimpft.° Das machte mir Spaß, und ich rief dem Kreischenden° zu: „Sie sind eine plastische Ohnmacht°!" Darauf zog ich befriedigt von dannen.° Bald jedoch erfaßten° meine Augen das Leben in gewohnter Frische.° Hinter mir im Dunst der Altstadt versanken° der Kollege Rohrleger, der Kriegskamerad Wirt, der Gottestrost° der Viertelchen und der heitere° Bauch des Krugs. Ich schritt geradeaus, und siehe,° nach wenigen Minuten stand ich auf der Rheinbrücke. Da lachte mein Herz, als ich den Fluß sah. Und ich lehnte mich an das grüngestrichene° Geländer,° die Märzbrise erfrischte mich, und wie ich etwas näher auf den Fluß blickte,° da war weit und breit° kein fahrendes Schiff, nur im Hafen lagen sie, verankert und geteert°—arbeitslos wie ich.

Aber vor mir, da war immer noch die Stadt. Im dünnen Schleier° stand die Front der Häuser, und darüber wuchs der Dom, und über alles streute sich° das Licht, über die Dächer, das Wasser und über die ganze Breite des Rheins. Das war alles ein einziger Glanz.° Und die Möwen, die trudelten° um die Streben° der Brücke, und am Himmel die kleinen weißen Wolken—die segelten nach Holland.

Da hielt ich mein Maul° und sah nur so vor mich hin,° und es war mir, als sei ich ein Mann, der nicht verlorengehen kann, solange es so viel Licht und so viel gutes Wasser und so eine warme Stadt gibt in seinem Vaterland. Guten Mutes° tippelte ich los,° durch langweilige Vororte mit stillen Fabriken—aber das hörte auch bald auf,° und die Landstraße begann, eine Allee von Nußbäumen.° Der Wind, der von den Spargeläckern° kam, trieb gelben Staub vor mir her.° In der Ferne, am Horizont, sah ich die blauen Ketten des Gebirges.° Das war der Odenwald.° Dort wollte ich hin. Es war Abend, als ich in Darmstadt° ankam. In der Herberge° wurde ich abgewiesen, denn aus mir stieg noch immer der Dunst der Viertelchen, aber es machte mir nichts aus;° denn am Rande der Stadt fand ich einen Schuppen,° in dem Heu lag. Das war warm und

crooked

Ich . . . *But I didn't let that bother me*
Damm = Fahrdamm (Straße)
meine . . . *my humble self / berated*

screaming man / plastische . . . *impotence personified*
von . . . = weg
erfaßten = schauten
in . . . *in their usual clarity*
versanken = verschwanden

divine solace
serene
lo and behold

painted green
railing
blickte = sah
weit . . . *far and wide*
tarred

veil

streute . . . *was scattered*

ein . . . *one radiant brightness / went into spins*
buttresses

Da . . . = Da sagte ich nichts mehr
sah . . . *and just looked down pensively*

guten . . . *in good spirits /* tippelte . . . = ging ich los
hörte . . . = war auch bald zu Ende
Allee . . . *road lined with nut trees*
asparagus fields
vor . . . *in front of me*
Ketten . . . *mountain ranges*
Odenwald: *one of the medium-range mountain regions*
Darmstadt: *city near* Mainz / Herberge = Gasthaus

es . . . = es war mir egal
shed

schuf° gute Träume. Ich rollte mich ein° und übergab meine Sinne der Dunkelheit.

schuf = gab / rollte ... bundled up

Teil 3

95 Ich erwachte mit dem Gesang der Vögel. Da ich fror,° rief ich die Literflasche zu Hilfe, und das immer bereite Wunder° des Weins erfüllte bald meine armen Glieder.° Ich wusch mich an einem Teich,° in dem ein Boot schaukelte, das hieß „El-
100 friede", dann stieg ich die Straße hoch, hinauf in den Wald. Dort hüpften° bereits° die Vögel, und der Tau blitzte auf den Anemonen.

Zwei Stunden war ich gegangen, als mich der Hunger angriff.° Aber ich fand kein Dorf. Die Luft
105 war rein. In tausend Flecken° fiel die Sonne durch das dünne Laub. In den Kronen der Bäume sägte° der Wind. „Arme Seele", dachte ich, „was hilft dir der Friede der Natur, wenn dein Magen keinen Frieden hält?"

110 Nach einer halben Stunde wurde mir schwach.° Ich setzte mich nieder und begann tief zu atmen. Da wurde das Herz ruhiger.

Schließlich streckte ich mich aus° und schlief ein. „Das ist das beste", dachte ich, „wenn du kein Brot
115 hast, dann schläfst du; denn der Schlaf ist das Brot der Armen."

Im Traum jedoch erhob sich mein Gewissen und setzte sich auf meine Brust.

„Heinrich", sagte es, und ich fror unter seiner
120 Gerechtigkeit,° „drei Mark hast du vertrunken,° und jetzt hungert dich, Heinrich!"

Da erhob sich jedoch mein Gegengewissen° und sagte: „Oh, du alte Tante, wie hielte seine arme Seele dies Leben aus° ohne die Viertelchen?"

125 Da sprang mein Gewissen von der Brust und wollte sich auf mein Gegengewissen stürzen° und es erschlagen,° aber dieses verwandelte sich in einen heiteren Ton.° Es schwang sich hinauf in das Geschwebe° der Bäume. Es verging° im Licht der
130 Sonne. Es kam wieder hernieder° als Tau. Es war überall und nirgendwo zu sehen,° und zuletzt verbarg es sich° als kicherndes Echo in einem fernen Steinbruch. Ich aber dehnte mich befreit° auf dem

ich ... = es war mir kalt
das ... the ever-ready miracle
Glieder = Arme und Beine
pond

frisked about / bereits = schon

attacked
specks
sägte: made sawing noises

wurde ... I felt faint

streckte ... = legte ich mich hin

justice / spent on drink

counter-conscience

hielte [...] aus = würde aushalten
sich [...] stürzen = angreifen
erschlagen = töten
heiteren ... cheerful sound
swaying branches / faded away
hernieder = herunter
zu ... to be seen
verbarg ... = versteckte es sich
dehnte ... stretched in relief

Unterwegs 7

Boden der Natur und schlief den göttlichen Schlaf
eines Knaben,° um dessen Seele sich die Musen
streiten° . . .

Knabe = Junge
sich [. . .] streiten = kämpfen

Teil 4

Ich erwachte durch einen Stoß.° Riesengroß
stand vor mir ein Pferd. Eine Stimme fluchte.
„Versoffenes° Pack!" schrie sie.° Da bemerkte ich,
daß ich auf der Mitte der Straße lag. Sicher hatte ich
mich im Schlaf bis dahin gewälzt.° Der Bauer sprang
vom Wagen, und ich erhob mich. Da stand er vor
mir, blaurot im Gesicht, es war ein junger Bauer,
und er zerrte° mich an der Schulter.

„Morgens um sieben Uhr schon blau°!" schrie er
und wollte mich in den Straßengraben° werfen. Da
gab ich ihm einen Stoß,° daß er hinunterfiel. Worauf
wir, was verständlich war, einige Zeit schweigend°
aufeinander loshieben.° Da ich aber boxen konnte,
lag er bald am Boden und sagte nichts mehr. Worauf
ich tief die köstliche Luft des Waldes einsog,° und
siehe, meine Lebensgeister° kamen zurück. Ich
reckte mich stolz° und wollte gerade aus meiner
Literflasche einen Trunk fassen,° da sprang aus dem
Wagen ein Weib.

„Schickedanz!" schrie es° und lief zu dem
Bauern, faßte seinen Kopf und begann seine Stirn
zu streicheln.°

„Nicht doch,° Madame", sagte ich hierauf, und
ich begab mich° zu dem Paar, hielt dem Bauer die
Flasche unter die Nase, und was geschah? Er wachte
auf. Als er auf den Beinen stand und seine Frau
neben ihm, sagte er: „Was ist los?"

„Ich habe Ihnen eine gelangt"°, antwortete ich.
Da lachte die Frau, so blöd° schaute der Bauer
mich an.

„Wenn Sie aber glauben, ich sei ein Räuber oder
so ein anderer Gauner,° wie sie vielleicht im Auto
durchs Land fahren", fuhr ich fort, „dann will ich
Ihnen sagen, wer ich bin. Ein arbeitsloser Monteur,°
der hier auf der Wanderschaft° durch sein geliebtes
Vaterland vom Hunger gepackt wurde und deshalb
einschlief."

jolt

versoffen = betrunken / sie = die Stimme

gewälzt = gerollt

zerrte = zog

blau = betrunken
ditch along the road
push
silently
aufeinander . . . struck at each other

einsog = einatmete
spirits
reckte . . . stretched proudly
fassen = nehmen

es = das Weib

Stirn . . . stroke his forehead
Nicht . . . Don't worry
begab . . . = ging

Ich . . . I whacked you
so . . . in such consternation

so . . . another kind of crook

Monteur = Installateur
auf . . . while wandering

Da lachte wieder die Frau. Sie hatte schwarze
175 Haare unter einem roten Tuch° und Zähne, weiß
der Herrgott° wie schön. „Schickedanz", sagte sie
und strich dem Bauern den Dreck° von der Stirn,
„du hättest auch erst fragen können. Nicht immer so
wild. Das hast du davon."° Da sah mich der Schicke-
180 danz an, so eine Minute lang, dann sagte er: „Wo
wollen Sie hin°?"
Und ich erwiderte,° das wüßte ich nicht, aber
auf jeden Fall° in ein Dorf, um ein Labsal,° eine
Stulle° oder ein paar Kartoffeln zu fechten.° „Steig
185 ein!" sagte da der Schickedanz, und ich stieg ein.
Das Pferdchen ging im Schritt,° vorne saß der
Schickedanz und hielt die Zügel.° Ich saß neben der
Frau. Um uns wehte der Wald.° So fuhren wir.

Tuch = Kopftuch
weiß ... *God knows*
Dreck = Schmutz

Das ... *That's what you get.*

hin = hingehen
erwiderte = antwortete
auf ... = bestimmt / *refreshments*
Stulle = Butterbrot / fechten = betteln (*beg*)
ging ... *walked*
reins
wehte ... = wehte der Wind im Wald

Ernst Ludwig Kirchner Berglandschaft bei Glarus *1933*

Unterwegs

Teil 5

Ich weiß heute noch nicht, wie es geschah, daß
ich bei dem Schickedanz blieb. Unterwegs haben wir
überhaupt nichts gesprochen, und als wir in das
Dorf kamen, das in einer Grasmulde° lag, da hielten
wir vor einem Bauernhof, der war sehr breit,° und
wir gingen in eine Stube,° und dann wurde mir
schlecht.° Als ich aufwachte, lag ich in einem hohen
Bett, und auf dem Fensterbrett° saß eine Katze. Ich
schaute mich um,° und mein Auge erfreute sich an
einem Schutzengel, der ein Kind in einem finsteren°
Wald über einen schwierigen Steg° geleitete.° So ein
Bild hing auch über meinem Bett, als ich einmal
klein war. Da brüllte° plötzlich eine Kuh, und
ich dachte, ich sei bei der Tante Amalie in Mecklenburg,° welche die Schwester meines armen
Vaters war. Und als die Kuh zum zweiten Male
brüllte, da dachte ich: „Du bist in Ruhestellung in
Flandern,° und gleich kommt der Konrad herein
und der Schneider, dann dreschen wir einen
Skat.°"

Als jedoch die Kuh zum dritten Mal brüllte, da
kam der Schickedanz und sagte, ich hätte zwei Tage
and zwei Nächte geschlafen. Er setzte sich ans Bett,
schaute mich an und sagte, er hätte Arbeit für mich,
vor vier Tagen sei ihm der Knecht° gestorben.

„In dem Bett", sagte er noch und deutete auf
mein Lager.° Da sprang ich auf und rief: „Freie
Kost und Logis°—dann arbeite ich alles."—„Ist
gemacht°", sagte der Schickedanz. Dann gingen wir
in die Stube, tranken Wacholder° und aßen Käse
und Brot.

Es war keine schwere Arbeit auf dem Hof.° Der
Schickedanz ließ mich arbeiten, was ich wollte.
Zunächst hab' ich einmal° alle Maschinen ausgebessert.° Den Garbenbinder und die Häckselmachine,°
dann kamen die elektrischen Leitungen dran° und
die Zentrifuge. Ich besorgte das Vieh,° half in der
Buchhaltung,° und als mir eines Abends der Schickedanz bei einem Schnaps gestand,° er hätte gern ein
Motorrad, da gingen wir nach Neustadt und kauften ein gebrauchtes.° Ich fuhr es ein,° und der
Schickedanz brummte vierzehn Tage lang jeden
Abend mit der Karre die Serpentine hinauf,° in der

grassy basin
breit = groß
Stube = Wohnzimmer
wurde . . . *I got sick*
Fensterbrett = Fensterbank (*windowsill*)
around
finster = dunkel
footbridge / geleitete = führte

mooed

Mecklenburg: *northern German province*

in . . . *in a quiet front sector in Flanders*

dreschen . . . *play skat (card game)*

ihm . . . *his farmhand*

Lager = Bett
Kost . . . = Essen und Wohnen
Okay
Wacholder: Schnaps

Hof = Bauernhof

Zunächst [. . .] einmal = zuerst
ausgebessert = repariert /
  Den . . . : *types of farm machines*
dann . . . *then I did the electrical wiring*
besorgte . . . *took care of the animals*
bookkeeping
gestehen = sagen
used one / fuhr . . . *broke it in*

brummte [. . .] hinauf *rumbled up*

die Chaussee° sich hinter dem Hause die Hügelkette hochwindet.°

Chaussee = Landstraße
die . . . winds up the hillsides

Teil 6

So verging die Zeit mit Arbeit und Ruhe. Wie glücklich war ich, wenn ich die Tiere versorgt hatte. Da standen sie in ihren Verschalungen,° die Felle gestriegelt,° und ich ging an ihnen vorbei und freute mich an° ihrer Zufriedenheit.° Der Schickedanz lobte mich, wo er nur konnte. Manchmal nahm er mich hinten auf dem Motorrad mit in eine Kneipe im Wald.

Seine Frau hieß Johanna. Sie war jung und schön. Mit mir sprach sie wenig, und ich hütete° mich, sie anzusehen, denn ich mußte immer an Fränzchen denken, wenn sie um mich war—so hieß das erste Mädchen, das ich liebte und nie bekam.° So gingen die Tage hin in Arbeit, Schlaf und Essen. Ein wunderbares Leben. Sechs Wochen schon war ich auf dem Hof, meine Backen° hatten sich gefüllt, und die Mädchen im Dorf sahen schon nach° mir. Wenn so° der Abend kam, ging ich oft spazieren in der lauen° Luft, und manchmal geschah es auch, daß ich nachts aus meiner Kammer° schlich und hinunter nach den Wiesen ging, weil ich an Johanna dachte, die so schön war. Wenn aber mein Herz allzu laut klopfte,° steckte ich mir eine Pfeife an oder ging in die Kneipe und trank mit den Bauern und ließ das Vaterland hochleben.°

Der Frühling kam mit großer Macht.° Ich arbeitete wie ein Pferd, und der Schickedanz sagte, so einen Knecht hätte er noch nie gehabt. Bald lag das Tal in Blüten.° Und von den Wiesen roch es° nachts, daß du nicht schlafen konntest. Der Schickedanz soff.° Er sprach wenig. Johanna saß in der Stube und nähte.

Es war in diesen Tagen, mein Herz war schwer, aber ich arbeitete, was ich konnte, da rief mich der Schickedanz in die Stube, dort saß Johanna, und der Schickedanz sagte: „Heinrich, jetzt blühen die Kirschen. Komm, sieh hier durchs Fenster, der Hügel dort, wo nur Kirschbäume stehen, die blühen, der° gehört mir. Das ist mein bestes Vermö-

stalls
die . . . their hides brushed
about / contentedness

hütete . . . was careful not (to)

nie . . . = nie zur Freundin bekam

cheeks
at
wenn . . . = wenn
balmy
Kammer = kleines Zimmer

klopfte = schlug

ließ [. . .] hochleben drank a toast
force

in . . . in bloom / roch . . . there was a fragrance
soff = trank

that one

gen.° Wenn sie reif sind, dann mußt du mit Johanna auf den Markt nach Zwingenberg° fahren und sie
275 verkaufen. Willst du so lange hierbleiben?"
Da sah mich Johanna an, und ich sagte: „Ja."

possession
Zwingenberg: *small town*

Teil 7

Die Kirschen blühten. Die Früchte setzten gut an.° Die Sonne war stark. Die Kirschen reiften. An einem Morgen, als ich das Vieh besorgt hatte und
280 der Schickedanz aus politischen Gründen° mit seinem Motorrad wegfahren mußte, stand Johanna im Hof° und sagte zu mir: „Heinrich, wir wollen auf den Kirschberg° gehen."

Wir gingen und nahmen zwei Körbe mit. Es war
285 eine lehmgelbe Hohl° zuerst, dann ein schmaler Pfad° durch eine Wiese, ein Wässerchen, und dann kam der Kirschberg. Da standen die Bäume, und die Früchte schimmerten lackrot im Lichte der Frühe.° Johanna öffnete einen Schuppen, ich mußte
290 eine Leiter° herausnehmen, dann stieg ich auf die Bäume und pflückte die Kirschen.

Johanna sammelte sie in den großen Körben. Nach zwei Stunden rief sie mir zu, und ich setzte mich neben sie ins feuchte Gras. Unten lag das
295 Dorf. Von der Kirche schlug es° sechs. Und ein leichter Wind kämmte das Gras.

„Heinrich", sagte Johanna nach einer Weile, „der Kirschberg gehört eigentlich° mir. Den hab' ich mit in die Ehe eingebracht. Und was hier wächst,
300 das darf ich ernten,° wie ich will."

„So", sagte ich, „das ist aber fein, daß du ernten kannst."

„Ja", sagte Johanna, „der Schickedanz bekommt nur das Geld, aber die Bäume gehören mir."

305 Wir tranken kalten Kaffee aus einer Blechkanne° und schnitten das Brot, das im Korbe lag.

Dann stieg ich wieder auf die Bäume und pflückte die Früchte. Johanna sammelte sie. Um acht Uhr waren vier hohe Körbe voll. Da pfiff°
310 Johanna hinunter nach dem Hof, und es dauerte nicht lange, bis eine Magd° mit dem Fuhrwerk° kam. Wir luden die Körbe auf, Johanna faßte die Zügel, und wir fuhren auf den Markt, nach Zwingenberg.

setzten... *got a nice start*

aus [...] Gründen *for [...] reasons*

courtyard
cherry hill

lehmgelbe... *clay-colored sunken path*
Pfad = Weg

Frühe = frühe Stunde
ladder

Von... *From the church they heard the clock strike*

eigentlich = in Wirklichkeit

harvest

metal pitcher

whistled

Magd: *female farmworker [obsolete]* / Fuhrwerk = Wagen

Teil 8

Das kleine Städtchen mit seiner weißen Kirche liegt an der Bergstraße,° und wenn die Sonne brennt, glüht° der Staub auf den Wegen. Wir waren durch dichte° Wälder gefahren, manchmal nahm ich die Zügel, das Pferdchen trabte°—welch ein Friede, dachte ich, und sah nach Johanna. Die° hielt die Augen halb geschlossen und ließ die Sonne auf das Gesicht brennen. Da wurde mein Herz weit,° und ich fing an zu pfeifen. Das Pferdchen trabte, und Johanna schlief.

Wir verkauften an diesem Tage sehr gut. Johanna hatte die Tasche° voll Geld. In einer Konditorei° tranken wir Kaffee. Um fünf Uhr fuhren wir nach Hause. Das Pferdchen kannte den Weg. Ich ließ die Zügel locker.° Johanna saß neben mir. Der Wald war hoch, und die Straße stieg an.

Da ritt mich der Teufel,° und ich faßte Johanna um die Hüfte.° Sie ließ es geschehen. Da stoppte ich das Pferd und wollte Johanna küssen. Da lächelte sie und sagte: „Ich bin nicht deine Frau, Heinrich." Und da wurde ich rot.° Das Pferdchen ging wieder im Schritt, der Wald war kühl, hinten im Wagen torkelten° die leeren Körbe. Johanna erzählte. „Heinrich", sagte sie, „ich bin dem Schickedanz seine Frau.° Und der Schickedanz war damals ein feiner Bauer, und er gefiel mir, weil er so stark war. Da haben wir uns zusammengetan,° Heinrich. Aber es war nicht die Liebe, sondern die Vernunft,° Heinrich. Das soll man aber nicht tun. Wenn ich dich ansehe, weiß ich das ganz genau. Sechs Wochen hab' ich dich angesehen. Da wußte ich es. Vorher nichts."

„Johanna", sagte ich da—weiter nichts als „Johanna".

„Ich bin nur ein dummes Bauernweib°", fuhr sie fort,° „aber mein Herz ist auch so wie deins—immer auf Reisen. Sechs Wochen hab' ich dich angesehen, du bist auch so traurig wie ich."

„Johanna", sagte ich und sonst nichts.

„Aber es ist alles beschlossen° mit mir", sagte Johanna, „ich bekomme ein Kind,° und der Schickedanz kann es nicht abwarten,° daß es ein Bub'° wird."

Kühl war der Wald, das Pferdchen trabte, mein Herz war still.

Bergstraße: *area along west side of the Odenwald*
is burning hot
dense
trotted
Die = Sie

Da . . . = Ich freute mich

Tasche = Handtasche / Konditorei = Café

ließ [. . .] locker *loosened*

ritt . . . *I lost control*
um . . . *around her hips*

wurde [. . .] rot *blushed*

torkelten = schaukelten

dem . . . = Schickedanz' Frau

got together
reason

ein . . . *an ignorant peasant woman*
fuhr . . . = sagte sie weiter

decided
ich . . . *I'll have a child*
abwarten = warten / Bub' = Junge

„Ich hab' dich wirklich lieb,° Heinrich", sagte Johanna, „wirklich, das kam ganz einfach, und ich erzähl' es so, wie es kam, aber das Kind ist° dem Schickedanz, und du bist ja auch nur so etwas, was der Wind dahergeweht hat."° Da hielt ich mein Maul und dachte: „Ich bin auch wirklich so etwas, was der Wind dahergeweht hat."

hab'... = liebe dich wirklich

ist = gehört

so... something blown in by the wind

Teil 9

Langsam näherten wir uns° dem Dorf. Johanna sagte: „Der Schickedanz ist ein guter Bauer, und er will, daß er einen Sohn bekommt, und er will, daß ich so ein Weib bin, das das tut, was er sich vorstellt.° Und ich tu' es ja auch. Heinrich, manchmal jedoch möcht' ich weglaufen, aus dem Dorf, aus dem Tal; aber das ist alles so weit, und du bist auch so einer, die° immer reisen. Aber ich kann's nicht. Weil ich den Schickedanz doch° liebhabe und weil das Kind doch von ihm ist."

näherten... = kamen wir näher

sich... has in mind

so... one of those who
after all

Da kamen wir an. Der Schickedanz stand vor der Tür. Und Johanna gab ihm die Tasche mit Geld. Da lachte der Schickedanz und führte uns in die Stube und holte Wacholder, und da tranken wir, der Schickedanz und ich, zwei Stunden lang,° und als Johanna ins Bett gegangen war, lachte der Schickedanz und holte Johannisbeerwein,° und den° tranken wir auch, und der Schickedanz behauptete, in drei Monaten bekäme er einen Sohn, dann gäbe es ein Fest,° und so lange müßte ich bleiben.

zwei... for two hours

currant wine / den = den Wein

gäbe... there would be a celebration

Vierzehn Tage lang bin ich mit Johanna jeden Morgen auf den Kirschberg gegangen. Wir haben geerntet und sind nach Zwingenberg auf den Markt gefahren. Vierzehn Tage lang wußte ich, daß Johanna mich liebt, weil ich so einer war, den der Wind dahergeweht hat, und keiner von denen,° die sie immer sah. Vierzehn Tage lang hielt Johanna dem Schickedanz die Treue.°

keiner... none of those

hielt [...] Treue was faithful

Da° geschah es, daß der Schickedanz zu mir sagte: „Übermorgen ist Kirschfest."° Ich fragte Johanna, was das sei, da sagte sie, das sei ein Fest zum Dank der Kirschenernte, und es kämen alle Verwandten von den umliegenden Höfen° und Musiker und die Burschen° und Mädchen vom Dorf.

Da = dann
cherry festival

umliegenden... = Nachbarhöfen
Burschen = junge Männer

Edvard Munch Attraction (*or* Lovers on the Shore) *1896*

Am Morgen dieses Tages sind Johanna und ich wieder mit Kirschen weggefahren, und auf dem Heimweg, da hab' ich sie geküßt, und sie sagte, in zwei Monaten sei° das Kind da, das werde sie aber Heinrich nennen.° Wir fuhren durch den Wald, und Johanna weinte, weil wir nicht sündigen konnten.°

„Ach", sagte ich, „Johanna, ich weiß nicht, wohin mich der Wind wehen wird, aber deine Liebe, die kann ich nicht vergessen, weil sie so nah und doch so weit° ist."

Da hielt Johanna das Pferdchen an und sagte: „Heinrich"—und küßte mich auf die Augen. Das war oben auf dem Hügel, wo die Straße kahl° ist vom Wind und das Gras flattert.° Unten lag das Dorf. Und die Wiesen waren weich und grün.

„Ich habe ein Leben", sagte Johanna, „das nicht dort ist", und sie deutete° auf das Dorf, „aber das Kind gehört dorthin, und du, Heinrich, wirst verstehen, was eine Frau braucht, die da geboren ist—"

„Ja", sagte ich, „Johanna, ich liebe dich ja nur, du sollst leben, wie du es tun mußt." Da weinte Johanna, ich aber trieb das Pferd an,° und die Karre rollte zu Tal.°

sei° would be
werde [...] nennen° would call
nicht... couldn't allow ourselves to sin

so... so close and yet so far away

kahl° bare
flattert° = weht

deutete° = zeigte

trieb... made the horse go faster
zu... = hinunter

Teil 10

Was jetzt geschah, ist mir heute noch wie ein Flimmern.° Wir waren gerade ins Dorf gekommen, da liefen uns schon Weiber° entgegen,° und hinter ihnen kamen Männer, und dann ein Rudel Kinder,° und die starrten uns alle an. Johanna erhob sich und fragte: „Was ist los?" Da schwiegen° sie, und ich gab dem Pferdchen die Peitsche.° Da waren wir schon vor dem Hof, und da standen die Musikanten, und die Bäume im Garten waren mit bunten Bändern° geschmückt, und am Giebel des Hauses wehte die Fahne des Vaterlandes. Ich sprang ab, und Johanna stand neben mir.

„Was ist los?" schrie sie, da gingen die Männer, die im Hofe standen, ein wenig auseinander,° und auf einer Bank lag der Schickedanz. Blutig war der Riß° über der Stirn, blutig war sein Jackett, blutig war der Boden unter ihm. „Was ist los?" schrie Johanna. Da kam der Mann, der neben Schickedanz stand, das war der Arzt aus Neustadt, und er sagte:

ein... = unwirklich
Weiber = Frauen / liefen [...] came running toward
ein... = viele

schwiegen = sagten nichts
Peitsche° whip

bunten... colored ribbons

gingen [...] auseinander stepped aside
Riß = Schnitt (cut)

„Er ist verunglückt° mit dem Motorrad, es geht zu Ende." Da schrie Johanna, so was von einem Schrei° hab' ich noch nie gehört, sie schrie und schrie, sie heulte, dann lachte sie, die Männer wichen zurück,° die Weiber liefen hinzu,° da stand Johanna und hielt sich den Leib und schrie und sank um.° Da packten° sie die Weiber und trugen die Schreiende° ins Haus.

Wir aber, drei Männer mit dem Arzt, standen neben dem Schickedanz und hörten, wie das Vieh unruhig wurde. Aber da schrie die Frau wieder aus dem Haus, und da begann die Glocke von der Kirche zur Nacht zu läuten,° und da hob sich der Schickedanz hoch, Blut um den Mund und weißen Speichel,° und da fragte er: „Ist der Bub' schon da?"

Mein Herr, da hab' ich gefroren,° und wir haben ihn aufgehoben und in die gute Stube° getragen, und da lag er nun, und oben im Stock° schrie die Frau, und da fragte er, wenn er gerade einmal° Luft hatte: „Ist der Bub' schon da?" Dann sank er zurück und murmelte° etwas.

Teil 11

Draußen im Hof war es still. Ich saß neben dem Schickedanz. Sein Brustkorb° war zerbrochen, und sein Blut floß unruhig über die Backen. Oben schrie die Frau. Manchmal versuchte er, etwas zu sagen, dann formten sich die Lippen,° und da hatte ich eine große Liebe zu ihm, als er das Wort nicht ausdrücken konnte, was er meinte. Der Arzt kam zurück und gab ihm eine Spritze.° Da wurde er ruhiger. Ich hielt ihm die Hand.

„Schickedanz", fragte ich, „erkennst du mich?"

„Der Bub'?" lallte° er. — „Ja", sagte ich, „der Bub'..."

Da gab er mir die Hand und sagte: „Heinrich, der Bub', das ist alles, ich hau' gern ab,° wenn der Bub' nur da ist..." Ich legte ihm einen Essiglappen° auf die Stirn, aber den schmiß er weg° und richtete sich auf.° Steil° waren seine Augen, so was von Kraft° in Augen hab' ich noch nie gesehen, er hob sich hoch,° sein Brustkorb knirschte.°

„Hörst du?" flüsterte er. „Hörst du?"

Oben schrie es dreimal kurz auf,° dann kam ein Wimmern,° und während die laue Luft des Juni

Unterwegs 17

über die Wiesen durchs Fenster strich° und die Bän-
der des Kirschenfestes in den Bäumen des Gartens
klatschten,° stand der junge Bauer auf, torkelte°
nach der Tür, fiel um und wimmerte: „Erst der
Bub', dann ich, Gott und Vater..."

    Ich wollte ihn hochheben, aber er schlug um
sich.° Da hörte ich Schritte. Der Arzt kam zurück.
Er lachte und wischte sich die Hände.° „Ein kräf-
tiger Bub'", rief er, „etwas zu früh, aber ein
strammer° Schickedanz."

    Da stand der Bauer auf, gerade ging er zum
Bett, legte sich nieder und spuckte Blut. „Ach so",
sagte der Arzt, „das hätte ich beinahe vergessen..."—Aber da hob sich der Schickedanz hoch,
sein Brustkorb quoll,° seine Augen waren ein ewiges
Weiß, er atmete tief, dreimal, dann sank er um.
„Amen", sagte der Arzt und drückte ihm die Augen
zu.° Im ersten Stock wimmerte das Kind. Ich ging in
den Stall und packte meinen Rucksack. Im Hof
standen die Musikanten und achtzehn Weiber. Da
trat der Arzt auf die Schwelle° und sagte: „Ein kleiner Schickedanz!"—Da bliesen die Musikanten, und
die Weiber rieben sich vor Freude° die Hände an
den Röcken. Und während der Choral erklang,°
ging ich auf die Straße, hinein in den Staub, aus
dem wir kommen und in den wir vergehen°...

strich = wehte

were slapping (against the branches) / stumbled

schlug ... flailed (his arms) about
wischte ... wiped his hands

strapping

welled up

drückte ... closed his eyes

threshold

vor ... with joy
während ... while the singing had started

pass away

■ Zum Leseverständnis

TEIL 1

Zeile 1–7   Wir stellen fest: richtig oder falsch?

    1. _____ Der Erzähler arbeitete, wo er gerade Arbeit finden konnte.

    2. _____ Er war Rohrleger von Beruf.

    3. _____ Er verdiente gut.

    4. _____ Sein Kollege hatte auch im Moment keine Arbeit.

Zeile 7–37   Wir diskutieren

    1. Diese Rohrleger waren beide im Krieg gewesen und mußten jetzt bei der schlechten Wirtschaftslage (*depressed economy*) durch Deutschland wandern, um Arbeit zu finden. War das wirklich ein „Spaziergang"?

2. Sie fingen an zu trinken und hörten nicht auf. Was erzählten sie sich? Was war ihnen besonders wichtig an ihren Lebensgeschichten?
3. Wenn man keine Arbeit und kein Geld mehr hat, wird man leicht nostalgisch, besonders durch den Alkohol. Warum war der Erzähler traurig? Weil er immer nur für andere „baut" und die Früchte seiner Arbeit nie selbst erntet?
4. Auch der Wirt war im Krieg gewesen. Sie fühlten sich als Kameraden. Was konnten sie damals im Krieg nicht wissen? War es ein schlechter Frieden?

TEIL 2

Zeile 38–67   Wir stellen fest: richtig oder falsch?

1. _____ Der Kollege war betrunken und wollte nicht mitgehen.
2. _____ Diese Männer hofften auf eine bessere Zukunft in Deutschland.
3. _____ Der Erzähler ging einfach über den Fahrdamm, sodaß ein Auto halten mußte.
4. _____ Bald war er wieder nüchtern (*sober*) und hatte seinen Optimismus wieder.

Zeile 68–94   Wir diskutieren

1. Er freute sich an der Schönheit dieser Stadt, wie sie so im Sonnenschein vor ihm lag. Welche Einzelheiten (*details*) fand er besonders schön?
2. In solcher Heimat kann der Mensch nicht pessimistisch sein. Was tat er daher mit neuer Hoffnung?
3. Der Weg war zuerst langweilig, aber sobald er den Vorort hinter sich gelassen hatte, wurde es anders. Wie?
4. In Darmstadt mußte er abends in einem Schuppen auf Heu schlafen. Warum machte ihm das nichts aus?

TEIL 3

Zeile 95–116   Wir stellen fest: richtig oder falsch?

1. _____ Morgens trank er wieder Wein, weil er Alkohol brauchte.
2. _____ Dann machte er sich wieder auf den Weg und kam durch einen Wald.
3. _____ Nach ein paar Stunden war er zu hungrig, um weiterzugehen, und schlief ein.
4. _____ „Der Friede der Natur gibt den Armen kein Brot; ihr Brot ist der Schlaf", sagte sich der Rohrleger.

Zeile 117–136   Wir diskutieren

1. Der Rohrleger hatte einen seltsamen Traum: sein Gewissen war so streng (*strict*) wie eine alte Tante. Wofür gab es ihm die Schuld?

Unterwegs   19

2. Das Gegengewissen war die andere Stimme, die dagegen sprach. Welche Gründe *für* das Trinken nannte sie?
3. Das Gewissen meinte es ernst und wollte Recht behalten; aber das Gegengewissen war leichtherzig und wollte nicht streiten. Wie wird das Gegengewissen hier beschrieben?
4. Hatte der Träumer nun noch immer ein schlechtes Gewissen (*guilty conscience*)? Wie fühlte er sich jetzt?

TEIL 4

Zeile 137–152   Wir stellen fest: richtig oder falsch?

1. _____ Der Rohrleger wachte plötzlich auf, weil ein Pferd ihn gestoßen hatte.
2. _____ Der Bauer dachte, der Rohrleger wäre betrunken, weil er mitten auf der Straße lag.
3. _____ Es fing eine Schlägerei an, weil der Bauer den Rohrleger in den Straßengraben werfen wollte.
4. _____ Der Bauer gewann den „Boxkampf", aber der Rohrleger erholte sich bald in der köstlichen Waldesluft.

Zeile 153–188   Wir diskutieren

1. Die Frau des Bauern sprang aus dem Wagen und lief zu ihrem Mann. Was tat der Rohrleger?
2. Der Bauer wußte gar nicht, was ihm geschehen war, und hörte sich die Erklärung des Rohrlegers an. Wie beschrieb dieser sich selbst?
3. Die Frau schien ihm zu glauben? Wieso?
4. Schließlich war auch der Bauer überzeugt (*convinced*), daß der Rohrleger kein Gauner war. Wie zeigte er das?

TEIL 5

Zeile 189–215   Wir stellen fest: richtig oder falsch?

1. _____ Auf der Fahrt zum Bauernhof besprachen sie, daß der Rohrleger bei Schickedanz bleiben sollte.
2. _____ Der Rohrleger war so schwach, daß er ins Bett mußte und zwei Tage und zwei Nächte schlief.
3. _____ Als er in dem Bauernbett aufwachte, erinnerten ihn ein Bild und die Geräusche (*sounds*) an seine Kindheit und an Flandern.
4. _____ Der Bauer Schickedanz bot ihm Arbeit an, weil sein Knecht tot war.

Zeile 215–233   Wir diskutieren

1. Der Rohrleger freute sich sehr, daß er eine Weile dort bleiben konnte. Waren ihm Arbeit und ein Dach über dem Kopf wichtiger als Geld? Wieso?

2. Der Bauer war freundlich zu ihm. Er ließ ihn alles arbeiten, was er wollte. War der Rohrleger tüchtig (*good at working*)? Arbeitete er viel und gern?
3. Der Bauer trank abends gern mit dem Rohrleger. Was gestand er ihm eines Tages?
4. Schickedanz mußte das Motorradfahren erst lernen. Wo tat er das, nachdem der Rohrleger das Motorrad eingefahren hatte?

TEIL 6

Zeile 234–255 Wir stellen fest: richtig oder falsch?

1. _____ Der Rohrleger war stolz auf seine Arbeit und freute sich an den Tieren im Stall.

2. _____ Er dachte an das erste Mädchen, das er geliebt hatte, und an die Mädchen im Dorf.

3. _____ Nach sechs Wochen sah er schon gesünder (*healthier*) aus.

4. _____ Er wollte Johanna auf der Wiese treffen.

Zeile 255–276 Wir diskutieren

1. Heinrich wagte nicht, an Johanna zu denken, denn sein Herz war schwer. Es half nichts, daß er schwer arbeitete. Wohin ging er deshalb manchmal?
2. Es war Frühling. Wie sah das Tal aus?
3. Wie verbrachte das Ehepaar die Abende? Tranken sie zusammen?
4. Der Kirschberg gehörte auch zum Bauernhof. Wer sollte dort die Kirschen ernten und verkaufen?

TEIL 7

Zeile 277–313 Wir stellen fest: richtig oder falsch?

1. _____ Johanna wollte mit Heinrich auf den Kirschberg fahren, weil die Kirschen reif waren.

2. _____ Sie fuhren ganz früh mit Pferd und Wagen dorthin.

3. _____ Mehrere Stunden lang pflückten und sammelten sie die Früchte, frühstückten und arbeiteten dann bis acht Uhr weiter.

4. _____ Um acht Uhr luden sie ihre vier Körbe auf den Wagen und fuhren nach Hause.

TEIL 8

Zeile 314–332 Wir stellen fest: richtig oder falsch?

1. _____ Zwingenberg ist eine friedliche kleine Stadt an der Bergstraße.

2. _____ Heinrich war glücklich, als er neben Johanna auf dem Wagen saß.

Unterwegs   21

3. _____ Als die Kirschen gut verkauft waren, tranken sie in Zwingenberg zusammen Kaffee.

4. _____ Auf dem Heimweg küßte Heinrich Johanna.

Zeile 332–364 Wir diskutieren

1. Heinrich war kein Don Juan; er schämte sich („wurde rot") und hörte Johanna zu. Was sagte er selbst nur noch?
2. Johanna erklärte ihm, warum sie eine treue Ehefrau bleiben wollte. Warum hatte sie Schickedanz geheiratet?
3. Aber ihr Herz war bei Heinrich, weil es auch „immer auf Reisen" war wie er. Das heißt, sie suchte eigentlich etwas anderes als das Leben einer Bauersfrau. Es ging aber nicht. Warum nicht?
4. Johanna liebte also Heinrich (wie er sie), aber das Kind hatte einen Vater; ein Kind braucht etwas anderes als das, „was der Wind dahergeweht hat". Sah Heinrich das ein?

TEIL 9

Zeile 365–384 Wir stellen fest: richtig oder falsch?

1. _____ Schickedanz' Vorstellung von einer guten Frau war, daß sie tat, was er wollte.

2. _____ Es fiel Johanna schwer, eine solche gute Frau zu sein.

3. _____ Sie lief ihrem Mann nicht weg, weil sie ihn liebte und sein Kind trug.

4. _____ Der Bauer trank so viel, weil er sich auf das Kind und das Fest freute.

Zeile 385–422 Wir diskutieren

1. Die Kirschernte dauerte vierzehn Tage lang. Warum war das eine schwierige Zeit für Heinrich?
2. Dann kam das Kirschenfest, und sie mußten die letzten Kirschen nach Zwingenberg zum Markt fahren. Blieb Johanna ihrem Mann auch auf dieser Fahrt treu? Warum weinte sie?
3. Johanna wollte das Kind Heinrich nennen, weil sie ihn (Heinrich) nicht vergessen konnte. Wie drückte sie das aus (Zeile 415–418)?
4. Auch Heinrich konnte seine Liebe zu Johanna nicht vergessen. Dachte er dabei an sich oder mehr an sie?

TEIL 10

Zeile 423–447 Wir stellen fest: richtig oder falsch?

1. _____ Als sie ins Dorf zurückkamen, merkten sie gleich, daß etwas los war.

2. _____ Das Haus war geschmückt, aber niemand feierte, weil der Bauer verletzt auf der Bank lag.

3. _____ Der Arzt sagte, der Bauer sei mit dem Motorrad verunglückt, aber er würde es überleben.

4. _____ Johanna war außer sich (*beside herself*) und schrie wie eine Wilde.

Zeile 447–461 Wir diskutieren

1. Johanna erwartete das Kind erst in zwei Monaten. Welche Wirkung hatte aber der Schreck auf sie?
2. Die Männer blieben draußen bei Schickedanz, aber sie konnten ihm nicht helfen. Hatte der Bauer Angst wegen seiner schweren Verletzung (*injury*)? Wofür interessierte er sich nur?
3. Aus dem Hause hörte man die Frau schreien. Warum?
4. Die Männer trugen den Bauern ins Haus. Wie ging es ihm?

TEIL 11

Zeile 462–473 Wir stellen fest: richtig oder falsch?

1. _____ Der verletzte Bauer lag mit zerbrochenem Brustkorb da, und das Blut floß aus seiner Brust.

2. _____ Manchmal versuchte er zu sprechen, aber es gelang ihm nicht.

3. _____ Als der Arzt ihm eine Spritze gegeben hatte, konnte er ein paar Worte lallen.

4. _____ Heinrich war voller Liebe und Mitgefühl (*compassion*) für ihn und versuchte, dem armen Menschen zu helfen.

Zeile 474–509 Wir diskutieren

1. Schickedanz war trotz seiner schweren Verletzung noch stark in seinem Willen, die Geburt seines Sohnes zu erleben. War er bereit, danach zu sterben?
2. Er nahm seine ganze Kraft zusammen und kam bis zur Tür, bevor er hinfiel. Warum schlug er um sich?
3. Dann brachte der Arzt die gute Nachricht (den Verletzten hatte er fast vergessen). Welche?
4. Wie starb der Bauer? Warum verließ Heinrich sofort still den Hof? Wohin ging er wohl, mit seinem Rucksack auf dem Rücken?

■ Inhaltliches

TEIL 1

1. Wie lange hatte der Erzähler (*storyteller*) in Rheinhessen gearbeitet?
2. Was hatte er in der Tasche und im Rucksack?
3. Wohin zog (= wanderte) er?
4. Wen traf er dort in einer Hafenkneipe, und was waren sie beide von Beruf?
5. Worüber sprachen sie, während sie zusammen Wein tranken?
6. Tranken sie viel? Wann umarmten sie sich?

7. Wo hatte der Erzähler früher gearbeitet?
8. Was tat er, als er plötzlich traurig wurde?
9. Woran erinnerte sich auch der Wirt, der sich zu ihnen setzte?
10. Was hatten sie damals nicht gewußt? Was hofften sie?

TEIL 2

1. Warum ging der Erzähler, unser Rohrleger, weg?
2. Wer beschimpfte ihn auf der Straße? Warum?
3. Was vergaß der Rohrleger, als er weiterging?
4. Was sah er von der Rheinbrücke aus?
5. Wie fand er die Stadt?
6. Warum war er jetzt wieder optimistisch?
7. Wohin wollte er, und wann kam er dort an?
8. Wo schlief er? Warum?

TEIL 3

1. Wann wachte er auf? Was tat er sofort?
2. Warum suchte er ein Dorf, als er zwei Stunden gewandert war?
3. Warum konnte er nicht weitergehen?
4. Was ist das Beste, wenn man Hunger hat?
5. Wovon träumte er?
6. Was meinte sein Gewissen über sein Trinken?
7. Ohne was kann man nach Ansicht des Gegengewissens nicht leben?
8. Wie verwandelte sich sein Gegengewissen?
9. Wie verschwand es?

TEIL 4

1. Wodurch wurde der Rohrleger aufgeweckt?
2. Wo lag er?
3. Warum schrie der Bauer?
4. Warum gab ihm der Rohrleger einen Stoß?
5. Wer gewann den „Boxkampf"?
6. Was tat die Frau, die im Wagen gesessen hatte?
7. Wie weckte der Rohrleger den Bauern auf?
8. Was erklärte der Rohrleger den Beiden?
9. Wohin fuhren sie alle drei zusammen? Womit?

TEIL 5

1. Wie ging es dem Rohrleger, als er auf dem Bauernhof ankam?
2. Wie fühlte er sich, als er endlich in dem Bauernbett wieder aufwachte?
3. Wie lange hatte er geschlafen?
4. Was sagte der Bauer ihm sonst noch?
5. Wofür wollte der Rohrleger gern auf dem Hof arbeiten?
6. War die Arbeit schwer? Was tat er alles?
7. Was kauften sie eines Tages in Neustadt? Warum?

TEIL 6

1. War der Rohrleger glücklich bei seiner Arbeit auf dem Hof?
2. An wen erinnerte ihn Johanna, die junge Frau des Bauern?
3. Wie verbrachte der Rohrleger abends seine Freizeit?
4. Wann ging er manchmal in die Kneipe?
5. Warum arbeitete er tagsüber so schwer?
6. Was erzählte ihm der Bauer im Frühling?
7. Wie lange wollte der Rohrleger noch dort bleiben?

TEIL 7

1. Was erklärte die Bauersfrau dem Rohrleger, als die Kirschen reif waren?
2. Wohin gingen sie morgens früh mit den Körben?
3. Wozu holte er die Leiter aus dem Schuppen?
4. Wie weit waren sie um sechs Uhr mit der Arbeit?
5. Wem gehörte der Kirschberg eigentlich?
6. Warum saßen Johanna und er dort im feuchten Gras?
7. Wie lange arbeiteten sie danach weiter?
8. Wo wollten sie die Kirschen verkaufen?

TEIL 8

1. Welchen Weg nahmen sie mit Pferd und Wagen nach Zwingenberg?
2. Was taten sie nach dem guten Verkauf?
3. Was versuchte Heinrich, der Rohrleger, als sie gegen Abend nach Hause fuhren?
4. Warum ließ Johanna es nicht geschehen?
5. Warum hatte Johanna den Schickedanz geheiratet?
6. Warum sagte sie nein zu Heinrich, obwohl sie ihn liebte?
7. Wessen Kind war es, und was hoffte der Vater?
8. Nahm Heinrich die Erklärung an? Wie?

TEIL 9

1. Wollte Johanna dem Bauern Schickedanz eine gute Frau sein? Warum?
2. Was feierte der Bauer mit Heinrich zusammen? Wie?
3. Wie lange dauerte die Kirschernte (*-harvest*)?
4. Wie feierte man dort das Kirschenfest?
5. Warum weinte Johanna auf der letzten Rückfahrt vom Markt?
6. Was wird Heinrich nie vergessen können?
7. Warum wollte Johanna nicht mit Heinrich weggehen?
8. War ihm das recht (*all right with him*)? Warum?

TEIL 10

1. Wer kam ihnen entgegengelaufen, als sie heimkamen?
2. Wer wartete auf dem festlich geschmückten Hof?
3. Warum lag der Bauer Schickedanz mit blutiger Stirn auf einer Bank?

Unterwegs

4. Wie benahm sich (*acted*) Johanna, als sie von dem Motorradunglück hörte?
5. Warum wurde sie ins Haus getragen?
6. Warum richtete sich der tödlich verletzte (*injured*) Bauer wieder auf?
7. Was fragte er immer wieder?

TEIL 11
1. Wie ging es Schickedanz?
2. Wie half ihm der Arzt?
3. Worauf wartete der Bauer nur?
4. Wußte er, daß er nahe am Tode war, als er Heinrich die Hand gab?
5. Worum bat er Gott, als er zur Tür torkelte?
6. Welche Nachricht brachte der Arzt?
7. Wie starb Schickedanz, als er wußte, daß er einen Sohn hatte?
8. Wie zeigten die Leute im Hof ihre Freude über die Geburt des Kindes?
9. Was tat Heinrich?

■ Vom Inhalt zum Gehalt

1. In Deutschland folgte auf den (verlorenen) ersten Weltkrieg sehr bald die „Inflationszeit", eine Zeit des wirtschaftlichen Notstandes (*depression*). Der Mann, der hier erzählt, ist Handwerker. Ist er durch die Umstände (*circumstances*) gezwungen, wie ein Nomade zu leben, oder ist er ein Landstreicher (*tramp*)?
2. Offenbar geht es zu dieser Zeit vielen so. Diese Menschen leben von der Hand in den Mund und ziehen von Ort zu Ort auf der Suche nach Arbeit. Ist es verständlich, daß sie weder Familie noch ein Zuhause haben? Warum?
3. Diese Leute sehen keine Zukunft vor sich; sie haben nur ihre Vergangenheit. Wovon sprechen sie also sofort, wenn sie sich treffen?
4. Wie kommt es wohl, daß diese Männer vom Krieg so positiv sprechen? Lieben sie das Militaristische, oder ist es eher das gemeinsame Erlebnis, das sie aneinander bindet (und von anderen trennt)? Muß das Kameradschaftliche ihnen vielleicht die Familie ersetzen?
5. Der Rohrleger, der hier erzählt, ist auch früher schon gereist; vielleicht als Lehrling (*apprentice*), aber wahrscheinlich, weil größere Bauarbeiten (wo Rohre gelegt werden müssen) nicht immer am Heimatort oder im eigenen Lande durchzuführen (*to carry out*) sind. Verbinden Sie damit den Ausspruch des Rohrlegers über den schönen Garten, in dem andere die Rosen pflücken!

6. Kann man ungefähr sagen, wie alt dieser Mann ist und wann die Erzählung spielt (*takes place*)? Denken Sie daran, daß das Versailler Diktat von 1918 noch seine Wirkung tut und daß 1933 Hitler an die Macht kam!
7. Wenn man diesen historischen Hintergrund kennt, ist die persönliche Geschichte des Rohrlegers nicht schwer zu verstehen. Wie erscheint er uns als Mensch: einfach, bescheiden (*modest*), natürlich, anspruchslos (*unpretentious*), verständnisvoll, naturliebend, fleißig, lebensfroh, tapfer (*brave*)? Hat er Gefühle? Denkt er über das Leben nach? Hat er Sinn für das Schöne? Suchen Sie viele Beispiele im Text!
8. Er hat auch ein Gewissen, wie aus dem Traum klar wird. Er hat kein Verbrechen begangen (*committed no crime*); er hat nur sein weniges Geld vertrunken. Er ist auch kein Alkoholiker. Darum ist das Gegengewissen uns viel sympathischer als das langweilige Gewissen. Wie wird das Gegengewissen beschrieben? So ähnlich wie die Wirkung des Alkohols? Zeigt der Traum, daß der Träumer Sinn für Humor hat?
9. Der Rohrleger liebt seine Heimat und die Natur. Woran sehen Sie das? Geben Sie konkrete Beispiele!
10. Hatte dieser Mann politische Überzeugungen (*convictions*)? Er nennt sich selbst einen „Armen". Hat man den Eindruck, daß er gegen die soziale Ordnung rebelliert?
11. An Johanna bemerkte er gleich ihre Schönheit. Er ging aber nicht wegen der Frau so gern mit auf den Bauernhof. Warum war er wohl so glücklich auf dem Hof?
12. Erst als er anfing, Johanna zu lieben, wagte er nicht mehr sie anzusehen. Was für eine Liebe war es? Wollte er etwas „haben" und besitzen? Oder war es ein schönes Gefühl, das er immer dringender (*more urgently*) ausdrücken wollte?
13. Johanna selbst fühlte sich auch sofort zu ihm hingezogen (*drawn to him*), „weil er keiner von denen war, die sie immer sah". Sie hatte also auch die Sehnsucht nach etwas „anderem" (ohne zu wissen, was das war) und vielleicht nach der Ferne (nach etwas Unbekanntem). War es das, was sie mit Heinrich gemeinsam hatte (und nicht mit ihrem Mann)?
14. Die andere, solide Seite in ihr war aber stärker: sie hielt ihr eheliches Versprechen (*marital promise*) und blieb eine gute Ehefrau. Sie wußte zwar nach sechs Wochen, daß sie Heinrich liebte, aber das Kind brauchte das Leben in einem Zuhause, auch wenn ihr eigenes Leben „nicht mehr dort war". Hatte sie eine Wahl (*choice*)?
15. Der Bauer trank etwas zuviel, aber er war ein guter, wenn auch einseitiger Mensch. Was erwartete er vom Leben?
16. Heinrich zog sich nach dem Unglück still zurück (*stepped back*) auf die Landstraße. Warum wäre es ganz unmöglich gewesen, auf dem Hof zu bleiben? Oder hätte der Verfasser ein Happy-End folgen lassen können? Warum (nicht)?

Unterwegs

■ Praktisches und Persönliches

(Put your active vocabulary to work!)

1. Wandern Sie gern über Felder und Wiesen, oder steigen Sie lieber auf einen Berg?
2. Machen Sie regelmäßig Spaziergänge? Wo? In dem Vorort, wo Sie wohnen? Oder gehen Sie lieber am Hafen spazieren?
3. Fahren Sie manchmal mit dem Auto ins Grüne (*countryside*)? Wohin? Fahren Sie allein, oder begleitet Sie jemand?
4. Verreisen Sie jedes Jahr? Was gefällt Ihnen nicht am Reisen? Das lange Warten auf Bahnhöfen und Flughäfen?
5. Wohin gehen Sie zuerst, wenn Sie an Ihrem Reiseziel (*destination*) ankommen? Suchen Sie sich zuerst ein Hotel?
6. In Großstädten ist der Straßenverkehr oft sehr laut. Können Sie dann nur schlecht schlafen (noch dazu in einem fremden Bett)?
7. Für Touristen gibt es überall viel zu kaufen. Manchmal hat man den Eindruck (*impression*), daß jeder einem etwas verkaufen will. Wo haben Sie das schon erlebt?
8. Sammeln Sie Reiseandenken oder etwas anderes, wenn Sie in Ferien fahren? Was?
9. Es ist weniger angenehm (*pleasant*), wenn man für andere im Urlaub etwas besorgen muß. Bei welcher Gelegenheit haben Sie das schon bemerkt?
10. In einer ländlichen Gegend riecht das Heu besonders gut. Haben Sie Verwandte, die Sie dort besuchen können?
11. Es macht Spaß, auf dem Lande Blumen zu pflücken oder Obst zu ernten, finden Sie nicht? Haben Sie es schon einmal gemacht?
12. Das Leben eines Landstreichers (*tramp*) oder Heimatlosen ist dagegen keine Vergnügungsreise (*pleasure trip*). Können Sie sich überhaupt vorstellen, daß man von Ort zu Ort zieht und kein Zuhause hat?

■ Grammatisches

A. Complete the sentences in German with the appropriate present-tense forms of the verbs in parentheses.

1. Ich _____ (*walk*) oft im Wald spazieren.
2. Du _____ (*collect*) deutsche Briefmarken?
3. Der Zug _____ (*arrive*) um sechs Uhr an.
4. Die Fahrt _____ (*take*) nicht lange.
5. Es _____ (*bother*) mich überhaupt nicht.

6. Wir _____ (*imagine*) uns das anders vor.
7. Ihr _____ (*take care of*) alles in der Stadt.
8. Die Beiden _____ (*board*) in den Omnibus.

B. Change the subjects (and verb forms) as indicated, following the model.

Zum Beispiel: Wir fahren schön langsam. (er)
Er fährt schön langsam.

1. Wir begleiten dich nach Hause. (er)
2. Sie schlafen sicher bald ein. (du)
3. Sie gefallen mir gar nicht. (es)
4. Ihr trefft ihn vielleicht am Bahnhof. (du)
5. Ich warte nicht länger. (meine Freundin)
6. Wir blasen die Kerzen (*candles*) aus. (der Vater)

2 Vergangenheit

George Grosz Querschnitt *1920*

■Wolfgang Borchert

Lesebuchgeschichten

Wolfgang Borchert was indirectly a casualty of World War II. Born in Hamburg in 1921, he was an apprentice in the book trade and also did some acting in Lüneburg. He was called into the military in 1941, and was severely wounded in 1942. Imprisoned that same year for antiwar statements, he was sentenced to death, but instead of being executed, he was sent to the Eastern Front. He was finally released from the army in 1943 because of ill health. He participated briefly in cabaret in Hamburg, but was imprisoned again in 1944. In 1945, free once more, he became assistant director of the Hamburger Schauspielhaus. In 1947, the day after the stage premiere of his stark play *Draußen vor der Tür,* he died in Basel, where friends had sent him to recover from lingering illnesses. Borchert is best known for that play and for his short stories depicting in a unique, dramatic style a profound disillusionment with war.

Wortschatz

die Ehre   honor
der Freiwillige, -n   *adj. noun*   volunteer
die Geschichte, -n   history; story

auf·schreiben, -ie, -ie   to write down
aus·ziehen, -zog, -o   to take off; to move out
ein·gehen, -ging, -a   to die; to wilt, wither
schießen, -o, -o (auf + *acc.*)   to shoot (at)

aus, vorbei, zuende   over, finished
gräßlich   horrible, gruesome

das Gewehr, -e   rifle
der Krieg, -e   war
der Soldat, -en   soldier

schlagen, -u, -a, -ä   to beat; **tot·schlagen**   to kill
stehen: es steht . . .   it says (it is written) . . . ; **Es steht fest.**   It's a fact.

A. Give an equivalent from the *Wortschatz* for each of the following expressions.

1. sterben
2. schrecklich
3. töten
4. zuende
5. Es ist eine Tatsache.
6. Erzählung

B. Complete the following sentences with words from the *Wortschatz*.

1. Die Geschichte ist voller _____ und Revolutionen.
2. Es war eine _____, für das Vaterland zu kämpfen, aber heute nicht mehr.
3. Heute gibt es nicht mehr viele _____ (*volunteers*), die ein _____ in die Hand nehmen und auf andere Menschen _____ wollen.
4. Wenn der Krieg vorbei ist, darf der _____ seine Uniform _____ (d.h., wenn er alles überlebt hat).
5. Andere _____ es auf—es _____ alles in den Geschichtsbüchern.

    Alle Leute haben eine Nähmaschine, ein Radio, einen Eisschrank° und ein Telefon. Was machen wir nun°? fragte der Fabrikbesitzer.
    Bomben, sagte der Erfinder.°
5   Krieg, sagte der General.
    Wenn es denn gar nicht anders geht,° sagte der Fabrikbesitzer.

    Der Mann mit dem weißen Kittel° schrieb Zahlen auf das Papier. Er machte ganz kleine Buch-
10 staben dazu.° Dann zog er den weißen Kittel aus und pflegte° eine Stunde lang die Blumen auf der Fensterbank.° Als er sah, daß eine Blume eingegangen war, wurde er sehr traurig und weinte.
    Und auf dem Papier standen die Zahlen. Da-
15 nach° konnte man mit einem halben Gramm in zwei Stunden tausend Menschen totmachen.°
    Die Sonne schien auf die Blumen.
    Und auf das Papier.

    Zwei Männer sprachen miteinander.
20   Kostenanschlag°?
    Mit Kacheln°?
    Mit grünen Kacheln natürlich.
    Vierzigtausend.°
    Vierzigtausend? Gut. Ja, mein Lieber, hätte ich
25 mich nicht rechtzeitig von Schokolade auf Schießpulver umgestellt,° dann könnte ich Ihnen diese vierzigtausend nicht geben.
    Und ich Ihnen keinen Duschraum.°
    Mit grünen Kacheln.
30   Mit grünen Kacheln.

Eisschrank = Kühlschrank
Was . . . = Was sollen wir nun machen?
inventor

Wenn . . . Well, if there is no other way

lab coat

machte [. . .] dazu added
took care of
windowsill

According to them
totmachen = töten

Estimate (i.e., your estimate)
Mit . . . With tiles (for a new house)
40,000 (marks)

switched

shower bath

Die beiden Männer gingen auseinander.° — gingen ... parted
Es waren° ein Fabrikbesitzer und ein Bauunternehmer. — Es ... They were
Es war Krieg.

35 Kegelbahn.° Zwei Männer sprachen miteinander. Nanu, Studienrat,° dunklen Anzug an. Trauerfall°? Keineswegs, keineswegs. Feier° gehabt. Jungens° gehn an die Front. Kleine Rede gehalten. Sparta° erinnert. Clausewitz° zitiert. Paar Begriffe
40 mitgegeben: Ehre, Vaterland. Hölderlin° lesen lassen. Langemarck gedacht.° Ergreifende Feier. Ganz ergreifend. Jungens haben gesungen: Gott, der Eisen wachsen ließ.° Augen leuchteten. Ergreifend. Ganz ergreifend. Mein Gott, Studienrat, hören Sie
45 auf. Das ist ja gräßlich.

Der Studienrat starrte die anderen entsetzt° an. Er hatte beim° Erzählen lauter° kleine Kreuze auf das Papier gemacht. Lauter kleine Kreuze. Er stand auf und lachte. Nahm eine neue Kugel und ließ sie
50 über die Bahn rollen. Es donnerte leise. Dann stürzten° hinten die Kegel.° Sie sahen aus wie kleine Männer.

- bowling alley
- high school teacher
- Are you in mourning? / Assembly
- Jungens = Jungen
- Sparta: mentioned to extol self-sacrificing patriotism / Clausewitz (1780–1831): Prussian military strategist
- Hölderlin (1770–1843): i.e., his heroic poetry
- Langemarck ... commemorated Langemarck (famous battle)
- Gott ... : patriotic military song
- in horror
- while / many
- stürzten = fielen / bowling pins

Zwei Männer sprachen miteinander.
Na, wie ist es?° — wie ... = wie geht es?
55 Ziemlich schief.° — schief = schlecht
Wieviel° haben Sie noch? — Wieviel = Wie viele Soldaten
Wenn es gut geht: viertausend.
Wieviel können Sie mir geben?
Höchstens achthundert.
60 Die gehen drauf.° — Die ... They will all be killed.
Also tausend.° — Also ... So, make it a thousand.
Danke.
Die beiden Männer gingen auseinander.
Sie sprachen von Menschen.
65 Es waren Generale.
Es war Krieg.

Zwei Männer sprachen miteinander.
Freiwilliger°? — Freiwilliger? = Sind Sie ein Freiwilliger?
'türlich.° — 'türlich = natürlich
70 Wie alt?
Achtzehn. Und du?
Ich auch.
Die beiden Männer gingen auseinander.

34 Chapter 2

Es waren zwei Soldaten.
Da° fiel der eine um. Er war tot. *Da = Dann*
Es war Krieg.

Als der Krieg aus° war, kam der Soldat nach *aus = zu Ende*
Haus. Aber er hatte kein Brot. Da sah er einen,° der *someone*
hatte Brot. Den° schlug er tot. Du darfst doch kein- *Den = Ihn*
en° totschlagen, sagte der Richter. *Du ... But you must not*
Warum nicht, fragte der Soldat.

Als die Friedenskonferenz zuende war, gingen
die Minister durch die Stadt. Da kamen sie an einer
Schießbude° vorbei. Mal schießen, der Herr°? riefen *shooting gallery / Mal ... = Wollen Sie einmal schießen, mein Herr?*
die Mädchen mit den roten Lippen. Da nahmen die
Minister alle ein Gewehr und schossen auf kleine

Erich Heckel Mann mit verbundenem Kopf (Selbstbildnis) *1914*

Männer aus Pappe.° Mitten im Schießen kam eine alte Frau und nahm ihnen die Gewehre° weg. Als einer der Minister es wiederhaben wollte, gab sie ihm eine Ohrfeige.°
Es war eine Mutter.

aus... made of cardboard
ihnen... = ihre Gewehre
slap in the face

Es waren mal° zwei Menschen. Als sie zwei Jahre alt waren, da schlugen sie sich mit den Händen.

Als sie zwölf waren, schlugen sie sich mit Stöcken und warfen mit° Steinen.

Als sie zweiundzwanzig waren, schossen sie mit Gewehren nach° einander.

Als sie zweiundvierzig waren, warfen sie mit Bomben.°

Als sie zweiundsechzig waren, nahmen sie Bakterien.

Als sie zweiundachtzig waren, da starben sie. Sie wurden nebeneinander° begraben.

Als sich nach fünfhundert Jahren ein Regenwurm durch ihre beiden Gräber fraß,° merkte er gar nicht, daß hier zwei verschiedene Menschen begraben waren. Es war dieselbe Erde.° Alles dieselbe Erde.

mal = einmal

warfen mit = warfen

at

mit... = Bomben

side by side

sich [...] durch [...] fraß ate its way through

earth (i.e., soil)

Als im Jahre 5000 ein Maulwurf aus der Erde rauskuckte,° da stellte er beruhigt fest:°
Die Bäume sind immer noch° Bäume.
Die Krähen krächzen noch.
Und die Hunde heben immer noch ihr Bein.
Die Stinte° und die Sterne,
das Moos und das Meer
und die Mücken:
Sie sind alle dieselben geblieben.
Und manchmal—
manchmal trifft man einen Menschen.

rauskuckte = herausguckte / stellte... he was relieved to find
immer... still

Stinte: kind of fish

■ Zum Leseverständnis

Zeile 1–18 Wir stellen fest: richtig oder falsch?

1. _____ Wenn die Leute alles haben, was sie brauchen, wissen die Fabrikbesitzer nicht, was sie herstellen (*manufacture*) sollen.

2. _____ Das „Geschäft" der Generale ist Krieg, und das Geschäft der Erfinder ist das Erfinden.

3. _____ Männer in weißen Kitteln (also Wissenschaftler, Erfinder) haben keine Gefühle.

4. _____ Die Sonne scheint auf die Bombenerfindungen genauso wie auf die unschuldigen Blumen.

Zeile 19–52 Wir diskutieren

1. Dem Fabrikbesitzer und dem Bauunternehmer geht es durch den Krieg besonders gut. Wieso? (Grüne Kacheln und Duschräume werden hier als besonderer Luxus genannt.) Wären diese Geschäftemacher (*profiteers*) ohne den Krieg auch so reich geworden?
2. Der Studienrat ist auf der Kegelbahn mit seinen Kegelbrüdern (*bowling partners*) zusammen. Was erzählt er über die Schulfeier, die gerade stattgefunden hat? Welche Rede hat er den Schülern gehalten, die nun bald an die Front müssen?
3. Für das Vaterland werden viele große Worte gemacht, die gefährlich sein können, weil sie mit Menschenleben spielen. Was hatte auch der Studienrat bei seiner Rede ausgelassen, und wie reagierte er jetzt?
4. Der Studienrat lachte natürlich nicht über den Tod so vieler Menschen. Wollte er im Gegenteil an etwas anderes denken? Wie? Warum ist es ironisch, daß er sich gerade (*of all things*) mit Kegeln auf andere Gedanken bringen will?

Zeile 53–91 Wir stellen fest: richtig oder falsch?

1. _____ Die Generale spielen im Krieg mit Menschen, wie die Männer im Kegelklub mit ihren Kugeln.
2. _____ Die jungen Männer, die (aus Vaterlandsliebe? wegen der Propaganda?) Kriegsfreiwillige geworden sind, fallen um wie Kegel.
3. _____ Im Krieg herrschen (*prevail*) dieselben Regeln wie im Frieden, sagte der Richter.
4. _____ Die Mütter, die ihre Söhne im Krieg verloren haben, wollen nicht, daß die Minister des Landes ihre Verantwortung (*responsibility*) für den Krieg vergessen.

Zeile 92–119 Wir diskutieren

1. Es liegt wohl im Menschen, daß er Gewalt (*violence*) anwendet. Wann fängt das schon an?
2. Der Mensch bleibt derselbe, wenn er älter wird. Es ändern sich nur die Mittel. Wie?
3. Ob gut oder böse, recht oder unrecht, der Mensch muß sterben—und das,

Vergangenheit 37

wofür er gekämpft hat, mit ihm. Was sieht der Maulwurf nur (wie auf Zeile 17/18 die Sonne)?
4. Die Erde bleibt dieselbe und alles, was darauf ist. Wenn der Mensch zum wahren Menschen werden will, muß er sich ändern, sonst erkennt man ihn nicht. Meint das der Verfasser mit seiner Schlußbemerkung?

■ Inhaltliches

1. Warum suchte der Fabrikbesitzer ein neues Produkt, und was war es?
2. Was tat der Mann im weißen Kittel?
3. Was stand auf dem Papier?
4. Woher hatte der Fabrikbesitzer das Geld für das teure Haus?
5. Was für eine Rede hatte der Studienrat eben gehalten? Wo?
6. Warum sollte der Studienrat aufhören zu sprechen?
7. Was will der eine General von dem anderen?
8. Beschreiben Sie die Szene zwischen den beiden Freiwilligen!
9. Warum schlug der Soldat einen Menschen tot?
10. Was taten die Minister der Friedenskonferenz nach dem Krieg?
11. Wer allein war klug und weise? Wie zeigte sie es?
12. Wie lebt der Mensch von Jugend auf? Was ändert sich (*changes*) nur?
13. Wo wird der Mensch (d.h., alle Menschen) begraben?
14. Wie war es im Jahre 5000? Wie sah die Welt aus?

■ Vom Inhalt zum Gehalt

1. Was haben Erfinder, Generäle und Fabrikbesitzer gemeinsam (*in common*)?
2. Ist der Fabrikbesitzer ehrlich (*honest*), wenn er sagt, „es geht nicht anders"?
3. Kann man über tote Blumen weinen und zugleich Bomben erfinden? Kennen Sie Beispiele aus der Geschichte? (z.B., Hitler liebte Tiere.)
4. Worüber sprachen die beiden Männer? Profitierten sie beide vom Krieg?
5. Weshalb war der Studienrat selbst entsetzt, und warum lachte er gleich danach? Woran wollte er nicht denken?
6. Erklären Sie den Vergleich (*comparison*) zwischen Menschen (d.h., Soldaten) und Kegeln auf der Kegelbahn!
7. Wie verhandeln (*negotiate*) die Generäle über Menschenleben?
8. Am Ende des Gesprächs der beiden Freiwilligen erinnert uns der Verfasser wieder an die Kegelbahn. Wieso?
9. Was verstand der Soldat nicht, als der Krieg aus war?
10. Haben die Menschen etwas gelernt? Was will die alte Mutter ihnen sagen?
11. Liegt der Krieg in der Natur des Menschen? Welche Beispiele zeigen es?

12. Sind alle Menschen im Grunde (*basically*) gleich, oder ist es die Zeit, die uns alle gleich unwichtig macht?
13. Will der Verfasser sagen, daß sich weder der Mensch noch die Erde (unsere Welt) ändert?
14. Finden Sie das beruhigend? Glauben sie, daß man die Welt nicht ändern kann? Oder besteht doch noch Hoffnung, weil es einige Menschen gibt, die anders (d.h., wirkliche Menschen) sind?

■ Hans Bender

Forgive Me!

Hans Bender was born in 1919 in Mühlhausen (south of Heidelberg) and studied literature and art history at universities in Erlangen and Heidelberg. He served five years in the army during the war and was a Soviet prisoner of war until 1949. After the war he continued his education and was very active as editor of several literary journals. He now resides in Cologne.

The principal themes of Bender's work are the war, imprisonment, and postwar Germany. In his short stories, novels, and poems he combines a rigorous, subtle style with a heartfelt concern for people and their problems.

Wortschatz

die Angst, ⁻e   fear, anxiety
das Blut   blood
der Rauch   smoke

denken, dachte, gedacht (an + *acc.*)   to think (of)
(sich) entschuldigen   to excuse (oneself); to apologize
erwarten   to expect
sich freuen   to be happy, glad; **sich freuen auf** (+ *acc.*)   to look forward to; **sich freuen über** (+ *acc.*)   to be happy about
los·gehen, -ging, -a   to go off, be off; **es geht los**   it's starting

der Raucher, -   smoker; **der Nichtraucher**   nonsmoker
die Waffe, -n   weapon

mit·machen   to participate, join in
rauchen   to smoke
schicken   to send; **ab·schicken**   to send off; to mail
sich täuschen   to be wrong; to be deceived
vergeben, -a, -e, -i   to forgive
verzeihen, -ie, -ie   to forgive
vorbei·gehen, -ging, -a (an + *dat.*)   to pass (by)

Vergangenheit   39

vor·kommen, -kam, -gekommen
   to occur, happen

werfen, -a, -o, -i   to throw;
weg·werfen   to throw away

begeistert   enthusiastic

stolz (auf + *acc.*)   proud (of)

A. Give an equivalent from the *Wortschatz* for each of the following expressions.

1. es fängt an
2. froh sein
3. die Furcht
4. geschehen
5. senden
6. teilnehmen
7. warten auf
8. vergeben

B. Complete the following sentences with words from the *Wortschatz*.

1. Heute bin ich auf der Straße an einer Freundin _____, aber sie hat mich nicht gesehen.

2. Man sah den _____ über der brennenden Stadt.

3. Das _____ schoß aus der Wunde.

4. Brauchen Sie dieses Stück Papier? Oder soll ich es _____?

5. Man glaubte an den Führer, aber man hat sich _____.

6. Haben Sie ein Streichholz (*match*)? —Nein, ich _____ nicht. (Ich bin _____.)

7. Der Soldat hat eine _____ in der Hand.

8. Mütter sind gewöhnlich _____ auf ihre Kinder.

9. Zuerst waren die Soldaten _____, aber dann _____ sie sich auf den Frieden.

10. Wir _____ schon lange nicht mehr an den Krieg.

11. Ich muß mich bei ihm _____, daß ich seinen Namen vergessen habe.

    Herr Studienrat Runge sagte mit einschläfernder° Stimme: „Forgive me" ist ein starker Ausdruck. Der Engländer gebraucht ihn eigentlich nur Gott gegenüber,° im Gebet, in der höchsten Gefühlsaufwallung.° Ihr werdet ihn° selten hören, selten gebrauchen. Häufiger kommen vor „excuse me" und „sorry", ja, vor allem° „sorry". „Sorry" könnt ihr bei jeder Entschuldigung anwenden.° Wenn ihr an

sleep-provoking

Gott . . . when addressing God
in . . . at moments of intense emotion / ihn = den Ausdruck

vor . . . above all
anwenden = gebrauchen

jemandem vorbeigehen wollt, wenn ihr jemandem
auf den Fuß getreten seid,° sagt „I'm sorry" . . .

  Ich war vierzehn Jahre alt. Ich saß in der letzten
Bank° und war nicht besonders aufmerksam.° Vor
mir auf der polierten Platte° lag ein blaues Oktav-
heftchen,° in das ich die neuen Wörter eintragen sollte. Doch° ich malte rechts und links von
meinem Namen° eine Blume. Unter dem Oktav-
heftchen lag ein Spiegel, in den ich ab und zu° sah.
Ich sah gern in den Spiegel, zupfte an° meinen
Haaren vor der Stirne und schnitt Gesichter.° Ich
wollte nämlich° Schauspielerin werden. Auf dem
Heimweg überholten° mich drei Jungen der Paral-
lelklasse,° Walter, Horst und Siegbert. Siegbert
sagte: „Da geht die Brigitte Horney°!" Die anderen
lachten. —Was hatte nur dieser Siegbert gegen
mich? Er reizte,° neckte° mich, blies die Backen auf,
ich aber freute mich, wenn ich ihn sah . . .

  Es war Anfang April. Der Krieg ging dem Ende
zu.° Von Vater° kamen keine Briefe mehr. Mutter
saß am Abend ohne Worte an meinem Bett.

  Einige Tage später wurden wir aus der Schule
nach Hause geschickt. Um die Mittagszeit° surrten
amerikanische Tiefflieger° über die Dächer. In der
Nacht fuhren Lastwagen mit SS-Leuten der Rheinbrücke zu,° und die Fenster schütterten° vom
Gedröhn° der Front. Dann drängten sich° Autos,
Pferdewagen und Panzer durch die Straßen, über
die Trottoirs. Infanteristen zogen zurück,° in
Gruppen, vereinzelt, abgerissen, verwundet.

  Unsere kleine Stadt wurde aufgewühlt° von
Angst, Unruhe, Ungewißheit und der Erwartung,
daß alles zu Ende sei. Beck, ein fanatischer An-
hänger° Hitlers, bewaffnete° junge Leute und alte
Leute. Er verteilte Gewehre und Panzerfäuste,° er
ließ Sperren errichten, Gräben ausheben.° Die Alten
machten nur widerwillig° mit, aber die Jungen hatten keine Ahnung,° und deshalb waren sie vielleicht
sogar begeistert. Auch Siegbert. Siegbert lag° unter
dem Befehl eines ehemaligen Weltkriegsoffiziers°
auf einem Hügel vor der Stadt. Ich trug Wasser zum
Hügel, Kaffee, Kuchen, Zigaretten, und die letzte
Tafel° Schokolade, die Vater zu Weihnachten geschickt hatte, brachte ich Siegbert. Ich saß im Graben neben ihm. Er sagte: „Du, ich habe mich

jemandem . . . have stepped on someone's toes

in . . . on the bench in the last row / attentive
polierten . . . polished desk-top
small type of notebook
Doch = Aber
Namen: auf dem Heft
ab . . . now and then
plucked (at)
schnitt . . . made faces
Ich . . . For I wanted
überholten = gingen vorbei
other class of the same grade
Brigitte Horney: movie star

irritated / teased

ging . . . was coming to an end /
Vater = meinem Vater (an der Front)

Um . . . Around noon
surrten . . . low-flying American fighter planes were buzzing

toward / shook
rumbling / drängten . . . pushed their way

Infanteristen . . . Infantrymen retreated

turned topsy-turvy

follower / armed
bazookas
ließ . . . had roadblocks set up and ditches dug
reluctantly
keine . . . no idea
was positioned
ehemaligen . . . former officer in World War I

bar

Vergangenheit 41

Käthe Kollwitz Krieg: Die Mütter *1922/23*

getäuscht, du bist kein Flittchen°—eher° ein Junge."   *flirt / but more like*
55 Das machte mich stolz. Ich rauchte kurz danach,
ohne zu husten, meine erste Zigarette. Aber ich war
kein Junge! Nein, ich war kein Junge.
    An einem frühen Vormittag° ging ich wieder   *An . . . One morning*
zum Hügel. Die Wege und Felder lagen wie ausge-
60 storben,° nur die Lerchen° stiegen° aus den   *wie . . . as if deserted / larks / rose*
Furchen.° Seit diesem Morgen weiß ich, wie schön   *furrows (in the fields)*
Gesang der Lerchen ist. Auf dem Hügel wurde ich
nicht gerade° freundlich empfangen. Einer sagte: *nicht . . . not exactly*
„So'n Wahnsinn."° Und der Weltkriegsoffizier sagte: *So'n . . . It's crazy.*
65 „Tolles° Mädchen, du kannst nicht mehr zurück.°   *Crazy / zurück = zurückgehen*
    „Warum?" fragte ich.
    „Es geht los", sagte er.

„Was? Was geht los?"

Niemand antwortete. Eine unheimliche Stille.° Ich stolperte über den Hügel zu Siegbert. Er riß° mich in den Graben, neben sich, preßte meinen Kopf in seine Arme und sagte: „Warum bist du nur gekommen! Warum bist du nur heute° gekommen!"

Dann explodierte die Ruhe. Einschläge° schüttelten den Hügel. Zornige Granaten durchwühlten° die Erde, die° wenigen Leben herauszuwerfen, herauszupflügen° wie Kartoffeln auf dem Felde. Hatte ich Angst? Hatte ich keine Angst? Ich weiß es nicht.

Erdfontänen° sprangen hoch. Splitter° regneten, und der Rauch nahm den Atem.°

Eine Stimme gellte:° „Sie sind auf der Straße!"

Dann wurde es ruhig, doch in der Ruhe war ein dunkles Rollen.°

Siegbert sagte: „Mal nachsehen."° Er richtete sich auf° und schaute, den Kopf über den Grabenrand, zur Straße hinüber. Ich sah zu ihm auf und fragte; „Siehst du etwas? Siehst du—?" Da° schoß das Blut aus seinem Hals, ein roter Strahl,° wie aus einer Röhre°...

In der Kirche war ein Bild: Das Lamm Gottes über einem Kelch.° Blut, ein roter Bogen, wölbte sich aus einer klaffenden Halswunde° zum Kelchrand. So war es bei Siegbert. Ich hatte das Bild in der Kirche lange nicht gesehen. Jetzt sah ich es genau. Das Bild war mein einziger Gedanke, ein dummer, deplazierter Gedanke.° Lähmend.° Ich konnte nicht schreien, nichts tun. Ich sah das Blut aus seinem Hals stoßen°—und dachte an das Bild in der Kirche... Dann brach sein Körper zusammen, nach vorn,° zu mir, sackte in die Hocke,° die Stirn schlug auf die Knie, und die Hände legten sich° nach unten geöffnet° neben die Füße auf die Erde.

In die Unheimlichkeit° meiner Angst fiel ein Schatten. Oben, am Grabenrand, stand ein Soldat, ein fremder° Soldat, in fremder Uniform, mit einem fremden Stahlhelm und einer fremden Waffe, die noch nach Siegbert zielte.°

Sein Mörder!

Aber der° senkte die Waffe, warf sie° zur Erde und sagte: „Forgive me." Er beugte sich herab, riß meine Hände an seine Brust und sagte: „Forgive me."

Vergangenheit 43

▪ Zum Leseverständnis

Zeile 1–26 Wir stellen fest: richtig oder falsch?

1. _____ Der Studienrat machte den Unterschied zwischen zwei englischen Ausdrücken klar.

2. _____ Der Unterricht war interessant, und das Mädchen hörte gut zu.

3. _____ Sie sollte Blumen in das Heft malen.

4. _____ Sie war vierzehn Jahre alt und sah oft in den Spiegel.

Wir diskutieren

1. Hat der Studienrat eine gute Erklärung gegeben? Was für eine?
2. Woher wissen Sie überhaupt, daß die erzählende Person ein Mädchen ist? Auch junge Männer sehen in den Spiegel!
3. Sie schnitt Gesichter, nicht über den Lehrer, sondern weil der Gesichtsausdruck (*facial expression*) wichtig für Schauspieler ist. Wissen die Mitschüler, daß sie Schauspielerin werden will?
4. Die Jungen lachten das Mädchen nicht aus, sondern sie lachten über Siegberts Bemerkung. Wie benahm sich Siegbert?

Zeile 27–57 Wir stellen fest: richtig oder falsch?

1. _____ Am Ende des Krieges kam die Front näher an diese kleine deutsche Stadt heran.

2. _____ Die Nazis wollten die Stadt verteidigen (*defend*).

3. _____ Alle wollten mithelfen, besonders die Alten.

4. _____ Auch Siegbert war dabei, und das Mädchen kam zu ihm in den Graben.

Wir diskutieren

1. Schon vor April 1945 brachen die deutschen Fronten zusammen. Was konnte es also bedeuten, daß keine Post mehr von dem Vater kam?
2. Die deutschen Truppen waren überall auf dem Rückzug, bis der Krieg im eigenen Lande war. In manchen Teilen Deutschlands war er schon zu Ende. Warum wurden wohl die Schulen geschlossen?
3. Die Zivilisten wurden zur Verteidigung der Stadt bewaffnet (*armed*). Erwarteten sie wirklich noch, den Krieg zu gewinnen?
4. Ein erfahrener Offizier aus dem ersten Weltkrieg kommandierte die Zivilisten und die älteren Schüler. Worauf war das Mädchen stolz?

Zeile 58–112 Wir stellen fest: richtig oder falsch?

1. _____ Auch an diesem Morgen wurde das Mädchen im Graben freundlich begrüßt.

2. _____ Dann ging es los, und die Granaten explodierten.
3. _____ Siegberts Wunde sah genauso aus wie die Wunde am Hals des Lammes.
4. _____ Siegbert war verletzt, aber nicht tot.

Wir diskutieren

1. Bevor „es losging" (d.h., bevor der Feind die Stadt nahm), war es sehr still. Wieso ist eine solche Stille unheimlich?
2. Als der Feind schon auf der Straße vorbei war und die Artillerie schon aufgehört hatte zu schießen, hätte Siegbert den Kopf noch nicht aus dem Graben stecken sollen. Warum nicht?
3. Das Mädchen war einen Augenblick lang wie gelähmt. Verstehen Sie, warum sie an das Bild dachte? Hatte sie Angst?
4. Der fremde Soldat wußte nicht, daß er auf Kinder schoß. Wann merkte er es erst?

■ Inhaltliches

1. Was erklärte der Studienrat den Schülern?
2. Beschreiben Sie das Mädchen, das hier spricht!
3. Wer war Siegbert?
4. Warum wurden die Schüler Anfang April plötzlich nach Hause geschickt?
5. Wie wollte Beck, der fanatische Nationalsozialist, die Stadt verteidigen (*defend*)?
6. Wohin schickte man Siegbert, und wie half das Mädchen?
7. Worauf war das junge Mädchen stolz?
8. Beschreiben Sie die „Ruhe vor dem Sturm"!
9. Warum konnte das junge Mädchen nicht mehr zurück aus dem Graben?
10. Was geschah, als Siegbert über den Grabenrand schaute?
11. An welches Bild dachte das junge Mädchen in dieser Sekunde?
12. Was mußte sie hilflos mitansehen (*watch*)?
13. Wer stand plötzlich oben am Grabenrand, und was tat er?

■ Vom Inhalt zum Gehalt

1. Woher hat die Erzählung ihren Titel? Wie verbindet der Verfasser Anfang und Ende der Handlung (*plot*)?
2. Ist diese Vierzehnjährige ein typisches junges Mädchen? Wieso?
3. Was bedeutete es, daß Siegbert sie oft neckte? Hatte er sie vielleicht gern? [Sprichwort (*proverb*): Was sich neckt, das liebt sich.]
4. Warum saß die Mutter am Bett ihrer Tochter? Warum sprachen sie nicht? Warum kamen vom Vater keine Briefe mehr?

5. Was bedeutete es, daß amerikanische Tiefflieger über die Stadt flogen?
6. Verstehen Sie, warum der Vater Schokolade von der Front schickte, anstatt umgekehrt (*the reverse*)?
7. Warum hatten die Jungen im Graben jetzt Achtung (*respect*) vor dem Mädchen?
8. Was wollte sie ihnen, besonders Siegbert, in Wirklichkeit zeigen?
9. Auch Siegbert wollte zeigen, daß er kein Kind mehr war. Wie beschützte er das Mädchen?
10. Glauben Sie, daß er nicht so mutig (*brave*) oder unvorsichtig (*careless*) gewesen wäre, wenn das Mädchen nicht dort gesessen hätte?
11. Was bedeutet „es geht los" in diesem Fall?
12. Dann kam alles so plötzlich, daß das Mädchen nur an ein ähnliches (*similar*) Bild in der Kirche denken konnte. Haben Sie schon solche Bilder gesehen? Was für ein Symbol ist das Lamm? Finden Sie den Vergleich gut? Warum?

■ Praktisches und Persönliches

Complete the following sentences, using your imagination.

Zum Beispiel: . . . , daß du so an der deutschen Geschichte interessiert bist.
⟶ Ich freue mich darüber, daß du so an der deutschen Geschichte interessiert bist.

1. . . . , daß es noch einmal einen Krieg geben könnte.
2. . . . , daß ich erst jetzt den Geschichtsatlas zurückbringe!
3. . . . , daß ich Sie bei der Arbeit unterbreche!
4. . . . , daß man alten Kriegskameraden begegnet.
5. . . . , daß Sie auch im Krieg waren.
6. . . . , daß wir bald die historischen Stätten (*places*) besuchen.
7. . . . , denn es hat viel Arbeit gekostet.
8. . . . , denn niemand will mehr an den Krieg denken.
9. . . . , weil ich ein großartiges Geschichtsbuch in der Bibliothek gefunden habe.
10. . . . , wenn Sie in ein historisches Museum wollen.

■ Grammatisches

A. Change the verbs in italics to the simple past tense.

Zum Beispiel: Es *geschieht* oft. ⟶ Es geschah oft.

1. Das Kriegserlebnis (*war experience*) *ist* für niemand leicht.
2. Sicherlich *will* kein Mensch einen anderen töten.

3. Wenn man Soldat *ist, geht* es nicht anders.
4. Die Kriegsnachrichten (*news*) *stehen* in der Zeitung.
5. Zuhause *hat* niemand genug zu essen.
6. Im Frieden *wird* alles langsam besser.

B. Create sentences using the present perfect tense.

Zum Beispiel: es / geschehen / oft ⟶ Es ist oft geschehen.

es / stehen / in der Zeitung ⟶ Es hat in der Zeitung gestanden.

1. ich / Heimatort / verlassen
2. ich / mit dem Zug in die Stadt / fahren
3. die Fahrt / drei Stunden / dauern
4. wir / in ein Gasthaus / gehen
5. du / die Zeitung / lesen
6. er / ein Glas Wein / bestellen

C. Change the verbs in italics to the past perfect tense.

Zum Beispiel: Es *ist* oft *geschehen.* ⟶ Es war oft geschehen.

Es *hat* in der Zeitung *gestanden.* ⟶ Es hatte in der Zeitung gestanden.

1. Wieviele Menschen *sind gestorben?*
2. Es *hat* in seinem Brief *gestanden.*
3. Der Historiker *hat* es alles *aufgeschrieben.*
4. Viele *sind* in den Krieg *gezogen* und nicht *zurückgekommen.*
5. Wir *haben* mit dem Soldaten *gesprochen.*

3 Landschaft

Ernst Ludwig Kirchner Drei Wege *1917*

■ Wolfdietrich Schnurre

Reusenheben

Wolfdietrich Schnurre was born in Frankfurt am Main in 1920, the son of a librarian. He served in World War II, which provides the backdrop for many of his early writings. Schnurre's work is often satirical, allegorical, and surrealistic. Although best known for his short stories, he has also written poetry, novels, essays, and plays for the radio. His collected works were published in ten volumes in 1980.

Wortschatz

die Ahnung   idea, notion; **Keine Ahnung**   I have no idea
der Boden, ⸚   ground; soil; bottom
die Handtasche, -n   purse, handbag

auf·heben, -o, -o   to pick up
auf·stehen, -stand, -a   to get up, stand up
sich aus·kennen, -kannte, -gekannt   to know one's way around
biegen, -o, -o   to turn; to bend
sich bücken   to bend down
fassen   to grasp, get hold of; **anfassen**   to grasp; to touch; **mit anfassen**   to help
fest·halten, -ie, -a, -ä   to hold; **sich festhalten**   to hold on (to)
gehören   to belong (to, with)
glänzen   to glitter; to shine
hören: Hör mal!   Listen!
liegen, -a, -e   to lie (*position*)

leer   empty
langweilig   boring

der Kahn, ⸚e   rowboat, boat
das Schloß, ⸚sser   lock; castle

los·lassen, -ie, -a, -ä   to let go (of)
machen: Mach schnell!   Hurry up!; **Mach's gut!**   Take care!
merken, bemerken   to notice
stehen·bleiben, -ie, -ie   to stop, stand still
steuern   to steer
stoßen, -ie, -o, -ö   to push; **ab·stossen**   to push off
(sich) stützen   to prop; to support
suchen   to look for, search
verraten, -ie, -a, -ä   to betray; to tell, give away
verstecken   to hide

A. Give an opposite from the *Wortschatz* for each of the following expressions.

1. festhalten
2. suchen
3. liegenlassen
4. sitzenbleiben
5. gerade stehen
6. weitergehen

B. Complete the sentences with words from the *Wortschatz*.

1. Das ist eine schöne Landschaft! Leider bin ich hier fremd; ich möchte mich gern besser _____.
2. Warum _____ der Mann dort drüben vor dem Kahn stehen?
3. Ich kann es dir nicht _____; ich weiß es auch nicht.
4. Jeder kann ihn nehmen; es ist nicht einmal ein _____ daran.
5. Zuerst muß man den _____ vom Ufer _____.
6. Wie soll man ihn aber _____, wenn man um die Ecke _____ will?
7. Keine _____! Woher soll ich das wissen?
8. Du könntest mir etwas helfen und mit _____.
9. Die Vögel singen so schön, _____ mal!
10. So viel Zeit haben wir nicht. _____!
11. Man darf sich nicht auf den Rand _____, sonst kippt der Kahn um.
12. Nur wenn er _____ ist. Da steht aber ein schwerer Kasten auf dem _____.
13. Sieh dich um! _____ du gar nicht, wie die Sonne auf dem Schilf (*reeds*) _____?
14. Diese Kahnfahrt ist mir zu _____. Ich gehe jetzt. Gib mir meine _____; sie liegt dort auf dem Sitz. Und du, _____ und fall' nicht ins Wasser!

    Der Boden war morastig° und federte,° wenn er den Fuß auf ihn setzte. Moos, Riedgras° und Binsen° wuchsen darauf; das Weidengebüsch° war gut über mannshoch.

5   Er wollte versuchen, den Kahn flottzubekommen° und heimlich ein paar Reusen° zu heben; bloß so, mal reinsehen,° nichts weiter. Denn es mit nach Hause zu nehmen, das Fischzeug,° das ging nicht;

marshy / was springy
reeds / rush
bushy willows

to float / fish traps
bloß... just to have a look
all those fish

Landschaft 51

dann wäre es ja rausgekommen, daß er die Schule geschwänzt° hatte.

Eigentlich hätte er jetzt umkehren° müssen; der Weg zurück in die Stadt war lang, und es war sicher schon später als eins. Aber da war das Fasanenhäuschen° gewesen, vor dem er auf der Lauer gelegen° hatte, bis sie angepurrt° kamen, die Langschwänzigen° mit den diamantenen Halskrausen° und den unscheinbar° braunen, betulich° pickenden Hennen im Schlepp.° Und da waren die leeren Schneckenhäuser° gewesen, die man aufheben mußte, und die vorjährigen° Rohrsängernester° im Schilf,° oder das leuchtende Krähengewölle° mit den brandroten Gummibändern° darin, die sie für Fleischfasern° geschluckt hatten, die gierigen Biester.

Und jetzt war als letztes, als Clou° sozusagen, noch der Kahn übriggeblieben. Hier, gleich um die Schilfecke herum, wo die erlenstümpfige° Schlenke sich in den Wal° schob, da lag er an einen Stubben gekettet.° Sicher, das Schloß war nicht aufzukriegen; aber die Kramme,° die die Kette am Kahn hielt, die wackelte;° vielleicht ließ sie sich rausbrechen.°

Die Schneckenhäuser in seiner Tasche klapperten° leise beim Laufen. Er atmete mit offenem Mund.

Als er um die Schilfecke bog, sah er den Mann. Der kniete zwischen den Binsenkubben° und fingerte an einem Bündel herum.

Willi duckte sich und stützte° die Hände ins Moos. Da sah er, daß das Bündel ein Mensch war, eine Frau, die die Beine bewegte. Aber sie bewegte sie nicht mehr lange; nur noch ein bißchen, dann lag sie still.

Der Mann stand auf und klopfte sich die Knie ab.° Dann stieß er mit dem Fuß nach der Frau; doch die rührte sich nicht.

Willis Hände krampften sich° ins Moos, zwischen den Fingern trat grünliches Wasser hervor.° Er starrte noch immer die Frau an; auch noch, als° der Mann ihn bemerkt hatte und nun langsam herankam.°

„Na°—?" fragte er.
Willi sah auf. „Ist sie tot?"
„Ja", sagte der Mann.
„Warum hast du sie totgemacht°?"

Walter Gramatté Mann am Meer: Selbstporträt *1922*

55 Der Mann bückte sich und sah blinzelnd° in die Weidenbüsche ringsum.°   squinting / around them
   „Bist du allein?"
   „Ja", sagte Willi.
   Der Mann kam näher.
60   Willi sah an ihm vorbei auf° die Frau. „Mochtest° du sie nicht?"   at / mögen = gernhaben
   „Nein", sagte der Mann.
   „Und jetzt?"
   „Was suchst du hier°?" fragte der Mann.   Was... What are you doing here?

Landschaft

65 „Was?" fragte Willi.
„Was du hier suchst."
Die Frau war blond; sie hatte einen hellen Mantel an und trug Schuhe mit flachen Absätzen,° an denen Morast° und welkes Eichenlaub° klebten.

70 „Ich wollte zum Kahn", sagte Willi.
„Zu welchem Kahn?" Der Mann schob die Hände in die Taschen.
„Zu dem da.°"
„Der ist fest"°, sagte der Mann.
75 „Die Kramme wackelt aber."
„Ach nee."°
„Ja. Wenn man mit'm Stein dranklopft, dann geht sie 'raus.°"
„Wem gehört'n° der Kahn?"
80 „Dem Fischer."
„Kommt der° oft her—? Heute zum Beispiel—?"
„Heute bestimmt° nicht."
Der Mann drehte sich um und ging zurück zu
85 der Frau.
„Komm mal her."°
Willi ging hin.°
„Du nimmst die Beine", sagte der Mann. Er faßte der Frau unter die Arme. „Los; mach schon."°
90 Willi griff zu,° und sie schleppten die Tote° zum Kahn.
„Ihre Tasche noch", sagte der Mann.
Willi ging zurück und hob die Handtasche auf.
Der Mann ruckelte° die Kramme heraus, dann
95 zerrte° er die Frau in den Kahn; ihre Beine hingen ins Wasser. „Wo ist das Ruder°?"
„Ich hol's", sagte Willi.
„Wo's Ruder ist."°
„Versteckt. Da, in der abgestorbenen Eiche.°"
100 Der Mann keuchte,° als er zurückgerannt kam; das Ruder auf seiner Schulter tanzte hin und her.°
„Hast du gehört—?!"
„Was?" fragte Willi.
Sie lauschten.°
105 „Da—" sagte der Mann; sein hochgehobener Zeigefinger° zitterte.
„Ach, das—: 'n° Bussard."
„'n was?"
„'n Bussard", sagte Willi; „der schreit so."
110 „Kennst dich wohl aus hier°?"

heels
mud / welkes . . . dead oak leaves

dem . . . that one
fest = abgeschlossen
Ach nee = Ach nein: You don't say.
geht . . . it comes off
'n = denn

der = er

bestimmt = sehr wahrscheinlich

Komm . . . Come over here.
hin = zu ihm

Los . . . Come on; hurry up.
griff zu = half / Tote = tote Frau

jerked
zerrte = zog
oar
Wo's . . . = Ich will wissen, wo . . .
in . . . in the dead oak-tree
was panting
hin . . . back and forth

lauschten = horchten
sein . . . his raised index finger
'n = ein

Kennst . . . You seem to know your way around here.

54   Chapter 3

„'s geht."

Sie fuhren dicht° am Schilfgürtel° entlang. Der Mann ruderte,° Willi steuerte mit dem Deckel° des Fischkastens. Wo die Schlenke in den See mündete,° ließen° sie die Tote ins Wasser. Ihr Rock bauschte sich auf,° der Mann drückte die Luft darunter mit dem Ruder heraus. „So", sagte er.

„Hier", sagte Willi; „die Tasche noch."

„Gib her."°

Willi stand auf und hielt sie ihm hin. Auch der Mann erhob sich. Einen Augenblick lang sah er sich um;° dann machte er einen hastigen Schritt auf Willi zu.° Der Kahn schwankte;° Willi taumelte etwas,° der Mann packte ihn und hielt ihn fest.

„Geht schon"°, sagte Willi.

Der Mann ließ ihn los° und warf die Tasche ins Schilf.

„Abfahrt."°

Als sie zurückruderten, kamen sie an einem Reusenkorken° vorbei.

Willi kniete am Bug. „Da liegt 'ne Reuse."

Der Mann hörte auf zu pfeifen.° „Wo?"

„Da!"

„Mal reinsehn°?"

„Möcht' schon.°"

„Los.°"

Sie ruderten hin.°

„Links", sagte Willi, „noch mehr. So. Und jetzt rechts gegen.° Stop." Er stand auf und bückte sich über den Kahnrand.

„Na—?" Der Mann reckte° den Hals.

„Schleie"°, sagte Willi. Er ließ die Reuse wieder ins Wasser und stieß den Kahn von einem Erlenstumpf ab.

„Schleie sind langweilig."

Der Mann ruderte weiter;° er pfiff wieder.

„Ich weiß, wo noch welche° liegen."

„Was—?"

„Ich weiß, wo noch welche liegen."

„Na—?"

„Da drüben." Willi deutete° rüber.°

„Schön", sagte der Mann.

„Neulich war mal 'n Bleßhuhn° in einer."

„Nanu.°"

„Komisch, nicht? Weil die doch tauchen.° Auch 'ne° Wasserratte war schon mal in einer."

dicht = nahe / reed strip
was rowing / cover
ended up
dropped
bauschte ... puffed out

Gib her = Gib sie her

back
auf ... toward Willi / was reeling / taumelte ... staggered a little
Geht ... It's all right.
ließ ... let go of him

Get started.

drum-net cork

whistling

Mal ... Want to look inside?
Möcht ... I really would.
Let's go.
hin = dorthin

gegen = dagegen (i.e., die Reuse)

reckte = streckte
Schleie: kind of fish

ruderte ... went on rowing
welche = Reusen

deutete = zeigte / rüber = hinüber

'n ... a bald coot
Nanu = Wirklich
dive down
'ne = eine

Landschaft 55

„Wie ist das", fragte der Mann: „wohnst du hier?"

„Stop", sagte Willi. Er kniff die Augen zusammen° und beugte° sich über den Kahnrand.

„Na—?"

„Leer. Dabei° war in der sonst immer was drin."

„Vielleicht kaputt."

„Nee. Die liegt falsch; die ist auf die Seite gekippt.°"

„Merken sie'n das°?"

„Die—°? Na, du hast 'ne Ahnung. Und ob.°"

Der Mann ruderte weiter. „Du wohnst also hier."

„Nee; in der Stadt. Mehr rechts; noch mehr. So; gut. Junge, die wackelt.° Paß auf, mit der ist was los, wetten.°"

Der Mann hatte sich etwas vom Sitz erhoben, er sah Willi zu.°

„Barsche.° Jetzt kuck dir das an: alles voll Barsche."

„Hübsch sehn die aus."

„Nicht°?" Willi ließ die Reuse wieder ins Wasser.

„Nimmst'n dir keinen von° raus?"

„Bin doch nicht blöde.° Daß° die was merken zuhause!"

Den Mann ruderte weiter. „Was'n merken°?"

„Sagst du auch nichts°?"

„Na, hör mal.°"

„Mensch, ich schwänz doch."

„Ah—. Ja, das ist wahr: Fische, die würden dich da verraten.°"

Sie ruderten zum Ufer und legten an.° Ein Haubentaucher° schrie heiser im Schilf.

„Komm, mach°", sagte der Mann.

„Erst noch die Kramme; Moment." Willi drückte sie in die Kahnwand. Dann brachte er das Ruder zurück.

„Los doch.°"

„Komm ja schon.°"

Sie liefen ein paar Waldwege entlang zur Chaussee. Gerade als sie raustraten,° kamen zwei Radfahrer an.

„Was ich dich noch fragen wollte", sagte der Mann laut, „magst du eigentlich Meerschweinchen° gern?"

„Hör mal", sagte Willi; „wo ich doch selber drei hab."

---

kniff . . . *squinted* / beugte = bückte

Dabei = Aber

turned over

Merken . . . *Do they notice that?*

Die = Die Fische / Und . . . *Do they ever.*

Junge . . . *Oh boy, this one is wiggling.*
you bet

sah [. . .] zu *watched*

perch

Yes, don't they?

keinen . . . *none of them*

blöde = dumm / Daß = Sodaß

Was'n . . . *Notice what?*

Sagst . . . *Sure you're not going to tell?*
Na . . . *What do you think.*

dich . . . *give you away*

legten . . . *tied up*

Haubentaucher: *crested waterbird*
mach = mach schnell

Los . . . *Hurry up.*

Komm . . . *I'm coming.*

Gerade . . . *Just when they came out*

guinea pigs

Ernst Ludwig Kirchner Liegender Hirt *1918*

Sie liefen ein Stück die Chaussee entlang. In den Birkenblättern° am Rand glänzte die Sonne; eine Elster° zuckte scheckernd° vor ihnen her. Einmal tauchte ein Fußgänger auf.

Der Mann blieb stehen und sah auf die Uhr. „Hui, hui."

„Spät—?"

„Vier gleich.°"

„Mensch! Ich werd verrückt.°" Willi gab dem Mann die Hand. „Oder rennst du noch'n Stück° mit."

„Laß man.°"

„Dann mach's gut."

„Du auch."

Vor der Kurve° drehte Willi sich noch mal um. Der Mann stand immer noch auf der Chaussee. „Wie ist'n los°!" rief er.

„Verrätst° du's auch *wirklich* nicht?"

„Was?"

„Na, daß ich geschwänzt hab'."

„Bestimmt° nicht."

„Dann ist's gut. Servus°!"

Der Mann hob den Arm.

birch leaves

magpie / zuckte... zigzagged noisily

Vier... Almost four.
Mensch!... Man, I'm going crazy!
Stück = kurze Strecke

Laß... Don't mind me.

turn (in the road)

Wie... = Was ist denn los?
Tell (on me)

Definitely
Servus = Auf Wiedersehen

Landschaft 57

Zum Leseverständnis

Zeile 1–34   Wir stellen fest: richtig oder falsch?

1. _____ In dieser feuchten Landschaft stand das Gras hoch, und im Fluß konnte man Fische fangen.

2. _____ Der kleine Junge hatte an diesem Tag schulfrei.

3. _____ Er sah sich die Fasanen an, die leeren Schneckenhäuser und die Vogelnester im Schilf, und es war deshalb spät geworden.

4. _____ Als letztes wollte er mit dem Kahn an den Reusen vorbeifahren, nur um zu sehen, ob etwas drin war.

Zeile 35–101   Wir diskutieren

1. Der Mann, den er plötzlich im Schilf bemerkte, hatte eine Frau vor sich liegen, die zuerst noch die Beine bewegte und dann nicht mehr. Was hatte der Mann wohl eben getan?
2. Der Mann sah, daß ihn jemand beobachtet hatte und kam näher. Was wollte der Junge wissen? Hatte er Angst und lief weg?
3. Die blonde Frau lag da. Sie sprachen weiter. Der Junge erklärte, was er mit dem Kahn vorhatte. Warum interessierte sich der Mann nun für den Kahn?
4. Wobei half ihm Willi, der Junge? Wie faßte er mit an? Wer holte schnell das versteckte Ruder?

Zeile 102–128   Wir stellen fest: richtig oder falsch?

1. _____ Willi kannte die Vogelschreie und überhaupt die ganze Gegend gut.

2. _____ An der Stelle, wo der Fluß in den See mündete, ließ der Mann die Frau ins Wasser.

3. _____ Der Kahn schwankte, weil der Mann schnell auf Willi zukam.

4. _____ Willi warf die Tasche der Frau ins Schilf.

Zeile 129–194   Wir diskutieren

1. Der Mann war nervös: er wußte nicht, ob jemand sie gesehen hatte und ob der Junge wirklich so naiv und offen war, wie er schien. Was ließ er sich daher vom Kahn aus zeigen?
2. Der Junge erzählte von noch anderen Fischfallen. Der Mann machte weiter mit. Wollte er damit sich selbst ablenken (*divert his own attention*) oder den Jungen, damit dieser die Tote vergaß? Was meinen Sie?
3. Der Mann hatte sicher etwas anderes im Kopf als Fische, während er

58   Chapter 3

weiterruderte. Er guckte Willi zu und fand die Barsche schön. Worüber wunderte er sich nur?
4. Die Fische würden Willi verraten, und Willi könnte den Mann verraten. Ist das der Grund, weshalb es der Mann plötzlich eilig hatte?

Zeile 195–225 Wir stellen fest: richtig oder falsch?

1. _____ Als das Boot festgemacht und das Ruder zurückgebracht war, liefen die Beiden zusammen weiter.
2. _____ Als der Mann die beiden Radfahrer bemerkte, fing er laut an, von Meerschweinchen zu sprechen.
3. _____ Als sie auf der Chaussee weit genug gelaufen waren, sah der Mann auf die Uhr, und Willi bekam einen Schreck, weil es so spät war.
4. _____ Schließlich stand der Mann allein auf der Chaussee, aber Willi rief noch einmal zurück, daß er sein Schwänzen nicht verraten solle.

Wir diskutieren

1. Frage an den Krimileser (*mystery story reader*): Wollte der Mann so schnell wie möglich vom Tatort (*scene of the crime*) weg?
2. Welchen Eindruck wollte der Mann bei den Radfahrern erwecken?
3. Wer lief eigentlich mit wem weg? Wollte der Mann den Jungen noch nicht aus den Augen lassen, oder war es so, wie Willi dachte: „ . . . rennst du noch 'n Stück mit?"
4. Wer macht sich wohl mehr Sorge um Verrat, der Junge oder der Mörder?

■ Inhaltliches

1. Was wuchs in dieser Flußlandschaft, wo mit Reusen Fische gefangen wurden?
2. Warum war der Junge an diesem Tag nicht in der Schule?
3. Wo wohnte er?
4. Warum wollte er die Fische in den Reusen nicht mit nach Hause nehmen?
5. Wie spät war es schon?
6. Was hatte er vormittags beobachtet?
7. Was hatte er sich bis zuletzt aufgespart (*saved*)?
8. Wen bemerkte er in der Nähe des Kahns?
9. War dieser Mann allein? Was tat er?
10. Wie hieß der Junge? Wo wartete er jetzt?
11. Was wollte der Mann wissen, als er herankam?
12. Hatte der Mann die Frau getötet? Warum?

13. Wie sah die Frau aus?
14. Wem gehörte der Kahn? Warum konnten sie ihn benutzen und die Tote darin wegfahren?
15. Wie half Willi dabei? Woher hatten sie ein Ruder?
16. Was taten sie mit der Toten?
17. Warum fuhren sie nicht direkt wieder zurück?
18. Verstand Willi viel vom Fischfang, und kannte er viele Fischarten? Welche zum Beispiel?
19. Wie benahm sich der Mann?
20. Wann hatte der Mann es plötzlich eiliger (*was in a hurry*)?
21. Hatte Willi noch Zeit?
22. Woran erinnerte er den Mann?
23. Wo trennten sie sich?

■ Vom Inhalt zum Gehalt

1. Welchen Eindruck gewinnt man von Anfang an über diesen Jungen? Warum hat er die Schule geschwänzt?
2. Interessiert er sich nur für Fischefangen, oder scheint er überhaupt die Natur zu lieben?
3. Selbst beim Fischfang geht es ihm nicht um die Beute (*catch*), die er ja zurückläßt. Woran erfreut er sich offenbar? (Schleie sind langweilig, Barsche sehen hübsch aus, sagt er.)
4. Kennt sich der Junge auch sonst gut in der Natur aus? (Bussarde, Fasane, Rohrsängernester usw.)
5. Scheint er oft in diese Flußgegend zu kommen? Er ist dort mit allem sehr vertraut. Zum Beispiel?
6. Für wie alt halten Sie diesen Jungen? Warum?
7. Das Hauptmerkmal dieses Jungen (soweit wir ihn aus der Geschichte kennen) ist seine Natürlichkeit. Geben Sie Beispiele!
8. Er kennt den Tod in und aus der Natur, und der Gedanke, daß man vor einem Mörder Angst haben müßte, kommt ihm gar nicht. Wie sonst können Sie seine Reaktion auf den Tod der Frau erklären?
9. Der Junge fragt naiv, ob der Mann die Frau „totgemacht" hat. Das ist ein Verb, das fast nur von Kindern, und dann für kleine Tiere (meistens Insekten usw.) benutzt wird. Was schließen Sie daraus?
10. Der Junge sieht also den Mann nicht als Mörder. Er denkt auch nicht: die arme Frau! Was bedeutet das? Heißt es vielleicht, daß die Unschuld (*innocence*) weder Schuld noch Mitleid kennt? Oder ist das Kind herzlos?
11. Man kann das Thema dieser Kurzgeschichte als Konfrontation zwischen Schuld und Unschuld bezeichnen. Die „eine" versteht die „andere" nicht. Erklären Sie das an den Gesprächen! (Woran denkt der Mann, und woran das Kind?)
12. Was man in einem Erwachsenen gefühllos nennen würde (das fehlende Mitleid mit der Frau) oder gewissenlos (Freundlichkeit einem Mörder

gegenüber), ist bei einem Kind reine Naivität. Wieso? (Denken Sie an den Schluß der Geschichte!)
13. Wenn das Kind dächte wie ein Erwachsener, müßte ihm dann die Meldung eines Mordes nicht wichtiger sein als die Geheimhaltung (*keeping secret*) eines geschwänzten Schultages?
14. Ist es in diesem Zusammenhang (*context*) unwichtig, *warum* der Mann die Frau getötet hat? Wissen wir überhaupt etwas über diesen Mann?
15. Der Schriftsteller hat uns vollkommen überzeugt, daß das Kind nicht die Absicht hat, die Polizei zu holen. Hat er uns ein psychologisch wahres Bild dieses Kindes gegeben?

■ Praktisches und Persönliches

1. Lieben Sie die Natur, d.h., sind Sie „naturverbunden"? Wie zeigt sich das bei Ihnen?
2. Haben Sie eine Vorliebe (*preference*) für eine bestimmte Art von Landschaft, z.B. die Wüste (*desert*), die Berge, das Meer, Wälder und Seen, oder vielleicht eine sumpfige Flußlandschaft?
3. Sind Sie tierliebend? Welche Tiere lieben Sie besonders?
4. Gehen Sie gern fischen? Wie oft? Wo?
5. Werfen Sie Ihren Fang wieder zurück ins Wasser? Warum (nicht)?
6. Haben Sie einen Hund? Eine Katze? Einen Kanarienvogel? Erzählen Sie davon!
7. Machen Sie gern Wanderungen oder Spaziergänge? Wo?
8. Welche Gegend (hier oder im Ausland) kennen Sie besonders gut?
9. In welcher Gegend und in welchem Klima möchten Sie später einmal leben? Warum?
10. Lieben Sie die Einsamkeit, oder ist sie Ihnen zu gefährlich (siehe unsere Erzählung!)?
11. Ist man heutzutage auf dem Lande, in der freien Natur, ebenso wenig sicher wie in den Großstädten?
12. Übernachten Sie gern im Freien? Unter freiem Himmel oder nur in einem Zelt? Wo immer es Ihnen gefällt oder nur auf Campingplätzen? Warum? Könnte einem sonst so etwas passieren wie der Frau in der Geschichte?

■ Grammatisches

Complete the blanks wherever words or endings are needed.

1. D_____ naturliebende Student steht oft früh auf: er findet ein_____ schönen Wald oder ein_____ sommerliches Feld herrlich zum Spazierengehen.

2. Im Wald ist d_____ Boden schwarz und feucht; d_____ Nadeln d_____ Tannen machen d_____ Gehen angenehm (*pleasant*).

3. D_____ junge Mann erzählt sein_____ Freundin davon; nun geht dies_____ junge Mädchen manchmal mit spazieren.

4. Am Ende d_____ Weg_____ sieht man ein_____ See, und dorthin fährt ein_____ Bus.

5. Dort drüben liegt ein_____ kleines Dorf; es hat ein_____ Rathaus und ein_____ Kirche, und d_____ Dächer sind rot.

6. Jed_____ Sommer kommen d_____ Touristen und kaufen ihr_____ Kinder_____ in den hübschen Läden ein_____ nettes Geschenk, bevor sie weiterfahren.

7. Dies_____ Geschäfte verkaufen d_____ Spezialitäten d_____ Ortes, und d_____ Besitzer verraten d_____ Kunden nicht, wie dies_____ Süßigkeiten (*sweets*) gemacht werden.

8. D_____ Wetter ist dort meistens mild, aber man hat natürlich kein_____ Ahnung, ob es ein_____ schöner Tag bleibt, oder ob nicht d_____ nächste Tag d_____ erwarteten Regen bringt.

9. D_____ meisten Leute tragen ein_____ Handtasche, die groß genug ist, daß auch d_____ größte Pilz oder d_____ ungewöhnlichsten Dinge, die d_____ Kinder und auch d_____ Erwachsenen manchmal im Wald suchen, darin ihr_____ Platz finden.

10. D_____ Turm d_____ Schloss_____ ist am Horizont sichtbar. Es bleibt ein_____ unvergeßliches Erlebnis, dies_____ Schloß, d_____ wunderbaren See und d_____ attraktiven Ort zu besuchen. Ein_____ Postkartenlandschaft!

4 Stadtleben

Lyonel Feininger Unbetitelt Nr. 8—Blaue Wolkenkratzer *1937*

Walter Bauer

Die am schnellsten wachsende Stadt der Welt

Born in 1904 to a working-class family in Merseburg, Walter Bauer worked as a packer in a factory when he was a young man. He took on many professions before settling on that of schoolteacher in villages and industrial towns in Saxony. In 1935 his books were banned by the Nazis, but this did not compel him to emigrate as it did many contemporary writers, and he nevertheless served as a soldier in World War II. He was taken prisoner by the British, and after the war, he returned to Germany. Increasingly distressed and disenchanted by social and political events there, he emigrated in 1952 to Toronto, where he worked in a chocolate factory, as a packer, and as a dishwasher. In 1957 Bauer received a B.A. from the University of Toronto, where he later taught for many years.

Bauer's early works were intensely political. Later, he often portrayed the common working man and his milieu, drawing largely on his own experiences.

Wortschatz

die Innenstadt   inner city

die Kellnerin, -nen   waitress; **als Kellnerin arbeiten**   to have a job as a waitress

die Ordnung   order; **es ist alles in Ordnung**   everything is fine

auf·wachen   to wake up (*intransitive*)

sich bewegen   to move, stir

sich duschen   to take a shower

erkennen, erkannte, erkannt   to recognize

(sich) fühlen   to feel; **sich wohl·fühlen**   to feel good

gehen, ging, -a: zur Arbeit gehen   to go to work

heiraten   to marry, get married

kennen·lernen   to meet, become acquainted

das Ufer, -   bank (of river or lake)

die Untergrundbahn   subway; **mit der Untergrundbahn fahren (-u, -a, -ä)**   to go by subway

der Wohnblock, ¨e (*or* **-s**)   apartment house complex

Radio hören   to listen to the radio

schieben, -o, -o   to push

trinken, -a, -u   to drink; **eine Tasse Kaffee trinken**   to have a cup of coffee

(sich) verändern   to change

verbringen, verbrachte, verbracht   to spend (time)

wachsen, -u, -a, -ä   to grow (*intransitive*)

eilig hasty; urgent; **ich habe es eilig** I am in a hurry
erst not until, only

verheiratet married
verlassen lonely, forlorn, forsaken

A. Give an equivalent from the *Worschatz* for each of the following expressions.
   1. allein
   2. anders werden
   3. größer werden
   4. Häuserblock mit Mietswohnungen
   5. Ich habe keine Zeit.
   6. im Innern der Stadt

B. Complete these sentences with words and expressions from the *Wortschatz*.
   1. Unter den vielen fremden Gesichtern _____ man manchmal eines.
   2. Ich bin zwar nicht _____, aber ich lebe mit jemand zusammen. Wir _____ viel Zeit zusammen.
   3. Wenn man nicht viele Freunde hat, fühlt man sich manchmal _____.
   4. Meine Wohnung ist so klein, man kann sich kaum darin _____.
   5. Wenn ich morgens _____, _____ ich mich zuerst.
   6. Dann _____ ich Radio und _____ eine Tasse Kaffee zum Frühstück.
   7. Dann _____ ich zur _____.
   8. Ich arbeite als _____ in einem Restaurant; ich _____ mit der _____ dorthin.
   9. Ich gehe gern am _____ des Flusses entlang und _____ dabei mein Fahrrad vor mir her.
   10. Ich habe Jürgen vor einem Jahr _____, aber ihn _____ gestern wiedergesehen.
   11. Er ist mit meiner Freundin verlobt, und im Juni wollen sie _____.
   12. Er sagt immer zu ihr: „Mach dir keine Sorgen, es ist alles _____."
   13. Ich _____ _____ wohl in dieser Stadt.

    Da er von der Nachtschicht° immer erst gegen neun Uhr morgens nach Hause kam, hatte er bis zum frühen Nachmittag geschlafen. Dann stand er auf, duschte sich im Bad,° trank eine Tasse Kaffee,
5 die er sich auf dem kleinen Herd° in seinem Zimmer gemacht hatte, aß etwas und las dabei die Zeitung.

°night shift

°Bad = Badezimmer
°stove

Stadtleben 65

Danach° wußte er nicht, was er tun sollte. In mancher Hinsicht° war es nicht schlecht, nachts zu arbeiten, obgleich es ermüdender° war. Wenn er morgens das Haus betrat,° war es angenehm° still; alle, die in dem rooming house wohnten, waren zur Arbeit gegangen, und er brauchte° das Radio aus dem Zimmer nebenan nicht zu hören. Aber dann, wenn man° nachmittags aus dumpfem° Schlaf erwachte,° wußte man nicht, wie man die Zeit bis elf Uhr abends hinbringen° sollte, der Tag bestand nur noch aus einem leeren Stück Zeit. Wenn man Nachtschicht hatte, war man, wenn man allein lebte, am Tag noch verlassener und gehörte° zu nichts und niemandem, und zur Zeit° war er allein; mit dem Mädchen, das er zuletzt kennenlernte, hatte er nicht viel anfangen können,° nach vierzehn Tagen hatte sie schon vom Heiraten gesprochen.

    Stumm, vom Schlafe noch wie verklebt,° zog er sich an, ging aus dem Haus, um mit der Untergrundbahn stadtwärts° zu fahren, und verließ eine Station im Innern der Stadt. Es war ein schöner Tag, Oktober, ein Hauch° von Sommerwärme war zurückgekommen, in dem sich alle Leute wohlfühlten, die Gesichter waren hell im Licht, alles schien heller und freudiger,° und langsam ging er ohne Ziel in der milden Sonne nach Süden. Plötzlich, als er nach der anderen Seite der Straße blickte,° sah er sie.

    Sie war es,° sie allein unter den vielen Leuten, die es eilig hatten oder wie er im warmen Licht dahinschlenderten,° er erkannte sie an ihrem Gang° und daran, wie sie° ihren Kopf mit dem dunkelbraunen Haar trug, als sei sie hochmütig.° Aber sie war es nicht, er wußte es, denn er kannte sie oder er hatte sie gekannt.

    Er sah zu ihr hinüber.° Manchmal verschwand sie für einen Augenblick im Strom der Leute, oder die summende Doppelkette der Wagen° trennte ihn von ihr; dann erschien sie wieder, und er wollte ihr Gesicht sehen, wollte ihre Stimme wieder hören, wollte dicht° neben ihr gehen. Vor zwei Jahren hatten sie sich getrennt,° dann hatte er Toronto verlassen, er war nach Montreal gegangen und nach Toronto zurückgekommen. Toronto, hieß es,° war jetzt die am schnellsten wachsende Stadt der Welt, noch vorhin,° zu Hause, hatte er es in der Zeitung

---

Danach = Nachher
respects
more tiring
betrat = hereinkam / pleasantly

brauchte = mußte

man = er / dumpf = tief
erwachte = aufwachte
hinbringen = verbringen

belonged
zur Zeit = im Moment

hatte er ... he didn't have much use for

vom ... as if his eyes were still glued shut with sleep
stadtwärts = in die Stadt

breath

freudiger = froher

blickte = sah

Sie ... It was she

strolled about / an ... by the way she walked
daran ... by the way she
als ... as if she were arrogant

zu ... over to her

summende ... the buzzing double chain of cars

dicht = nahe
separated

hieß es = sagte man

noch ... just a while ago

gelesen, und er konnte sehen, wie sich die Stadt
veränderte.° Neue Geschäfte, neue Wohnblöcke,
moderne Häuser, Baustellen, immer mehr° Wagen,
immer mehr Menschen und mehr Fremde. Es war
ein Wunder, daß er sie getroffen hatte. Aber da
ging sie auf der anderen Straßenseite, den Kopf
erhoben,° und jetzt sah er ihr Profil. Plötzlich hatte
die Welt wieder einen Mittelpunkt für ihn, jetzt
erst wurde das Licht wirklich hell und verströmte°
Freude, und es war ihm,° als sei er schon bei ihr, als
ginge er neben ihr und alles sei wieder in Ordnung.°

Was würde er zu ihr sagen? Er wußte es noch
nicht. Vielleicht würde er nur seine Hand auf ihre
Schulter legen und „Hallo" sagen, und sie würde
zusammenzucken,° seine Stimme sofort erkennen
und flüstern oder halblaut erschreckt° rufen: „Du?
Richard—ich dachte—" Was hatte sie gedacht? Daß
er gestorben sei? Aber er lebte noch, und er war so
froh, sie wieder getroffen zu haben. Sie würden
nebeneinander° gehen, ganz dicht, sie würde ihren
Arm unter seinen Arm schieben, wie sie oft getan
hatte, und mit dieser Bewegung würde alles zu
ihnen zurückkommen, ohne daß sie davon sprechen
würden, und sie würden in die gute Zeit zurückkeh-
ren, die sie miteinander gehabt hatten. Ihre Körper,
ihre Stimmen, ihre Blicke, alles würde sich wieder
vereinigen,° alles würde wieder ganz sein, wie es vor
zwei Jahren gewesen war.

Es war ihr und sein erstes Jahr in Toronto gewesen. Sie waren beide allein gewesen, und man
konnte hier unbeschreiblich° allein sein. Sie waren
zwei verloren treibende Splitter° des alten Europas
in Kanada gewesen, nicht nur in einem anderen
Lande, sondern in einer anderen Welt. Aber
sie hatten sich getroffen, als sie in einem kleinen
Restaurant als Kellnerin arbeitete, in das er eines
Abends zufällig° gegangen war, und dann, wenn° er
von der Nachtschicht nach Hause gekommen war—
er hatte damals als Packer im Lagerhaus einer
Lebensmittelfirma° gearbeitet, deren Läden überall
in Kanada zu finden waren°—, war sie oft am Vor-
mittag° zu ihm gekommen. Wie still das Haus dann
gewesen war. Alle, die in dem rooming house lebten,
waren zur Arbeit gegangen, Männer und Mädchen,
und während die Stadt arbeitete und sich rastlos°
durch den Tag bewegte, in der tiefen Stille des

Morgens hatten sie sich geliebt, ein Paar im Licht, getrennt von der Welt. Sie waren Fremde füreinander gewesen, er ein Deutscher, sie eine Litauerin,° vertrieben,° ein Flüchtling° in der Zeit der großen, nie mehr endenden Flucht, ein Blatt, vom Baum abgerissen und schließlich über das Meer geweht.
Sie hatten ein Gemisch° von Englisch, das sie beide nicht beherrschten,° und von Deutsch, von dem sie ein paar Worte wußte, gesprochen, aber es schien ihnen, als° brauchten sie keine Sprache, es gab eine andere Sprache, die vom Einverständnis° der Augen, der Hände, der Körper immer neu geschaffen° wurde, wenn ein Mann und eine Frau sich trafen. Es war eine schöne Zeit gewesen. Und manchmal, bei sonnigem Wetter waren sie mittags zur Insel im See gefahren und hatten im Schutz von Busch und Rohr° im Sande wie in der noch warmen Asche vom verloschenen° Feuer des Sommers gelegen, in der Stille, die vom See kam, im Wehen° des Herbstwindes, und wenn sie auf dem Fährschiff° zur Stadt zurückfuhren, waren sie von weither° gekommen, aus einer Welt, in der sie allein gewesen waren, in der es weder Flucht° noch Fremde gab.

Auf seiner Straßenseite gehend, getrennt von ihr durch den pausenlos summenden Zug der Wagen,° sehnte er sich nach ihr. Er würde zu ihr sagen: „Hallo", seine Hand auf ihre Schulter legen, und alles würde zurückkommen. Aber er sagte es nicht, und er ging nicht hinüber, er sah sie nur an. Jetzt ging er auf der anderen Seite auf ihrer Höhe,° und jetzt wußte er, weshalb° sie langsamer als sonst ging, in einer Art von Vorsicht,° als trüge sie etwas und sie wollte es schützen. Sie war etwas voller geworden, Gesicht und Leib,° und jetzt wußte er, daß sie ein Kind erwartete. Sie war verheiratet und trug ein Kind von ihrem Mann, ruhig, mit erhobenem Kopf, stolz, etwas Kostbares° in ihrem Leib. Und plötzlich, mit einem bitteren Nagen,° das ihn ganz elend machte, wußte er, daß er sie in diesen Jahren gesucht hatte, ohne es zu wissen, und daß er in die Stadt zurückgekommen war, um° sie zu finden. Er hatte das nicht gewußt, und nun wußte er es, und jetzt wußte er auch, daß er sie verloren hatte. Nichts an ihr° gehörte ihm mehr.°

Er ging langsamer jetzt und sah über die Straße wie über einen gleichgültig rastlos fließenden° Strom

Lithuanian (woman)
expatriated / refugee

mixture
nicht beherrschten = nicht gut konnten

als = als ob
mutual understanding

geschaffen = gefunden

reeds
extinguished
blowing (i.e., breeze)
ferry
far away

Flucht: from the enemy, as in their past

durch . . . by the steady flow of cars buzzing by

auf . . . on the same level with her
weshalb = warum
in . . . with the kind of caution
body, abdomen

etwas . . . something precious
mit . . . with a bitter gnawing feeling

in order (to)

an . . . about her / any longer

gleichgültig . . . indifferently, restlessly flowing

68   Chapter 4

Ernst Ludwig Kirchner Unbetitelt—ein Holzschnitt von einem Gedicht von Georg Heym

145 zu ihr hinüber, von seinem Ufer zum anderen Ufer, das er nicht erreichen konnte, und dann blieb er stehen und sah ihr nach. Sie tauchte unter,° und er sah sie nicht mehr, und im rastlosen Summen des Straßenstromes, aus dem unablässig Geräusche wie
150 Blasen aufstiegen,° hörte er plötzlich ihre Stimme, genau so, wie sie gesprochen hatte, als sie eines Morgens, in seinem Arm° liegend, zu ihm sagte: „Warum sprichst du meine Sprache nicht?"
    Er stand noch immer am Rande des Gehsteiges°
155 wie am Rande eines Flußufers und blickte hinüber, aber er sah sie nicht mehr. Dann drehte er sich um° und ging langsam zurück. Er wußte jetzt mehr, als er je° in seinem Leben gewußt hatte, und dieses Wissen machte ihn elend; man wußte immer erst dann,
160 wenn man etwas verloren hatte. Jetzt verstand er, daß man eines Tages wissen mußte, was man wollte. Man konnte nicht endlos durch Abenteuer treiben,° nicht immer nur wandern und nehmen, was man fand, und dann fallen lassen.° Zuletzt° war es
165 gleichgültig, ob man in Toronto, Vancouver oder Montreal lebte. Es kam zuletzt auf andere Dinge an.° Was für andere Dinge? Eine Frau, ein Kind, nach Hause kommen und nicht allein sein, wissen, daß

tauchte . . . = verschwand

unablässig . . . *sounds rose up relentlessly like bubbles*

in seinem Arm = in seinen Armen

sidewalk

drehte . . . *he turned around*

ever

drift

fallen . . . *drop* / Zuletzt = Am Ende

Es . . . *In the end, other things mattered*

George Grosz **Menschenwege**

        man mit jemandem lebte und für jemanden arbei-
170 tete; Dauer.° Zusammenleben, Schlaf und Erwachen,   *permanence*
        Tag und Nacht; nicht allein. Und jetzt verstand er
        auch, was sie gemeint hatte, als sie zu ihm sagte,
        warum er ihre Sprache nicht spräche. Die gemein-
        same° Sprache war die gemeinsame Erde, sie° war   *common* / sie = die Sprache
175 Brot und Wasser, die man zusammen genoß,° sie war   *enjoyed*
        das Bett, in dem man zusammen schlief, sie war der
        Himmel, die Ruhe, die Quelle° der Kraft. Das alles   *source*
        hatte sie gesucht und gefunden, sie—nicht er.—Er
        hatte sich noch nie so sehr als Fremder gefühlt, und
180 nicht nur hier, nicht nur in diesem fremden Lande.
        Er dachte, daß es jetzt an der Zeit sei,° die Stadt zu   es . . . = es war jetzt Zeit
        verlassen und nie mehr zurückzukommen.

Zum Leseverständnis

Zeile 1–34   Wir stellen fest: richtig oder falsch?

1. _____ Er schlief am Tage und arbeitete nachts.
2. _____ Später am Nachmittag wußte er nicht, was er tun sollte.
3. _____ Er hatte ein Mädchen kennengelernt, das er heiraten wollte.
4. _____ An einem schönen Oktobertag fuhr er mit der U-Bahn in die Stadt, weil er sie treffen wollte.

Zeile 35–80   Wir diskutieren

1. Die Frau auf der anderen Straßenseite hatte er früher einmal gut gekannt. Hatte er sich von ihr getrennt, weil er Toronto verlassen wollte? Warum war er wiedergekommen?
2. Er hatte sie zwei Jahre nicht gesehen, und nun wollte er ihr wieder nahe sein. Warum war es ein Wunder, daß er sie überhaupt wieder getroffen hatte?
3. Wieso fühlte er sich plötzlich nicht mehr einsam? Er hatte sie ja noch gar nicht wieder angesprochen—was erwartete er?
4. Er war glücklich mit dieser Frau gewesen und wollte alles so wiederhaben, wie es gewesen war. Wie stellte er sich das vor?

Zeile 81–121   Wir stellen fest: richtig oder falsch?

1. _____ Diese Beiden waren aus Europa nach Kanada eingewandert.
2. _____ Sie arbeitete auch nachts.
3. _____ Sie sprachen nicht die gleiche Sprache, aber sie liebten sich.
4. _____ Sie trafen sich bei ihm zuhause oder fuhren auf eine Insel im See.

Zeile 122–182   Wir diskutieren

1. Er erinnert sich an alles und weiß nun endlich, was er vom Leben will. Woran sieht er im selben Augenblick, daß er es nicht haben kann?
2. Sie hatte gefragt: „Warum sprichst du meine Sprache nicht?" Meinte sie damit nur ihr Litauisch? Was ist auch damit gemeint, wenn zwei Menschen „nicht die gleiche Sprache sprechen"?
3. Sie hatte die Lebensweise gefunden, die *er* jetzt wollte. Was für ein Leben war es?
4. Er hatte alles verloren, weil er zu spät kam. Wenn man kein Zuhause hat, bleibt man ein Fremder. Was blieb ihm nur übrig?

(See also *Vom Inhalt zum Gehalt*, which concentrates on the question of the man's views of life.)

Stadtleben

■ Inhaltliches

1. Beschreiben Sie (so genau wie möglich), wie der Mann in dieser Stadt lebt!
2. Was für einen Tag im Oktober beschreibt der Verfasser?
3. Wer war die Frau auf der anderen Straßenseite?
4. Wann hatten sie sich getrennt, und wo hatte er inzwischen gelebt?
5. Wie hatte sich Toronto verändert?
6. Worüber war er froh, und wie sah die Welt plötzlich aus?
7. Worauf freute er sich? Was hatte er vor?
8. Woher kamen diese Beiden, und wie hatten sie sich kennengelernt?
9. Wo arbeitete er? Als was?
10. Wo trafen sie sich, und wann?
11. Wohin waren sie im Sommer manchmal gefahren?
12. Was bemerkte er plötzlich, als sie langsamer ging?
13. Was wußte er auf einmal?
14. Welche Frage hatte sie ihm gestellt?
15. Welches Wissen machte ihn jetzt so elend?
16. Worauf kam es zuletzt immer an?
17. Was hatte sie mit der gemeinsamen Sprache gemeint?
18. Warum wollte er nun die Stadt wieder verlassen?

■ Vom Inhalt zum Gehalt

In English or in German, express your own thoughts about these questions.

1. Die breite Straße mit dem starken Verkehr trennt diese beiden Menschen, die sich früher einmal so nahe gestanden hatten. Welche zweite Metapher benutzt der Verfasser, um diese Trennung noch mehr zu betonen (*emphasize*)?
2. Ob dieser Strom aus Verkehr oder Wasser besteht—er ist undurchdringlich (*impenetrable*). Warum? Was sind die Hindernisse (*obstacles*)? Ist es die verlorene Vergangenheit oder die Ehe der Frau und das Kind, das sie erwartet?
3. Erklären Sie die Frage der Frau „Warum sprichst du meine Sprache nicht?"! Meint sie nur ihre Muttersprache?
4. Welche Dinge kommen Richard in den Sinn, an die er früher nie gedacht hat?
5. Er versteht durch die Begegnung plötzlich den Unterschied zwischen seinem ziellosen (*aimless*), abenteuerlichen (*adventurous*) Lebensstil, d.h. einem Leben ohne Zukunft, und einem Leben, das auf dauerhaften Beziehungen (*lasting relationships*) zu Menschen und zur Umgebung (*environment*) basiert. Wußte die Frau das schon immer, und bedeutete ihre Frage in Wirklichkeit eine Bitte um Dauerhaftigkeit (*permanence*)?

6. Finden Sie auch (wie Richard), daß man eines Tages den ziellosen Lebensstil aufgeben muß? Kommt es dabei darauf an, den richtigen Ort zu finden, oder ist es nur wichtig, seinem Leben einen Sinn (*meaning*) zu geben? Muß das immer die Ehe sein?
7. Richard hat durch die Stadt gelernt, daß einem alles „fortschwimmt", wenn man es nicht festhält. Wieso?
8. Versteht Richard jetzt die „Sprache" der Frau? Warum gibt er sofort jede Hoffnung auf, sie wieder zurückzugewinnen? Könnte er in ihrer Welt nie oder noch nicht leben? Warum verläßt er die Stadt?
9. Ist Richard traurig darüber, daß er sie verloren hat, oder darüber, daß er die Vergangenheit nicht zurückholen kann? Liebte er sie wirklich? Ist die Erzählung eine Liebesgeschichte oder eine Geschichte vom Reiferwerden (*growing more mature*)? Oder beides?
10. Am Schluß der Erzählung läßt Richard die Stadt und die Vergangenheit hinter sich. Sucht er ein neues Leben? Oder will der Verfasser den Verlust (*loss*) betonen? Oder will er sagen, daß es genügt (*is enough*), „zu sich selbst zu finden"?

■ Praktisches und Persönliches

For each question on the left, give a logical response from the column on the right.

1. Arbeiten Sie? Was für eine Stelle haben Sie?
2. Wann wachen Sie morgens auf?
3. Was trinken Sie zum Frühstück?
4. Was tun Sie, während Sie frühstücken?
5. Was tun Sie nach dem Frühstück?
6. Wie kommen Sie zur Arbeit?
7. Wie finden Sie Ihre Wohnung?
8. Leben Sie gern in dieser Stadt?
9. Sehen Sie Ihre Bekannten und Freunde oft?
10. Lebt man besser in einer Stadt oder auf dem Land? Warum?

a. Ich wache morgens erst um sieben Uhr auf.
b. Ich fahre mit der Untergrundbahn dorthin.
c. Auf dem Land, denn dort ist Ruhe und Frieden.
d. Zum Frühstück trinke ich eine Tasse Kaffee.
e. Dabei höre ich Radio.
f. Ja, ich arbeite als Kellnerin.
g. Ja, denn ich habe nette Menschen kennengelernt.
h. Es ist alles in Ordnung.
i. Ich verbringe viel Zeit mit ihnen.
j. Ich gehe zur Arbeit.

Now answer the questions yourself.

Stadtleben

■ Grammatisches

Complete the sentences with the proper case endings for **der**- and **ein**-words and for nouns where appropriate. Be aware that some nouns have no plural forms (e.g., **der Verkehr**, traffic; **die Polizei**, police).

1. Ich bin ein_____ gute Fahrerin (ein_____ guter Fahrer) und habe noch kein_____ Unfall (*m., accident*) gehabt.

2. Wenn d_____ Verkehr gegen Abend sehr stark ist, muß d_____ Polizei mit Unfällen jed_____ Art (*f.*) rechnen.

3. Das ist jed_____ Tag dasselbe. Sind d_____ meisten Städt_____ so, oder ist Ihr_____ Heimatstadt anders?

4. Wenn d_____ Verkehr d_____ Innenstadt zu groß ist, parke ich mein_____ Auto (*n.*) an der Endstation d_____ Untergrundbahn.

5. Kennen Sie ein_____ nettes Restaurant (*n.*) am Rande (*edge*) d_____ Innenstadt, wo man ein_____ guten Kaffee bestellen kann?

6. Da bin ich neugierig wie ein_____ Kind! Ich folge einfach d_____ Omnibus (*m.*) oder d_____ Straßenbahn (*f.*) da drüben.

7. Dies_____ Restaurant bietet ein_____ schönen Blick auf das andere Ufer d_____ Fluss_____.

8. Hält euer_____ Bus direkt vor dem Eingang mein_____ Wohnblocks?

9. Solch_____ Verkehrsmittel (*n.*) machen d_____ Leben (*n.*) in jeder Großstadt leichter!

10. Auch d_____ Kellnerin_____ möchten abends so schnell wie möglich ihr_____ Arbeitsstelle verlassen und d_____ Feierabend zuhause verbringen.

11. Ich bin froh, daß d_____ Haus mein_____ Eltern in einem Vorort (*m., suburb*) steht und daß dies_____ Vorort manch_____ Straßen hat, wo gar kein_____ Verkehr ist.

12. Möchten Sie ein_____ nettes junges Mädchen oder ein_____ netten jungen Mann kennenlernen und mit ihm d_____ Leben d_____ Großstadt genießen (*enjoy*)?

74 Chapter 4

5 Schulzeiten

Collection, The Museum of Modern Art, New York, Gift of Philip Johnson.

Oskar Schlemmer Bauhaustreppe *1932*

Erich Kästner
Ansprache zum Schulbeginn

Erich Kästner is one of the finest satirists of the twentieth century. He was born in Dresden in 1899, fought in World War I, and then studied German literature at universities in Berlin, Rostock, and Leipzig. His first published work was a volume of poetry in 1927. In 1933 the Nazis banned and publicly burned his books, and he moved to Zurich. Nevertheless, before the outbreak of World War II, he returned to Germany, where he continued to write but published his works in other countries. After the war he settled in Munich and, in addition to his own writing, edited several papers and literary journals. He died in 1974.

Best known in Germany for his children's books, Kästner is also the author of numerous poems, novels, and plays; his most celebrated works have been filmed.

Wortschatz

die Ansprache, -n (Rede, -n) address, speech; **eine Ansprache (Rede) halten (-ie, -a, -ä)** to make a speech
der Erwachsene, -n (*adj. noun*) adult
der Gärtner, - gardener
die Größe, -n size
die Jahreszeit, -en season
die Kindheit childhood
die Klasse, -n (school) class; grade; (social) class
der Künstler, - artist; **künstlerisch** artistic

(sich) aus·rechnen to calculate; to figure out
behaupten to claim, maintain
entstehen, entstand, -a to arise; to result, develop
liegen: es liegt an (+ *dat.*) the reason is, it's because of

die Lüge, -n lie
der Rat, die Ratschläge advice
der Sinn meaning, sense
die Sparkasse, -n savings bank
die Stufe, -n step; level (*e.g.*, **Unter-** *and* **Oberstufe**)
der Stundenplan, ⁻e class schedule
das Vergnügen pleasure, fun, enjoyment
der Zauber magic

lügen, -o, -o to lie
sich schämen to be ashamed
statt·finden, -a, -u to take place
sich wundern to be surprised

ab morgen as of tomorrow, beginning tomorrow
allmählich gradual, gradually
düster dark, sinister
einfach easy, simple
faul lazy; rotten (*e.g., food*)

kein Wunder! no wonder!
schwach weak
tapfer brave
trotzdem nevertheless
zum erstenmal (zum ersten Mal) for the first time

A. Give an equivalent for each of the following expressions from the *Wortschatz*.
1. die Bedeutung
2. dunkel
3. erstaunt sein
4. die Rede
5. der Grund ist . . .
6. mutig
7. nicht stark
8. der Spaß
9. die Unwahrheit

B. Give an opposite from the *Wortschatz* for each of the following expressions.
1. schwierig
2. fleißig
3. zum letzten Mal
4. die Wahrheit sagen
5. das Kind
6. stolz sein

C. Match each word on the left with a word you associate with it on the right.
1. Jahreszeit
2. Sparkasse
3. Gärtner
4. Größe
5. Kindheit
6. Klasse

a. Geld
b. Winter
c. achtunddreißig
d. Stundenplan
e. Spielzeug
f. Blumen

D. Complete the sentences with words from the *Wortschatz*.
1. Wo soll das Konzert _____?
2. Der _____ der Musik ist unwiderstehlich (*irresistible*).
3. Gib mir einen guten _____!
4. Er malt zwar, ist aber kein _____.
5. Die unterste _____ ist meistens am schwersten.
6. Auch ohne Mathematik kann ich es mir _____.
7. Was man nicht weiß, soll man nicht _____.
8. Heute noch nicht, aber _____ wird alles besser.
9. Es geht nicht so schnell, es kommt _____.

Schulzeiten

10. Er ärgert sich, daß er die Prüfung nicht bestanden hat. Kein _____!

11. _____ will er weiterstudieren.

12. Wissen Sie, wie ein Erdbeben (*earthquake*) _____?

Liebe Kinder,
da sitzt ihr nun, alphabetisch oder nach der Größe sortiert,° zum erstenmal auf diesen harten Bänken, und hoffentlich liegt es nur an der Jahreszeit, wenn ihr mich an braune und blonde, zum Dörren aufgefädelte Steinpilze° erinnert. Statt an Glückspilze,° wie sich's eigentlich gehörte.° Manche von euch rutschen unruhig hin und her, als säßen sie auf Herdplatten.° Andre hocken wie angeleimt° auf ihren Plätzen. Einige kichern blöde,° und der Rotkopf in der dritten Reihe starrt, Gänsehaut im Blick,° auf die schwarze Wandtafel, als sähe er in eine sehr düstere° Zukunft.

Euch ist bänglich zumute,° und man kann nicht sagen, daß euer Instinkt tröge.° Eure Stunde X hat geschlagen.° Die Familie gibt euch zögernd her und weiht° euch dem Staate. Das Leben nach der Uhr beginnt, und es wird erst° mit dem Leben selber aufhören. Das aus Ziffern und Paragraphen, Rangordnung und Stundenplan eng und enger sich spinnende Netz umgarnt° nun auch euch. Seit ihr hiersitzt, gehört ihr zu einer bestimmten° Klasse. Noch dazu zur untersten.° Der Klassenkampf und die Jahre der Prüfungen stehen bevor. Früchtchen° seid ihr, und Spalierobst° müßt ihr werden! Aufgeweckt° wart ihr bis heute, und einwecken° wird man euch ab morgen! So, wie man's mit uns getan hat. Vom Baum des Lebens in die Konservenfabrik° der Zivilisation,—das ist der Weg, der vor euch liegt. Kein Wunder, daß eure Verlegenheit° größer ist als eure Neugierde.

Hat es den geringsten° Sinn, euch auf einen solchen Weg Ratschläge mitzugeben? Ratschläge noch dazu° von einem Manne, der, da half kein Sträuben,° genau so „nach Büchse"° schmeckt wie andre Leute auch? Laßt es ihn immerhin° versuchen, und haltet ihm zugute,° daß er nie vergessen hat, noch je vergessen wird, wie eigen ihm zumute war,° als er selber zum erstenmal in der Schule saß. In jenem grauen, viel zu groß geratenen Ankersteinbaukasten.° Und wie es ihm damals das

sortiert = arrangiert

zum . . . *mushrooms strung up to dry*
lucky guys / wie . . . *as it really should be*
stove lids / wie . . . *as though glued*
kichern . . . *giggle foolishly*

Gänsehaut . . . *goose pimples (i.e., fear) in his eyes*
düster = dunkel
Euch . . . *You feel anxious*
is deceiving (you)
struck
gibt . . . *surrenders you reluctantly and dedicates*
only

eng . . . *net being spun tighter and tighter ensnares*
certain
Noch . . . *To the lowest one at that.*
young fruit (i.e., little rascals)
fruit trained on a trellis
Bright and alert / *preserve (i.e., fruit in jars)*

cannery

embarrassment

Hat . . . *does it make the slightest*

noch . . . *at that*
da . . . *there was no resisting it* / nach . . . *like canned food*
immerhin = trotzdem
haltet . . . *give him credit*

wie . . . *how peculiar he felt*

viel . . . *oversized block box*

Herz abdrückte.° Damit wären° wir schon beim wichtigsten Rat angelangt,° den ihr euch einprägen° und einhämmern solltet wie den Spruch einer uralten Gedenktafel:°

Laßt euch die Kindheit nicht austreiben°! Schaut, die meisten Menschen legen ihre Kindheit ab° wie einen alten Hut. Sie vergessen sie wie eine Telefonnummer, die nicht mehr gilt.° Ihr Leben kommt ihnen vor° wie eine Dauerwurst,° die sie allmählich aufessen, und was gegessen worden ist, existiert nicht mehr. Man nötigt° euch in der Schule eifrig° von der Unter- über die Mittel- zur Oberstufe. Wenn ihr schließlich drobensteht° und balanciert, sägt man die „überflüssig"° gewordenen Stufen hinter euch ab,° und nun könnt ihr nicht mehr zurück°! Aber müßte man nicht in seinem Leben wie in einem Hause treppauf° und treppab° gehen können? Was soll° die schönste erste Etage° ohne den Keller mit den duftenden Obstborden° und ohne das Erdgeschoß° mit der knarrenden° Haustür und der scheppernden Klingel°? Nun—die meisten leben so! Sie stehen auf der obersten Stufe, ohne Treppe und ohne Haus, und machen sich wichtig.° Früher waren sie Kinder, dann wurden sie Erwachsene, aber was sind sie nun? Nur wer erwachsen wird und Kind bleibt, ist ein Mensch! Wer weiß, ob ihr mich verstanden habt. Die einfachen Dinge sind so schwer begreiflich zu machen°! Also gut,° nehmen wir etwas Schwieriges, womöglich begreift es sich leichter.° Zum Beispiel:

Haltet das Katheder° weder für einen Thron noch für eine Kanzel°! Der Lehrer ist kein Schulwebel° und kein lieber Gott. Er weiß nicht alles, und er kann nicht alles wissen. Wenn er trotzdem allwissend tut,° so seht es ihm nach,° aber glaubt es ihm nicht! Gibt er hingegen zu,° daß er nicht alles weiß, dann liebt ihn! Denn dann verdient er eure Liebe. Und da er im übrigen° nicht eben° viel verdient, wird er sich über eure Zuneigung° von Herzen freuen. Und noch eins:° Der Lehrer ist kein Zauberkünstler,° sondern ein Gärtner. Er kann und wird euch hegen und pflegen.° Wachsen müßt ihr selber!

Nehmt auf diejenigen Rücksicht,° die auf euch Rücksicht nehmen! Das klingt selbstverständlicher,° als es ist. Und zuweilen° ist es furchtbar schwer. In meine Klasse ging ein Junge, dessen Vater ein Fischgeschäft hatte. Der arme Kerl,° Breuer hieß er, stank

---

wie . . . *how it used to oppress him* / wären = sind
angelangt = angekommen / *remember*
memorial tablet

Laßt . . . *Don't let go of your childhood!*
legen [. . .] ab *discard*

die . . . *which is no longer current*
vorkommen = erscheinen / Dauerwurst: *German smoked salami*
pushes / eagerly

drobensteht = da oben steht
superfluous / sägt [. . .] ab *saws off*
zurück = zurückgehen

up / down / soll = ist
erste . . . *second floor*
duftenden . . . *shelves fragrant with fruit / ground floor*
knarrenden *squeaking*
der . . . *the jangling bell*

machen . . . *put on airs*

schwer . . . *hard to explain* / Also gut *Well then*
womöglich . . . *maybe it will be easier to understand*
Katheder = Lehrerschreibtisch
pulpit / school sergeant

acts
so . . . *indulge him*
Gibt . . . *However, if he admits*

im . . . *anyway* / eben = sehr
affection
eins = etwas / *magician*

euch . . . *take good care of you*
Nehmt [. . .] Rücksicht *Be considerate*
klingt . . . *sounds more obvious*
zuweilen = manchmal

guy

Schulzeiten 79

so sehr nach Fisch, daß uns anderen schon übel
wurde,° wenn er um die Ecke bog.° Der Fischge-
ruch° hing in seinen Haaren und Kleidern, da half
kein Waschen und Bürsten. Alles° rückte von ihm
weg.° Es war nicht seine Schuld.° Aber er saß, ge-
hänselt und gemieden,° ganz für sich allein, als habe
er die Beulenpest.° Er schämte sich in Grund und
Boden,° doch auch das half nichts. Noch heute,
fünfundvierzig Jahre danach, wird mir flau,° wenn
ich den Namen Breuer höre. So schwer ist es
manchmal, Rücksicht zu nehmen. Und es gelingt°
nicht immer. Doch man muß es stets von neuem°
versuchen.

Seid nicht zu fleißig°! Bei diesem Ratschlag müssen die Faulen weghören.° Er gilt nur für die
Fleißigen,° aber für sie ist er sehr wichtig. Das Leben
besteht nicht nur aus Schularbeiten. Der Mensch soll
lernen, nur die Ochsen büffeln.° Ich spreche aus
Erfahrung. Ich war als kleiner Junge auf dem besten
Wege, ein Ochse zu werden. Daß ich's, trotz aller
Bemühung,° nicht geworden bin, wundert mich
heute noch. Der Kopf ist nicht der einzige Körper-
teil. Wer das Gegenteil° behauptet, lügt. Und wer die
Lüge glaubt, wird, nachdem er alle Prüfungen mit
Hochglanz bestanden hat,° nicht sehr schön aussehen. Man muß nämlich auch springen, turnen,°
tanzen und singen können, sonst ist man, mit seinem Wasserkopf° voller Wissen,° ein Krüppel und
nichts weiter.

Lacht die Dummen nicht aus°! Sie sind nicht aus
freien Stücken° dumm und nicht zu° eurem Vergnügen. Und prügelt° keinen, der kleiner und
schwächer ist als ihr! Wem° das ohne nähere Erklärung nicht einleuchtet,° mit dem möchte ich nichts
zu tun haben. Nur ein wenig warnen will ich ihn.
Niemand ist so gescheit° oder so stark, daß es nicht
noch Gescheitere und Stärkere als ihn gäbe. Er mag
sich hüten.° Auch er ist, vergleichsweise,° schwach
und ein Dummkopf.

Mißtraut gelegentlich° *euren Schulbüchern!* Sie sind
nicht auf dem Berge Sinai° entstanden, meistens
nicht einmal auf verständige Art und Weise,°
sondern aus alten Schulbüchern, die aus alten
Schulbüchern entstanden sind, die aus alten Schulbüchern entstanden sind, die aus alten Schul-

Max Beckmann Knaben am Fenster *1922*

büchern entstanden sind. Man nennt das Tradition. Aber es ist ganz etwas anderes. Der Krieg zum Beispiel findet heutzutage° nicht mehr wie in Lesebuchgedichten statt, nicht mehr mit geschwungener Plempe° und auch nicht mehr mit blitzendem Küraß° und wehendem Federbusch° wie bei Gravelotte und Mars-la-Tour.° In manchen Lesebüchern hat sich das noch nicht herumgesprochen.° Glaubt auch den Geschichten nicht, worin der Mensch in

heutzutage = heute

geschwungener . . . *sabers rattling*
blitzendem . . . *shining armor* / wehendem . . . *waving plume*
Gravelotte . . . : *battles in Franco-Prussian War of 1870*
hat . . . *haven't got the word yet*

Schulzeiten

einem fort° gut ist und der wackere° Held vierund-
zwanzig Stunden am Tage tapfer! Glaubt und lernt
das, bitte, nicht, sonst werdet ihr euch, wenn ihr
später ins Leben hineintretet,° außerordentlich wundern! Und noch eins:° Die Zinseszinsrechnung°
braucht ihr auch nicht mehr zu lernen, obwohl sie
noch auf dem Stundenplan steht. Als ich ein kleiner
Junge war, mußten wir ausrechnen, wieviel Geld im
Jahre 1925 aus einem Taler° geworden sein würde,
den einer unserer Ahnen° Anno° 1525, unter der
Regierung Johannes des Beständigen,° zur Sparkasse gebracht hatte. Es war eine sehr komplizierte
Rechnerei.° Aber sie lohnte sich.° Aus dem Taler,
bewies man uns, entstünde durch Zinsen und Zin-
seszinsen das größte Vermögen° der Welt! Doch
dann kam die Inflation, und im Jahre 1925° war
das größte Vermögen der Welt samt° der ganzen
Sparkasse keinen Taler mehr wert. Aber die Zinseszinsrechnung lebte in den Rechenbüchern munter°
weiter.° Dann kam die Währungsreform,° und mit
dem Sparen und der Sparkasse war es wieder Essig.°
Die Rechenbücher haben es wieder nicht gemerkt.
Und so wird° es Zeit, daß ihr einen Rotstift° nehmt
und das Kapitel „Zinseszinsrechnung" dick durch-
streicht.° Es ist überholt.° Genau so wie die Attacke
auf Gravelotte und der Zeppelin.° Und wie noch
manches andere.°
    Da sitzt ihr nun, alphabetisch oder nach der
Größe geordnet, und wollt nach Hause gehen. Geht
heim,° liebe Kinder! Wenn ihr etwas nicht verstanden haben solltet,° fragt eure Eltern! Und, liebe
Eltern, wenn Sie etwas nicht verstanden haben sollten, fragen Sie Ihre Kinder.

in ... = immer / wacker = tapfer

enter
eins = etwas / way to figure compound interest

Taler: old coin
ancestors / Anno = im Jahre
Johannes ... John the Constant (fictitious)
calculation / lohnte ... was worth it
fortune
1925: the German Depression
samt = mit

munter = lustig
on / currency reform (which reduced the value of money)
vinegar (i.e., nothing doing)
wird = ist / red pencil
dick ... cross out with a thick line / obsolete
Zeppelin: dirigible
wie ... like a lot of other things

heim = nach Hause
haben solltet = habt

■ Zum Leseverständnis

Zeile 1–15   Wir stellen fest: richtig oder falsch?

1. _____ Die Kinder, die am ersten Tag auf der Schulbank sitzen, erinnern den Lehrer an getrocknete Steinpilze (die man im Sommer im Wald sucht).

2. _____ Kinder sollten eigentlich an Glückspilze (ein Wortspiel: *play on words*) erinnern.

3. _____ Kinder reagieren unterschiedlich, aber die meisten haben Angst vor der Schule.

4. _____ Der Lehrer meint, sie hätten dazu keinen Grund (*reason*).

Zeile 15–31   Wir diskutieren

1. Der Lehrer erklärt den Kindern, wieso jetzt ein Leben nach der Uhr beginnt. Was für ein „Netz" umgarnt sie nun, und wird es sie nach der Schulzeit wieder loslassen?
2. Man kann die Schulzeit mit einem Klassenkampf vergleichen (*compare*). Wieso?
3. Der Vergleich mit den jungen (wilden und unreifen) Früchten zeigt, daß sie nun nicht mehr frei und wild wachsen dürfen. Wie ist nämlich Spalierobst?
4. Die Zivilisation ist etwas Künstliches (*artificial*). Wohin kommen die Kinder, wenn sie „vom Baum des Lebens gepflückt" sind?

Zeile 32–70   Wir stellen fest: richtig oder falsch?

1. _____ Dem Lehrer ist es genauso gegangen: er ist auch nicht mehr frei (sondern „in Büchsen eingemacht").

2. _____ Er erinnert sich nicht mehr genau an seine eigene Schulzeit.

3. _____ Sein erster Rat für die Kinder ist, die ersten Stufen ihres Lebens nicht zu vergessen, wenn sie die höheren erreicht haben.

4. _____ Wenn man als Erwachsener die Kindheit „ablegt" (d.h. wegwirft), ist man kein richtiger Mensch.

Zeile 71–126   Wir diskutieren

1. Der nächste Rat bezieht sich auf die Lehrer. Welche Rolle sollte ein guter Lehrer spielen, und welche nicht?
2. Dann rät der Lehrer den Kindern, auf andere Rücksicht zu nehmen (*be considerate*), d.h. nett und freundlich zu sein. Wie zeigt er das am Beispiel Breuer?
3. Für die allzu Fleißigen hat er noch einen anderen Rat, weil der Mensch nicht nur aus Kopf und Verstand besteht. Welchen?
4. Der Begriff „dumm" ist relativ. Was darf man nicht, und warum nicht?

Zeile 127–174   Wir stellen fest: richtig oder falsch?

1. _____ Die Schulbücher sind aus älteren Schulbüchern entstanden, und daher kann man ihnen oft nicht mehr trauen.

2. _____ Das ist nicht Tradition, sondern oft falsch, denn das Leben ist in Wirklichkeit anders.

3. _____ Man braucht seit der großen „Inflation" in Deutschland (1925) keine Zinseszinsrechnung mehr zu lernen, denn sie stimmt nur, wenn das Geld seinen Wert behält.

4. _____ In der Währungsreform bekamen die Leute ihre Ersparnisse wieder.

Schulzeiten 83

■ Inhaltliches

1. Womit vergleicht der Lehrer die Kinder, die am ersten Schultag auf den Bänken sitzen?
2. Wie benehmen sich diese Kinder?
3. Warum haben sie Grund, ängstlich zu sein? Was für ein Leben wird nun für sie beginnen?
4. Wie ist es dem Lehrer selbst ergangen?
5. Woran erinnert sich der Lehrer noch genau?
6. Wie sehen die meisten Schulgebäude aus?
7. Was ist der wichtigste Rat, den der Lehrer den Kindern mitgeben will?
8. Wie leben die meisten Menschen? Was vergessen sie?
9. Der Lehrer vergleicht sie mit einer abgesägten Treppenstufe. Was meint er damit?
10. Was fände der Lehrer viel schöner und wünschenswerter?
11. Wie beschreibt er den Lehrberuf?
12. Was sagt er über die Rücksichtnahme?
13. Warum genügt es nicht, nur mit dem Kopf zu arbeiten?
14. Warum soll man die Dummen nicht auslachen?
15. Was steht in den Schulbüchern, und warum kann man ihnen nicht immer glauben?
16. Was darf man von keinem Menschen erwarten?
17. Warum braucht man seit der Inflation keine Zinseszinsrechnung mehr zu lernen?
18. Was empfielt der Lehrer den Kindern, wenn sie nicht alles verstanden haben?

■ Vom Inhalt zum Gehalt

1. Einer der wichtigsten Lebensabschnitte ist die Schulzeit. Warum?
2. Der Verfasser spricht vom Leben in der Familie und vom Leben für den Staat. Stimmen Sie ihm bei? Warum (nicht)?
3. Der Verfasser sagt, die Kinder hätten guten Grund, ängstlich zu sein. Was halten Sie von diesem Grund?
4. Ist es nötig, daß die Kinder diesen Grund verstehen? Verstehen sie die Ansprache überhaupt, oder ist sie in Wirklichkeit an Erwachsene gerichtet?
5. Der Verfasser verwendet einen politischen Begriff (*concept*), um die Schwierigkeit zu beschreiben, von einer Klasse in die nächste versetzt (*graduated*) zu werden. Erklären Sie, was er also mit „Klassenkampf" meint!
6. Erklären Sie den Gegensatz „Baum des Lebens" und „Konservenfabrik der Zivilisation"!
7. Hat es Ihrer Meinung nach überhaupt Zweck, jemand Ratschläge zu

geben? Wenn nicht, warum tut man es trotzdem immer wieder: Eltern ihren Kindern, Lehrer ihren Schülern usw.?
8. Die Kinder sollen vor allem ihre Kindheit nicht vergessen. Meint er damit die Erinnerung an die Kindheit, oder soll man auch zu einem gewissen Grad Kind bleiben? Warum wohl? Welche kindlichen Eigenschaften sollte man sich z.B. erhalten?
9. Warum sollen die Kinder dem Lehrer nicht alles glauben? Warum ist das Katheder weder ein „Thron" noch eine „Kanzel"? Meint der Lehrer, daß Wissen weder „befohlen" noch „geglaubt" werden kann?
10. Der Lehrer ist für das Natürliche. Oder warum sonst hält er so wenig vom „Ochsen" und „Büffeln"?
11. Ist diese „Ansprache zum Schulbeginn" in Wirklichkeit ein zeitkritischer Kommentar? Geben Sie Beispiele dafür!
12. Der Ton ist humoristisch. Was für ein Humor ist es? Gefällt er Ihnen?

Paul Schallück

Schulaufsatz

Paul Schallück was born in Warendorf, Westphalia, in 1922. After serving in World War II, he studied German literature, history, and theater arts in Münster and Cologne. One of the early members of the Gruppe 47, he began his writing career as a theater critic and started publishing his works in 1951. He died in 1981.

Schallück is the author of essays, short stories, novels, and radio and television plays. His themes are the helplessness of people in modern society, the dangers of a Nazi revival, and relevant social and political issues.

Wortschatz

sich an·strengen   to exert oneself, make an effort, try hard

(be)strafen   to punish

erziehen, erzog, -o   to raise, bring up

gehören: das gehört sich nicht   that's bad manners, that's not proper

schmutzig   dirty

tüchtig   hardworking; competent, efficient

Complete the sentences with words from the *Wortschatz*.

1. Die Kindererziehung ist nicht mehr so wie früher; die Kinder werden natürlich heute anders _____.
2. Eltern sagen nicht mehr oft: „Das _____ sich nicht."
3. Auch _____ sie ihre Kinder nur noch ungern.
4. Vieles ist aber so geblieben wie früher: „Macht euch nicht _____!" oder „Du mußt dich viel mehr _____!"
5. Auch das Ziel ist dasselbe geblieben, nämlich _____ Menschen aus ihnen zu machen.

      Unsere Familie besteht aus einem Fater, unserer Mamma und uns sechs Kindern, davon° vier Mädchen und leider nur zwei Jungens. Aber das macht nix. Fater sagt, daß wir alle so glücklich
5 zusammen sind, daß kommt davon,° daß wir eine normale und gesunde Ehe führen° bei uns zu Haus.
      Fater ist natürlich der erste, weil er für uns alle arbeitet und Geld verdient.° Was er sagt, daß wird gemacht. Da soll mal einer Widerworte geben,° daß
10 wird nicht geduldet,° weil er ja am besten weiß, was für uns gut und richtig ist. Darum ist Fater ja eben der erste.° Denn schon in der Bibel steht, daß der Mann längst° vor der Frau da war. Und so ist es auch immer geblieben. Er ist deshalb das Haubt°
15 der Familie. Genau wie bei uns zu Haus.
      Darum darf er auch mal zulangen,° weil er das Haubt ist. Wir wissen alle, daß hat Mutter uns eingetrichtert,° er meint es doch immer gut mit uns. Auch wenn ich mal einen abkriege,° wenn ich mich
20 mal wieder nicht beherrschen° konnte und ins Badezimmer reinbin,° wo eine der Mädchen unter der Dusche war, oder in ihr Zimmer, wo sie sich anzieht. Ich hab's ja eingesehen.° Oder weil ich am liebsten Doktor spiele, der überall nachgucken° muß. Daß
25 darf ich auch nicht mehr, hat Fater gesagt, das Nachgucken, daß gehört sich eben° nicht.
      Fater erzieht uns Jungens zu richtigen Männern, die Mal° ihren Mann im Leben stehen° und tüchtig sind und was leisten. Wir sollen nicht ver-
30 weichlicht° werden. Dafür hat er ja die Mädchen,

of those

kommt . . . is because
führen = haben

earns
Da . . . No one would dare contradict him
geduldet = erlaubt
Darum . . . That's exactly why father comes first.
längst = lange
Haupt = head

give a whacking

drummed into (us)
einen . . . get slapped
control
reinbin = hereingegangen bin

Ich . . . I do see the point.
nachgucken = nachsehen

simply

mal = eines Tages /
* ihren . . . prove themselves in life*
made into sissies

86   Chapter 5

George Grosz Hausherr

    die° erzieht Mutter. Es ist schon lange her, daß° ich zum letztenmal geweint habe. Das tut ein Junge nicht, sagt Fater. Die Mädchen, ja die dürfen, dafür sind sie ja° auch Mädchen. Die sollen alle mal gute Frauen werden, wie Mutter eine ist.

    Unsere Mama tut auch immer, wenn Fater was° sagt. So gehört es sich eben bei einer Familie, die glücklich sein will. Leider hat sie ja° viel Arbeit von morgens früh, wenn wir aufstehen, bis manchmal spät, wenn wir schon in den Betten liegen. Sie ist oft müde. Aber dafür haben wir ja° die Mädchen, zum Helfen.

    Wir haben unsere Mamma alle sehr gern. Wir Jungens haben uns geschworen,° daß wir später mal, wenn wir heiraten,° daß wir dann nur so eine°

die = die Mädchen / Es . . . It has been a long time since

dafür . . . but then they are

was = etwas

hat . . . she does have

dafür . . . that's what we have . . . for

uns . . . promised ourselves
get married / so . . . one like that

Schulzeiten

nehmen, wie Mutter. Sie ist immer für uns da, wenn
mal einer krank ist und die Schuhe schmutzig sind
und zieht° Fater abends immer die Stiefel aus und   *takes*
stellt ihm die Pantoffel° hin, wenn wir noch das   *slippers*
50 Sandmännchen sehen dürfen,° aber nur, wenn wir   *wenn . . . if we're allowed to stay*
artig° waren und Fater uns nicht bestrafen muß.   *up*
   good
Denn Mutter muß abends immer alles über uns
erzählen. Wir können mit allen Sorgen° zu Mutter   *troubles*
kommen, sagt sie, zu Fater natürlich auch.

55   Wenn ich mal° groß bin, möchte ich auch so eine   *Wenn . . . One day when I*
Ehe haben, wie wir sie Gott sei Dank bei uns zu
Haus haben.

Inhalt: Sehr gut.
Ausdruck:° Könnte besser sein.   *Expression (i.e., style)*
60 Grammatik: Du mußt dich noch sehr anstrengen.

■ Zum Leseverständnis

Zeile 1–15   Wir stellen fest: richtig oder falsch?

1. _____ Der Junge, der den Schulaufsatz schreibt, berichtet, wieviele Kinder seine Eltern haben, aber seine Rechtschreibung ist nicht die beste.

2. _____ Er sagt, die Familie ist glücklich, weil „wir eine normale und gesunde Ehe führen". (Frage: Vielleicht weiß er gar nicht genau, was eine Ehe ist?)

3. _____ Der Vater ist der Boß im Hause, weil er das Geld verdient und weil er alles besser weiß als seine Frau. Widerworte können da niemand erlaubt sein.

4. _____ In der Bibel steht schon, daß der Mann zuerst kommt. (Frage: „Zuerst" in der Zeit oder „zuerst" der Bedeutung nach?)

Zeile 16–35   Wir diskutieren

1. Alles, was der Junge schreibt, hat er irgendwann zu Hause gehört. Was z.B. hat die Mutter den Kindern eingehämmert? Was darf der Vater, weil er Autorität hat?
2. Der Ausdruck „das gehört sich nicht" war früher die typische „Erklärung" für Verbote (*taboos*). Was hat der Vater z.B. verboten?
3. Zu weiteren Klischees, die früher zur Erziehung gehörten, zählt die Vorstellung (*image*) vom Männlichen. Wie und von wem sollte danach ein Junge erzogen werden?
4. Auch das Bild (*image*) des Weiblichen (also der Frau und Mutter) ist zum Klischee geworden. Wie betrifft das die Mädchen im Hause?

Zeile 36–60   Wir stellen fest: richtig oder falsch?

1. _____ Man fragt nicht, sondern akzeptiert die Autorität; auch die Mutter tut das.
2. _____ Es ist die Aufgabe der Frau und der Mädchen, die Hausarbeit zu tun.
3. _____ Die Mutter stellt das ideale Bild der Frau dar (*represents the ideal image of a woman*).
4. _____ Der Vater muß sich aber die schmutzigen Schuhe ausziehen, wenn er abends nach Hause kommt.

Zeile 1–60   Wir diskutieren

1. Der Junge hat keine eigene Meinung über sein Zuhause und kann sie auch nicht haben, weil er dazu erzogen ist, alles fraglos zu akzeptieren, was die Autorität bestimmt (*determines*). Ist die Frau in derselben Lage? Erklären Sie Beispiele für beide (Stiefel, Sandmännchen).
2. Der Vater *darf* nicht nur bestrafen, er *muß* es sogar. Das Höchste ist also die Disziplin, und der Vater muß sie ausführen. Baut sich dieses Erziehungssystem auf Angst vor Strafe auf?
3. In einem solchen Erziehungssystem, wo jeder dem Götzen (*idol*) „Disziplin" dient, ist natürlich auch das Denunzieren erlaubt. Wir kennen das von diktatorischen Regierungsformen her. Wie zeigt es sich in unserem Lesetext im Familienkreise?
4. Die Mutter spielt aber auch die Rolle der Beschützerin, zu der man mit seinen Sorgen kommen kann. „Zu Fater natürlich auch", schreibt der Junge. Glauben Sie, daß eine disziplinarische Autoritätsfigur wie der Vater zugleich Vertrauensperson (*confidant*) für seine Kinder sein kann?
5. Der Junge will es später nicht anders haben als seine Eltern. Schreibt er das, damit der Aufsatz einen passenden (*suitable*) Schluß bekommt? Weil er erwartet, daß die Lehrer so etwas hören wollen? Weil er noch zu jung ist, um eine eigene Meinung zu haben?

■ Vom Inhalt zum Gehalt

1. Der Aufsatz ist humoristisch. Warum? Weil wir eine solche Art von Erziehung heute nur noch komisch finden? Weil wir alle in der Theorie oder Praxis so etwas kennen?
2. Gibt es so etwas heute wirklich nicht mehr? Basiert nicht jede „strenge" Erziehung auf dem Prinzip des Gehorchens (*obeying*)? *Können* Kinder dabei überhaupt ihr eigenes Denken entwickeln?
3. Die Worte sind einem Kind in den Mund gelegt. Handelt es sich hier nicht in Wirklichkeit um die Frage der persönlichen Freiheit, auch der politischen?

Schulzeiten

4. Kann jemand, der dazu erzogen ist, *keinen* eigenen Willen zu haben, ein verantwortlicher Staatsbürger im demokratischen Sinne sein? Oder braucht er stattdessen eine autoritäre Regierungsform, wo er brav gehorchen kann?
5. Kinder lernen durch Nachahmung (*imitation*). Dieser Junge schreibt in seinem Aufsatz, was er bisher zum Thema Familie und Erziehung weiß. Suchen Sie die Klischees heraus, die Sie selbst noch zu Hause gehört haben! Wenn es Ihnen Spaß macht, schreiben Sie einen neuen Aufsatz nach den Erziehungsprinzipien, die wir *heute* vertreten! Wie würde sich ein Kind der Dr. Spock–Generation ausdrücken? Vergessen Sie nicht, Ihrem Aufsatz eine Überschrift (*heading*) zu geben!

■ Praktisches und Persönliches

1. Gehen Sie regelmäßig in Ihre Vorlesungen? Haben Sie viele belegt? Was für welche?
2. Was ist Ihr Hauptfach? Haben Sie Nebenfächer oder noch ein zweites Hauptfach?
3. Sind Sie schon einmal in einer Prüfung durchgefallen (*flunked*)? Worin und wann?
4. Haben Sie viel zu arbeiten? Müssen Sie viele schriftliche Arbeiten machen? In welchen Fächern?
5. Arbeiten Sie meistens in der Bibliothek, oder nehmen Sie die Bücher mit nach Hause? Warum?
6. Haben Sie ein Stipendium oder sonst finanzielle Hilfe? Müssen Sie sich selbst Geld verdienen? Wie?
7. Halten Sie gute Zensuren (*grades*) für wichtig? Warum (nicht)?
8. Wo sind Sie auf die höhere Schule gegangen? Wie lange studieren Sie schon? Haben Sie schon einmal auf einer anderen Universität studiert?
9. Was wollen Sie werden? Oder wissen Sie das noch nicht? Ist eine Fremdsprache in diesem Beruf nützlich? Warum (nicht)?

■ Grammatisches

A. Complete the sentences with the appropriate endings for prepositional phrases in the dative case.

1. Sie kennt ihn seit ihr_____ Kindheit.
2. Er kommt eben aus d_____ Bibliothek (*f.*).
3. Wir fahren oft zu unser_____ Freunden.
4. Nimmst du nach d_____ Vorlesung eine Tennisstunde?

5. Ich befasse mich oft mit dies_____ Thema (n.)

6. Außer d_____ Prüfungen gefällt mir alles am Studium.

7. Bei d_____ vielen Schularbeit habt ihr wenig Zeit!

8. Sie nehmen Abschied von d_____ Schulzeit und d_____ alten Schulkameraden.

B. Complete the sentences with the appropriate endings for prepositional phrases in the accusative cases.

1. Sie macht einen Dauerlauf um d_____ Campus (m.).

2. Habt ihr etwas gegen dies_____ Professor?

3. Es geht auch ohne ein_____ Stundenplan.

4. Durch unser_____ Unterricht lernen wir natürlich viel.

5. Er kauft Bücher für d_____ Seminar (n.).

C. Complete the sentences with the appropriate endings, dative or accusative. Remember that these prepositions use dative for position or location and accusative for direction or destination.

Zum Beispiel: Sie ist in *der* Schule. (dative)
Sie geht in *die* Schule. (accusative)

1. Er fährt mit dem Fahrrad in d_____ Stadt.

2. Sie nimmt Kurse an d_____ Volkshochschule (*adult education school*).

3. Das Institut liegt hinter d_____ Verwaltungsgebäude (*administration building*).

4. Warum sitzt ihr auf d_____ Fußboden?

5. Legen Sie das Buch unter d_____ Schreibmappe (*f.*)!

6. Gehst du auf ein_____ höhere Schule?

7. Ich setze mich zwischen mein_____ beiden Freundinnen.

8. Über d_____ Schreibtisch braucht man gutes Licht.

9. Stell dich bitte nicht vor d_____ Tafel (*f.*)!

10. Das Bücherregal steht gleich neben d_____ Bett.

11. Natürlich hänge ich mir auch Bilder an d_____ Wand.

12. In dein_____ Studentenbude (*f.*) sieht es nicht viel anders aus!

6 Grenzfälle

Paul Klee Zuflucht *1930*

■ Heinz Risse

Der Diebstahl

Heinz Risse was born in Düsseldorf in 1898 and attended the *Gymnasium* in his hometown. He entered the army as a teenager and served throughout World War I. After the war he studied economics and philosophy in Marburg, in Frankfurt, and finally in Heidelberg, where he received his degree. From 1922 he earned his living in business as an auditor. He published his first story at age fifty and then became a prolific author, turning out eight novels and numerous short stories and essays.

In 1956 Risse received the Immermann prize for literature given by the city of Düsseldorf. He was honored for having written about "contemporary problems, above all about the question of crime and punishment and good and evil." Risse's story "Der Diebstahl" bears out that commendation.

Wortschatz

der Ausländer, -; die Ausländerin, -nen foreigner
der Auswanderer, - emigrant
der Diebstahl, ⁼e theft
das Ereignis, -se event
der Geldschein, -e paper currency, bills
das Gewissen conscience; **ein schlechtes Gewissen** a guilty conscience
die Probe (Prüfung) test, trial, exam; **die Probe bestehen (bestand, -a)** to pass the test

ab·hängen, -i, -a, -ä to depend; **es hängt davon ab** it depends (on)
aus·wandern to emigrate
begreifen, begriff, -i to grasp, understand
behalten, -ie, -a, -ä to remember, retain, to keep

das Scheckbuch, ⁼er checkbook
der Schlüssel, - key
der Schreibtisch, -e desk
die Schublade, -n drawer
die Schulden (*pl.*) debts; **die Schuld** guilt, fault
der Verdacht suspicion; **unter Verdacht stehen** to be under suspicion

beobachten to observe
besitzen, besaß, besessen to own, possess
beweisen, -ie, -ie to prove
ein·fallen, -ie, -a, -ä to remember; **es ist mir eingefallen** it occurred to me, I just remembered

(sich) entscheiden, -ie, -ie   to decide
gestehen, gestand, -a   to confess, admit (to)
glauben   to believe
sich irren   to be wrong
liegen·lassen, -ie, -a, -ä   to leave (behind, "lying there")
leugnen   to deny
öffnen   to open
schließen, -o, -o   to close; **ab·schließen**   to lock
schweigen, -ie, -ie   to be silent

(sich) um·drehen   to turn (around)
wissen, wußte, gewußt   to know
zählen   to count
zu·geben, -a, -e, -i   to admit
zurück·kehren   to return

Bleib sitzen!   Don't get up!
es ist schon lange her   it has been a long time; a long time ago
schäbig   shabby, petty, wretched

sonderbar   strange
verlegen   embarrassed

A. Give an equivalent from the *Wortschatz* for each of the following expressions.

1. aufmachen
2. die Prüfung
3. der Emigrant
4. der Fremde
5. gestehen
6. haben
7. Ich habe eine Idee.
8. Ich kann mich nicht daran erinnern.
9. in ein anderes Land ziehen
10. kennen
11. sehen
12. Steh nicht auf!
13. vor langer Zeit
14. verstehen

B. Complete the sentences with words from the *Wortschatz*.

1. Wie schützen Sie sich vor _____ und anderen Verbrechen (*crimes*)?
2. Haben Sie _____ im Hause, oder bringen Sie Ihr Geld auf die Bank?
3. Man sollte das _____ buch nicht offen herum _____ —die Versuchung (*temptation*) ist für viele Menschen zu groß.

Grenzfälle   95

4. In der Schub _____ des _____ liegt es gut!

5. Aber lassen Sie den _____ nicht im Schlüsselloch stecken, sondern _____ Sie ihn um und ziehen ihn heraus!

6. Wenn Sie die Haustür nicht _____, ist das Geld vielleicht weg, wenn Sie wieder nach Hause _____.

7. Es ist ein trauriges _____, wenn jemand etwas gestohlen hat.

8. Es ist ebenso schlimm, wenn man unter _____ steht, etwas gestohlen zu haben.

9. Glücklicherweise ist man unschuldig, bis die _____ (oder Unschuld) _____ ist.

10. Der Richter kann sich natürlich _____, aber er versucht wenigstens, gerecht (*just*) zu sein.

11. Vor Gericht kann der Angeklagte (*the accused*) die Tat zugeben oder _____.

12. Er kann auch gar nichts sagen, d.h., er _____.

13. Was er tun soll, muß er selbst _____.

14. Es _____ sicher davon ab, ob er ein schlechtes _____ hat.

15. Viele Menschen sind nur _____ (*embarrassed*) über das, was sie getan haben.

16. Ist eine _____ Tat nicht so schlimm wie ein schweres Verbrechen? Was _____ Sie?

17. Es ist _____ (*merkwürdig*), wie die Meinungen da auseinandergehen (*differ*). Das sind eben die Grenzfälle des Lebens!

18. Wenn Sie etwas gestohlen hätten, würden Sie die Tat _____?

    Das Mädchen° öffnete die Türe; ein fremder Herr stand davor und zog den Hut.° Ausländer, dachte das Mädchen, der Schnitt des Anzugs, hierzulande° trug man sich anders,° und erst° der
5 Schlips, bunt wie ein Kolibri. Dabei° war es ein älterer Herr, seine Haare waren schon grau, nicht nur an den Schläfen.

    „Sie wünschen?" fragte das Mädchen.

    „Ich möchte Herrn Nissing sprechen"°, er-
10 widerte° der Fremde. „Er wohnt doch hier,° nicht wahr?"

Mädchen = Dienstmädchen
zog ... *took his hat off*

in this country / trug ... *one dressed differently* / *not to mention*
Dabei = Außerdem

sprechen = sehen
erwiderte = antwortete /
    Er ... *He does live here*

Dabei° machte er eine Handbewegung, die über die Hauswand zum Gartentor zurücklief°—es ist nämlich kein Schild hier, mochte sie bedeuten.

"Ja", sagte das Mädchen, "Herr Nissing wohnt hier. Aber Sie können ihn nicht sprechen."

"Ich kann ihn nicht sprechen?" fragte der Herr; er machte ein bestürztes° Gesicht. "Herr Nissing ist doch nicht tot°? Er wird verreist sein,° wie°?"

Das Mädchen lächelte verlegen.

"Nein", erwiderte sie. "Herr Nissing ist weder tot noch verreist. Er badet gerade.°"

"Aber", rief der fremde Herr in offenbar aufrichtiger° Freude, "aber das ändert ja alles. Ich werde warten, bis Herr Nissing sein Bad beendet haben wird. In sein Büro werde ich mich setzen, es ist doch gleich hier° rechts die erste Tür, nicht wahr, mein kleines Fräulein°?"

Der Herr betrat den Flur,° das Mädchen wich ein wenig zur Seite.°

"Sie scheinen das Haus gut zu kennen?" sagte sie.

"Gut?" erwiderte der Herr. "Ausgezeichnet . . . sagen Sie ausgezeichnet°—ich war dabei,° als es von Herrn Nissings Vater gebaut wurde . . . Sie dürften° zu jener Zeit noch nicht ins Leben getreten sein, wie man zu sagen pflegt° . . ."

"Nein", sagte das Mädchen, "ich war damals noch nicht geboren."

"Interessant", antwortete der Herr und öffnete die Tür zu dem Büro. "Ja . . . und nun gehen Sie an Ihre Arbeit—Sie werden doch zu arbeiten haben, wie°? Meinen Hut hängen Sie an die Garderobe, ja?"

Das Mädchen nahm den Hut: "Es wird vielleicht einige Zeit° dauern", sagte sie, "bis Herr Nissing herunterkommen wird. Er ist erst vor wenigen Minuten° ins Badezimmer gegangen."

"Einige Zeit?" rief der Herr und hob wie ein Betender° die Arme. "Was ist das: einige Zeit? Wie wenig mag das sein,° mein Kind? Und wenn es Stunden wären oder Tage . . . ich habe Herrn Nissing seit mehr als dreißig Jahren nicht gesehen—vor dreiunddreißig Jahren und vier Monaten sahen wir uns zum letzten Male, wenn Sie Wert auf eine historisch einwandfreie Darstellung legen.°"

Das Mädchen schüttelte den Kopf.

Dabei° *Saying that*
die . . . *pointing from the wall of the house to the garden gate*

bestürzt = erschrocken
doch . . . *not dead, is he?* / Er . . . = Er ist wohl verreist. / wie = nicht wahr

gerade = gerade jetzt

offenbar . . . *obviously sincere*

doch . . . *right here, isn't it*
mein . . . *miss*
betrat den Flur = ging auf den Korridor
wich . . . *stepped back a little*

sagen . . . *you can say extremely well*
around
probably (hadn't)
wie . . . *as one often says*

Sie . . . *You do have work to do, don't you?*

einige . . . *a while*
erst vor . . . *only a few minutes ago*

someone who is praying
Wie . . . *How short (a time) may that be*

wenn . . . *if you are interested in an exact chronology*

Grenzfälle 97

„So lange ist das her?" fragte sie. „Ich werde Ihren Hut fortbringen."

Sie schloß die Türe hinter sich und ging.

Der fremde Herr betrachtete das Zimmer, in dem er sich befand,° alles beim alten,° stillgesetzte Zeit.° Der Stich an der Wand, der Bücherschrank, der Schreibtisch, auch der Sessel davor, nur die Lederhaut° ein wenig schäbig geworden inzwischen— der Fremde empfand Beklemmung° bei dem Gedanken, daß die Möbel jahraus, jahrein dagestanden hatten, behütet,° abgestaubt,° während mit ihm Fangball gespielt worden war,° hier, drüben, sonstwo. Und wenn die Angst vor dem Sturz° einmal wich—denn erst in Jahren° war aus dem ärmlichen Auswanderer ein Herr geworden—, so blieb das Schuldgefühl nach der bösen° Tat. Nein, nicht nach der bösen Tat. Nach der schäbigen Tat. Ja, nach der schäbigen Tat.

Der Herr sah den Schreibtisch an, die mittlere Schublade, damals war die Rosette° lose gewesen, sie° hatte geklappert, als er den Schlüssel umdrehte, inzwischen war sie festgeschraubt worden. Aber der Schlüssel steckte° auch heute, steckte - auch - heute ... hundert Jahre sind vor dir° wie ein Tag, aber was bedeutet das schon für die Ereignisse, die diesen Tag ausfüllen°? Der Herr hatte den Schlüssel in der Hand gehalten, das war nun dreiunddreißig Jahre und vier Monate her,° sonderbar, wie die Dinge sich wiederholen, ohne daß einer sie rufen müßte,° der Herr fand plötzlich, daß er den Schlüssel wiederum° in der Hand hielt und im Schloß drehte, aber heute wollte er doch nichts tun, was nach Heimlichkeit verlangte,° nur alles gestehen. Offen und klar. Ein Wort: peccavi.°

Aber vielleicht sollte das gar nicht sein,° der Herr zog an dem Schlüssel, und die Schublade folgte, der Inhalt war musterhaft geordnet, links lagen ein paar schwarzgebundene° Kontobücher, nach der Mitte zu° Bankauszüge und Scheckbücher, rechts aber ... rechts lag das Geld, ein Haufen Banknoten, säuberlich gebündelt,° man brauchte nur° hineinzugreifen, alles wie damals, ob Nissing die Scheine überhaupt gezählt hatte, war zweifelhaft.° Der fremde Herr hatte gestehen wollen, nun bot sich der leichtere Weg an, was sind schon° dreiunddreißig Jahre und vier Monate? Weniger als

sich befand = war / alles ... everything as always
stillgesetzte ... time standing still

leather (on the seat)

empfand ... felt depressed

protected / dusted
während ... while life had played games with him
plunge (i.e., his economic collapse)
erst ... it took years (before)

bösen = schlechten

rosette (a decorative piece)
sie = die Rosette

steckte im Schreibtisch

vor dir = vor Gott

ausfüllen = füllen

ago

ohne ... without one's having to conjure them up
wiederum = wieder

required

Latin: I have committed a crime (or sin)
Aber ... But perhaps it was not to be

bound in black
nach ... toward the center

säuberlich ... neatly bundled
man ... all one had to do was

doubtful

was ... after all, what are

Umberto Boccioni Seelenzustände: Die, die gehen *1911*

        ein Tag: am Morgen nimmt man Geld aus einer
105 Lade,° und am Mittag legt man es wieder hinein, das
        Geld ist nie fortgewesen,° Zauberkunststück der
        Seele. Der Herr griff in die Tasche und zog ein
        Bündel Noten° hervor, mit hastiger Hand blätterte
        er, bis er drei Tausender° gefunden hatte, das
110 Anfangskapital,° dachte er, vermehrt um die Zin-
        sen.° Er steckte den Rest wieder ein,° aber die drei
        Tausender legte er nicht sogleich zu dem Bündel in
        die Schublade, so leicht, dachte er, kann es nicht
        sein, eine schäbige Tat zu sühnen;° ich wollte doch°
115 gestehen. Erst die plötzlichen Schritte im Flur zwan-
        gen ihn,° sich zu entscheiden—er legte die Scheine
        unter das Notenbündel und schob die Lade zu.°
        Sogleich danach betrat Nissing das Zimmer, er
        erkannte den Gast auf den ersten Blick—„Du bist
120 es°?" fragte er. „Ich freue mich aufrichtig, wie lange
        haben wir uns nicht gesehen. Du lebst im Ausland,
        hast es zu etwas gebracht,° man sieht es dir an,° ich
        sprach auch einmal mit jemandem, der dich getrof-

Lade = Schublade
Geld . . . *it's as if the money never had been gone*
Noten = Banknoten
bills of 1000
principal
vermehrt . . . *increased by the interest* / ein = in die Tasche

atone for / *after all*

Erst . . . *It was not until he heard steps in the hall that he was forced*
zuschieben = zumachen

„Du . . . *"It's you!"*

zu . . . *achieved something* / man . . . *it shows*

Grenzfälle

125 fen hatte, er ist, glaube ich, in deiner Fabrik gewesen, vor fünf oder sechs Jahren war das. Aber du hast mir nie eine Zeile geschrieben..."

„Nein."

„Du hattest eine schwere Zeit, wie°? Aber nun bist du ja wohl drüber weg°? Du wirst länger blei-
130 ben, ein paar Wochen, ja? Natürlich bist du mein Gast, es ist Platz genug hier im Hause."

„Verzeih", erwiderte der Besucher, „ich muß morgen weiter,° das Schiff geht am Abend. Früher hatte ich Zeit,° heute habe ich Geld, beides zugleich
135 zu besitzen, sind wir° nicht geschaffen. Ich wollte dich auch nur wiedersehen, mißversteh mich nicht, für mich würde ein Beisammensein° von fünf Minuten ausreichen.° Ich wünschte, dich um Verzeihung zu bitten."

140 Herr Nissing lachte.

„Du mich um Verzeihung bitten", rief er, „aber nein, du bist ja sonderbar. Weil du nicht geschrieben hast, wie? Aber das war doch völlig° unnötig, davon hat unsere Freundschaft nie abgehangen."

145 Er lachte schallend° und schlug dem Gast auf die Schulter.

„Komm ins Wohnzimmer", sagte er, „wir wollen eine Flasche Wein trinken."

Ein Anlauf,° dachte der Fremde, aber ich wage
150 nicht zu springen. Sie gingen hinüber.°

„Du bist verheiratet?" fragte der Gast.

„Ich war es°", erwiderte Nissing. „Meine Frau ist gestorben. Vor zehn Jahren. Zwei Jahre nach deiner Abreise hatte ich sie geheiratet. Und du?"

155 „Ich lebe allein. Du hast Kinder?"

„Ja. Einen Sohn. Er ist zweiundzwanzig."

„So, zweiundzwanzig? Ein hoffnungsvolles Alter.°"

„Ja, hoffnungsvoll."

160 Der Gast schwieg einen Augenblick. „Du sagst das", erwiderte er, „als ob du skeptisch wärest in bezug auf° die Hoffnungen... verzeih mir, aber ich glaube einen Unterton zu hören, vielleicht irre ich mich."

165 „Nein, du irrst dich nicht. Aber ich könnte dir nichts Bestimmtes° darüber sagen, noch nicht, vielleicht später. Es hängt alles von der Probe ab—ob er

right
Aber ... But by now all that is behind you, isn't it?

weiter = weiterfahren
Früher ... I used to have time
wir = wir Menschen

being together
ausreichen = genug sein

völlig = vollkommen

lachte ... burst out laughing

Anlauf = Anfang (Start)
hinüber = ins Wohnzimmer

es = verheiratet

Ein ... A promising age

in ... regarding

nichts ... nothing definite

100 Chapter 6

sie besteht, begreifst du? Ich stelle ihn auf° die Probe."

170 „Ja. Auf was für eine Probe?"

Nissing wich zurück.° „Ich weiß nicht", sagte er, „ob ich davon sprechen soll,° jetzt schon, vielleicht sollte ich das Ergebnis abwarten.°" Er betrachtete den Gast zweifelnd.° „Aber andererseits", murmelte
175 er, „was ist verloren?° Schließlich° sind wir gute Freunde, nicht wahr?"

„Ja, gute Freunde", erwiderte der Gast; die gefühlvollen° Worte Nissings machten ihn verlegen.

„Erinnerst du dich", fragte Nissing plötzlich, daß
180 ich vor vielen Jahren einmal bestohlen worden bin°? Der Betrag° war nicht allzu hoch, tausend oder zwölfhundert Kronen,° wenn ich mich recht erinnere, nur war es damals für mich ziemlich viel Geld, der größte Teil des Honorars für meine erste Erfin-
185 dung,° ich hatte es im Schreibtisch meines Vaters verwahrt,° der kurz zuvor° gestorben war, doch nein, du kannst davon nichts wissen, ich glaube, du warst damals schon ausgewandert."

Meine Kehle° wird trocken, dachte der Gast.
190 „Du hattest das Geld im Schreibtisch verwahrt?" fragte er, „und die Lade nicht abgeschlossen?"

„Nein, nicht abgeschlossen."

„Und das Geld wurde gestohlen?"

„Nicht alles. Etwa° die Hälfte. Den Rest ließ der
195 Dieb liegen."

„Du hattest keinen Verdacht?"

„Doch,° natürlich. Ich hatte damals eine Haushälterin, nach meiner Vermutung° die einzige Person, die den Diebstahl ausgeführt haben konnte. Ich
200 entließ sie.°"

„Du nanntest ihr den Grund°?"

„Nein. Ich hielt es für zwecklos;° sicherlich hätte sie geleugnet,° und ich konnte ihr nichts beweisen."

„Was geschah dann?"

205 „Nichts. Ich bin ein wenig mißtrauisch geworden, damals. Zwar° lasse ich dann und wann° noch Geld liegen, aber ich zähle es ab° und beobachte die,° die in seine Nähe° kommen. So stelle ich sie auf die Probe."

210 „Auch deinen Sohn?"

„Ja."

stelle . . . put him to

wich . . . backed off
soll = sollte
Ergebnis . . . wait for the outcome
zweifelnd = voller Zweifel
was . . . what is there to lose? /
schließlich = doch (after all)

emotional

bestohlen . . . was robbed
Betrag = Summe
Krone: currency used 1871–1924

invention
kept for safety / before

Kehle = Hals

About

I did
nach meiner Vermutung = meiner Meinung nach
entließ . . . let her go
Du . . . You told her the reason?
Ich . . . I thought it was useless
geleugnet = es geleugnet

It's true / dann . . . now and then
abzählen = zählen
die = die Leute / seine Nähe = die Nähe des Geldes

Grenzfälle 101

„Wo verwahrst du das Geld, mit dem du ihn in Versuchung zu führen° wünschest?"

„Im Schreibtisch auf° meinem Büro."

215 „Du hast die Nummern der Scheine° notiert,° die dort liegen?"

„Nein."

„Aber den Betrag hast du aufgeschrieben?"

„Wozu°? Ich kenne ihn auswendig.°" Der Gast 220 zuckte die Achseln.°

„Mit einer Zahl irrt man sich leicht", sagte er.

Sie hörten, daß die Haustüre geöffnet wurde: „das ist er", sagte Nissing. „Er hat mir schon heute mittag angekündigt,° daß er den Abend mit Freun-225 den verbringen werde, und ich habe die Frage offengelassen, ob ich nicht ins Theater gehen würde. Das Mädchen habe ich soeben° fortgeschickt; er wird glauben, daß ich nicht im Hause bin." Die Schritte entfernten sich die Treppe 230 hinauf.°

„Er wird sich umziehen"°, sagte Nissing.

„Findest du nicht", fragte der Gast, „daß dieser Argwohn° gegen deinen Sohn etwas Schreckliches ist? Hast du wenigstens° einen Grund für deinen 235 Verdacht?"

Nissing neigte sich zu dem Gast hinüber.°

„Einen?" fragte er. „Drei, vier oder fünf, seinen Aufwand,° seine Schulden, du wirst mir ersparen,° sie alle aufzuzählen.° Aber heute will ich *wissen*, ob 240 ich ihm mißtrauen muß oder nicht."

Sie saßen und tranken, ohne zu sprechen;° nach einiger Zeit hörte man Schritte die Treppe herabkommen,° eine Tür klappte, „er ist ins Büro gegangen", sagte Nissing, der Gast nickte.

245 Zwei oder drei Minuten folgten, die mit einer kaum noch erträglichen Spannung belastet waren,° dann klappte die Tür wieder, Stille.

„Man müßte° es ihm sagen, bevor er geht", flüsterte der Gast, „dies ist ja furchtbar." Er machte 250 Miene, sich zu erheben.°

„Was willst du?" fragte Nissing. „Bleib sitzen, ich bitte dich; es ist ohnehin° bereits° alles entschieden."

„Du bist sicher, daß nicht das Mädchen ...?"

„Völlig sicher."

255 Die Haustür schlug zu,° Nissing erhob sich° sofort. „Zwei Minuten", sagte er, der Gast nickte, ich

hätte gestehen sollen,° dachte er. Wem denn? Dem—
dem Fallensteller.° Unmöglich, er sank in seinem
Sessel zusammen.

Es dauerte° fast zehn Minuten, bis Nissing
zurückkehrte.

„Das ist sonderbar", sagte er, „wirklich
sonderbar."

„Was ist sonderbar?"

„Es stimmt nicht.° Das Geld stimmt nicht."

„Er hat also° gestohlen?"

„Nein", sagte Nissing, und er schrie nun beinahe,° „nein, er hat nicht gestohlen . . . oder ich habe mich geirrt . . . was weiß ich? Es stimmt nicht, vielleicht hätte ich die Summe doch aufschreiben sollen . . ."

„Was ist denn nun°?" fragte der Gast.

„Es sind", rief Nissing, „es sind mehr Kronen im Schreibtisch, als ich hineingelegt habe. Ich habe das Bündel fünfmal gezählt und fand jedesmal das gleiche Ergebnis, hier jedenfalls° irre ich mich nicht—es liegen um genau° tausend Kronen mehr im Schreibtisch, als nach meiner Erinnerung dort liegen müßten."°

„Du hast also doch°", sagte der Gast, „die Summe nicht richtig behalten,° die du hineingelegt hast;" er konnte nicht verhindern, daß er zitterte. Tausend Kronen zuviel sind zweitausend Kronen zu wenig, Rechenkunststück der Seele.°

Nissing stützte den Kopf in die Hände.

„Ja", murmelte er, „es kann nicht anders sein, nicht wahr? Wie käme mein Sohn dazu, tausend Kronen in meinen Schreibtisch zu legen°? Er besitzt sie ja nicht einmal.° Wenn er sie besäße, müßte° er sie gestohlen haben."

„Ja. Er wird sie gestohlen haben."

„Was sagst du?"

„Nichts."

Sie schwiegen, schließlich aßen sie etwas zu Abend und sprachen von anderen Dingen. Ich müßte° gestehen, dachte der Gast, aber nicht hier, wie furchtbar ist das alles, Gott kann man° auf die Probe stellen und einen Hund oder eine Brücke, aber an den Menschen zerbricht doch alles,° Schuld überall, ein Sumpf° von Schuld, da reitet keiner aufrechten Hauptes.°

Grenzfälle 103

„Ich bin müde", sagte er schließlich; Nissing brachte ihn ins Gastzimmer.

„Gute Nacht und auf° morgen."

305 „Ja. Gute Nacht."

Der Gast ging nicht zu Bett, sondern setzte sich in einen Sessel und starrte die Wand an, zweitausend Kronen gestohlen° und die Probe bestanden: aber das war wohl schlimmer als tausend Kronen
310 stehlen° und eine Unschuldige° in Verdacht stürzen, aus dem Haus jagen. Schlimmer? Sicherlich war es besser—mein Geld ist gut angelegt,° dachte er mit ironischem Gesicht, ein schlechter Mensch vor einem Verdacht gerettet, der ihm auf den Leib ge-
315 schnitten ist,° das ist eine goldene, eine Gott gefällige Kapitalanlage.°

Was nun aber? Es gab Möglichkeiten in Fülle,° doch scheiterten sie daran, daß keiner einem Menschen glaubt, der im gleichen Atemzug mit der
320 Bezichtigung° eines jungen Menschen zugeben° muß, dreiunddreißig Jahre und vier Monate zuvor eine schäbige Tat ausgeführt und sie so lange verschwiegen° zu haben—nein, dem° glaubt keiner. Der Gast konnte auch auf die Heimkehr des jungen
325 Mannes warten und ihm sagen, er möge° die Tat eingestehen,° der Gast konnte dem jungen Manne erklären, daß er von dem Diebstahl der zweitausend Kronen wisse, aber war es nicht sehr wahrscheinlich,° daß der junge Mann die Achseln zucken und
330 sich zu Bett legen würde? Sehr wahrscheinlich war das; wer jung ist, scheut sich, eine Schuld in der zu sehen, die nicht bewiesen wird,° und das Gewissen ist nicht immer der Kläger,° der den Richter herbeiruft. Es war vier Uhr morgens, hinter den Bäumen
335 vor dem Fenster begann es hell zu werden, als der Gast sich an den Tisch setzte und einen Brief begann: es sei ihm plötzlich eingefallen, schrieb er dem Freunde, daß er noch einen Besuch in der Hafenstadt auszuführen habe,° der die sofortige
340 Abreise notwendig mache; er bitte, seinen überstürzten° und abschiedslosen Aufbruch° zu entschuldigen. Was den Sohn angehe:° ob Nissing nicht bereit sei, ihn in sein, des Gastes, Werk° zu schicken? Zu irgendeiner harten Arbeit, für die
345 er sich eigne.° Auch habe ja er, der Gast, wie der Freund wisse, keine Erben. „Die° im Verdacht stehen zu stehlen", schrieb er, „sind den Dieben ähnlich,

Käthe Kollwitz Verbrüderung *1924*

und ich weiß aus Erfahrung, wie ihnen zumute ist."° Er dachte einen Augenblick daran, die Worte „aus Erfahrung" zu streichen, aber dann fand er, daß aus ihnen sehr Verschiedenes herausgelesen° werden konnte, er ließ sie° stehen. „Man kann sie° heilen", schrieb er weiter, „indem man ihnen vertraut.° Man darf sie nicht auf die Probe stellen, denn die bestehen sie nicht. Aber als blind ausgewählte Erben sind sie jeder° guten Tag fähig." Geständnis, dachte er, Geständnis und Rechtfertigung.

ihnen . . . = sie sich fühlen

interpreted
sie = die Worte / sie = die in Verdacht stehen
indem . . . *by trusting them*

any

Grenzfälle

<blockquote>
360 Er ließ den Brief auf dem Tisch liegen und schlich auf Strümpfen die Treppe hinab; erst vor dem Hause° zog er die Schuhe wieder an. Eine Amsel sang, und der Tau lag auf den Blumen des Gartens. An der Pforte° wandte er sich um° und blickte zurück; es schien ihm, daß im Schlafzimmer des Freundes noch Licht brannte, aber es war
365 durchaus möglich,° daß der Widerschein der aufgehenden Sonne im Fenster ihn täuschte.°
</blockquote>

erst . . . *not until he was outside the house*

garden gate / wandte . . . *he turned around*

durchaus . . . *quite possible*

Widerschein . . . *reflection of the rising sun in the window deceived him*

■ Zum Leseverständnis

Zeile 1–48 Wir stellen fest: richtig oder falsch?

1. _____ Der ältere Herr, dem das Mädchen die Tür aufmachte, war offenbar Ausländer.
2. _____ Dieser Fremde wollte Herrn Nissing besuchen, aber dieser war nicht zu sprechen.
3. _____ Der Besucher wollte im Büro warten, aber er kannte sich im Hause nicht aus.
4. _____ Das Mädchen ging wieder an die Arbeit und sagte, er brauche sicher nicht lange zu warten.

Zeile 49–89 Wir diskutieren

1. Der Besucher hatte es nicht eilig. Warum wollte er gern warten?
2. Das Arbeitszimmer hatte sich in den letzten dreißig Jahren nicht verändert. Wie sah es aus?
3. Früher war der Besucher arm gewesen. Und jetzt? Welches Gefühl hatte er aber immer noch?
4. Vor dreiunddreißig Jahren hatte er schon einmal denselben Schreibtisch aufgemacht. Warum?

Zeile 85–127 Wir stellen fest: richtig oder falsch?

1. _____ Es war aber doch nicht dasselbe wie vor dreiunddreißig Jahren, denn er wollte diesmal seine Schuld gestehen.
2. _____ Es war leichter, das gestohlene Geld zurückzulegen, als die Tat von damals zu gestehen.
3. _____ Er legte aber nur einen Teil des Anfangskapitals in die Schublade.
4. _____ Der Gastgeber, der jetzt ins Zimmer trat, erkannte den Besucher sofort und wußte, daß er eine Fabrik im Ausland besaß.

Zeile 128–178   Wir diskutieren

1. Nach schwerem Anfang ging es dem Gast also jetzt gut. Konnte er ein paar Wochen zu Besuch bleiben?
2. Dieser Mann war gekommen, Herrn Nissing um Verzeihung zu bitten. Erklärte er wofür? Kam es überhaupt dazu?
3. Über einer Flasche Wein erzählte Herr Nissing von seiner Familie, besonders von seinem Sohn. Wie alt war dieser, und was war mit ihm los?
4. Herr Nissing hatte etwas vor (*planned*). Was war es? Warum wollte er seinem Gast davon erzählen?

Zeile 179–221   Wir stellen fest: richtig oder falsch?

1. _____ Vor vielen Jahren war aus Herrn Nissings nicht abgeschlossenem Schreibtisch Geld gestohlen worden.
2. _____ Er verdächtigte die Haushälterin, beschuldigte sie offen und entließ sie dann, obwohl er nichts beweisen konnte.
3. _____ Seither ist Herr Nissing mißtrauisch und stellt alle Leute auf die Probe, indem er Geld im offenen Schreibtisch liegenläßt.
4. _____ Er weiß, wieviel Geld in seinem Schreibtisch liegt und traut (*trusts*) auch seinem Sohn nicht.

Zeile 222–259   Wir diskutieren

1. Sie hörten, wie der Sohn nach Hause kam. Wußte dieser, daß der Vater auch dort war? Wo hatte der Vater eigentlich hingehen wollen?
2. Der Vater hatte guten Grund anzunehmen, daß sein Sohn ein Dieb war. Wofür brauchte dieser nämlich viel Geld?
3. Herr Nissing wartete, bis sein Sohn das Arbeitszimmer verlassen hatte. Er sagte seinem Gast: „Es ist bereits alles entschieden." Was meinte er damit?
4. Der Gast fand diese Prüfung des Sohnes furchtbar. Sein Freund war nun also ein „Fallensteller" (*"trapper"*). Was war nun unmöglich geworden?

Zeile 260–305   Wir stellen fest: richtig oder falsch?

1. _____ Anstatt weniger Geld fand Herr Nissing *mehr* in seinem Schreibtisch.
2. _____ Er kam zu dem Schluß, daß er sich in der Summe (in seinem Schreibtisch) geirrt hatte.
3. _____ Der Sohn hatte kein Geld in den Schreibtisch legen können.
4. _____ Es war keine gute Probe, weil Herr Nissing nicht mehr wußte, wieviel Geld vorher im Schreibtisch gelegen hatte.

Zeile 306–366   Wir diskutieren

1. Allein in seinem Zimmer überlegte sich der Gast alles noch einmal. Der Sohn

war ein Dieb und hatte doch die Probe bestanden. Er selbst hatte auch Geld gestohlen, und eine Unschuldige war dadurch in Verdacht gekommen. Was hielt der Gast für schlimmer?
2. Der Gast war sehr einsichtsvoll und erkannte die bittere Ironie der Situation: das Geld, mit dem er selbst eine schäbige Tat wiedergutmachen wollte, wusch nun einen schlechten Menschen rein (wusch [. . .] rein = *exonerated*). Meinte der Gast im Ernst, daß diese „Kapitalanlage" Gott gefiel?
3. „Wer einmal lügt, dem glaubt man nicht", heißt es im Sprichwort. Wieso kann also der Gast dem Freund nicht die Wahrheit sagen?
4. Wer ein stark entwickeltes Gewissen hat, fühlt sich nach einer schlechten Tat schuldig, auch wenn die Tat nicht entdeckt (*discovered*), also nicht bewiesen ist. Wie stand es mit dem Sohn? Wie würde er wahrscheinlich auf ein offenes Wort seitens des Gastes reagieren?

(Note: See also part B of *Vom Inhalt zum Gehalt* for better understanding of the guest's thoughts and actions as set forth in his letter to Nissing. Follow the logic in the "message" in detail—it may help you comprehend the psychological impact of this story.)

■ Inhaltliches

1. Warum dachte das Mädchen, das die Tür öffnete, der fremde Herr wäre Ausländer?
2. Warum war der Herr bestürzt (erschrocken)?
3. Aus welchem Grund konnte er Herrn Nissing nicht sprechen?
4. Was schlug der fremde Herr vor?
5. Woher kannte er das Haus so gut?
6. Wohin schickte er das Mädchen?
7. Warum war er gern bereit, auch länger zu warten?
8. Beschreiben Sie Herrn Nissings Büro (oder Arbeitszimmer)! Hatte es sich verändert?
9. Woran dachte der fremde Herr, als er am Schreibtisch stand und den Schlüssel umdrehte?
10. Was wollte er an diesem Tag gestehen?
11. Was lag in der Schreibtischschublade?
12. Warum zögerte er zuerst und legte das Geld dann doch in die Schublade?
13. Freute sich Herr Nissing, den alten Freund wiederzusehen? Was hatte er gehört?
14. Warum konnte der Gast nicht länger als einen Tag bleiben?
15. Wofür wollte er Herrn Nissing um Verzeihung bitten?
16. Hatte Herr Nissing Familie? Setzte er große Hoffnungen auf diesen Sohn?
17. Wovon wollte Herr Nissing zuerst nicht sprechen, und warum tat er es dann doch?

18. Wovon erzählte er zuerst, um die Probe zu erklären?
19. Wer konnte (Herrn Nissings Meinung nach) das Geld nur gestohlen haben?
20. Wie stellte er seither alle, die im Hause zu tun hatten, auf die Probe?
21. Waren die beiden Freunde allein im Hause? Was hörten sie plötzlich?
22. Warum ging der Sohn ins Büro seines Vaters?
23. Wieso hatte Herr Nissing Grund zu seinem Verdacht?
24. Was tat er, als der Sohn fort war?
25. Warum war er so aufgeregt, als er zurückkam?
26. Welche Erklärung gab der Gast dafür?
27. Wie verbrachten sie den Rest des Abends?
28. Was schrieb der Gast in seinem Brief an den Freund?
29. Blieb er über Nacht im Hause seines Freundes?
30. War der Freund noch wach?

■ Vom Inhalt zum Gehalt

A. In English or German, express your own thoughts about these questions.

1. Warum gestand der Gast die Tat nicht? War es nicht der Zweck seiner Reise gewesen?
2. Warum nannte er die Tat „schäbig", nicht „böse"?
3. Welche Gefühle hatte der Gast, als er von der Probe hörte?
4. Warum schrie Herr Nissing fast, als er aus dem Büro kam?
5. Welche Meinung hatte er von seinem Sohn?
6. Was ging dem Gast durch den Kopf, als er nachts allein in seinem Zimmer saß?
7. Warum konnte der Gast seinem Freund nicht alles aufklären?
8. Was halten Sie von dem Ausweg, den der Gast wählte?
9. Warum bezeichnet der Gast seinen Brief als Geständnis (*confession*) und Rechtfertigung (*justification*)?
10. Warum will er dem Sohn des Freundes helfen, und wodurch?

B. Discuss the views of the guest as they are revealed to us by the author.

1. Mißtrauen einem Sohn gegenüber ist etwas Schreckliches.
2. Einen Sohn auf die Probe zu stellen ist noch furchtbarer.
3. Man kann alles auf die Probe stellen, nur keinen Menschen, denn er ist immer schuldig.
4. Es ist eine Ironie des Schicksals, daß ein schlechter Mensch die Probe bestanden hat, weil ein anderer eine schäbige Tat wiedergutmachen will.
5. Man könnte darüber eine zynische Einstellung zu Gott bekommen.
6. Wer selbst eine böse Tat zu gestehen hat, dem glaubt man nicht; darum haben Erklärungen dem Freund gegenüber keinen Zweck.
7. Bei der Jugend sind weder das Schuldgefühl noch das Gewissen be-

Grenzfälle 109

sonders entwickelt; darum hat es auch keinen Zweck, mit dem jungen Mann zu sprechen.
8. Die bessere Lösung ist die, dem Sohn in einer ihm unbekannten Umgebung (und aus ihm unbekannten Gründen) ein neues Leben zu bieten.
9. Wer unter dem Verdacht steht, ein Dieb zu sein, der hat große Ähnlichkeit mit einem Dieb.
10. Das ist wie eine Krankheit, die jedoch heilbar ist, und zwar durch Vertrauen. Nur auf die Probe darf man diese „Kranken" nicht stellen, denn sie können keine Probe bestehen. Wo man aber in neuer Umgebung (z.B. als blind ausgewählter Erbe [*heir*]) blindes Vertrauen in sie setzt, da sind sie zu guten Taten fähig.

■ Praktisches und Persönliches

1. Sind Sie schon einmal in Deutschland gewesen? Ist es schon lange her?
2. Wenn Sie aus Europa zurückkommen, müssen Sie an der Grenze Ihr Gepäck aufmachen? Warum?
3. Sind Sie dann verlegen, weil Sie ein schlechtes Gewissen haben? Stehen Sie da und schweigen, wenn Sie am Zoll (*customs*) warten?
4. Wie beweisen Sie dem Zollbeamten (*customs officer*), daß Sie nichts zu verzollen (*declare*) haben?
5. Hat der Zollbeamte den Verdacht, daß Sie nicht die Wahrheit sprechen? Hat er Grund dazu (*reason for it*)?
6. Erzählen Sie von einem Ereignis oder einer Episode, die Sie selbst erlebt haben! (An der Grenze, natürlich.)
7. Schließen Sie Ihre Koffer immer ab? Weshalb?
8. Zählen Sie unterwegs Ihre Gepäckstücke? Weswegen?
9. Besitzen Sie ein Scheckbuch? Lassen Sie es manchmal irgendwo liegen?
10. Legen Sie Ihr Bargeld (also Ihre Geldscheine) gewöhnlich in den Schreibtisch? Wohin sonst?
11. Haben Sie Schulden? Wann bezahlen Sie Ihre Schulden? Wovon hängt es ab?
12. Können Sie gut behalten, was Sie lernen? Oder irren Sie sich oft und machen Fehler? Fällt Ihnen vieles zu spät ein?
13. Bestehen Sie Ihre Prüfungen fast immer?
14. Sind Sie schon einmal irgendwie auf die Probe gestellt worden? Inwiefern? Erklären Sie bitte!

■ Grammatisches

A. Change the verbs from the present to the future tense. (Remember, however, that the future is usually expressed by the present tense in German: **Ich komme morgen.**)

Zum Beispiel: Er entscheidet es selbst. ⟶ Er wird es selbst entscheiden.

1. Eines Tages gestehe ich dir alles.
2. Dann beweist du mir deine Freundschaft.
3. Es hängt natürlich von den Ereignissen ab.
4. Die anderen begreifen es vielleicht.
5. Sie glauben ihm aber nicht.

B. Add the modals in parentheses to these statements.

Zum Beispiel: Ich weiß es nicht. (können) ⟶ Ich kann es nicht wissen.

1. Herr Nissing beobachtet seinen Sohn. (wollen)
2. Er leugnet nicht, daß er enttäuscht (*disappointed*) ist. (können)
3. Er stellt ihn auf die Probe. (müssen)
4. Der Sohn weiß nichts davon. (sollen)
5. Er hört das Gespräch der Beiden nicht. (dürfen)
6. Sie sprechen nicht weiter darüber. (mögen)

C. Change the modals in the preceding sentences to the simple past tense.

Zum Beispiel: Ich weiß es nicht. (können) ⟶ Ich konnte es nicht wissen.

D. Complete the sentences with the appropriate form of **lassen** or its compounds.

1. Das Mädchen _____ (*let*) den Fremden herein.
2. „Ich habe dich _____ _____ (*let [you] wait*)", rief Herr Nissing.
3. „Er _____ (*leaves*) mir keine Wahl", sagte er.
4. „Ich _____ (*let*) ihn bei mir arbeiten", schrieb der Freund.
5. Sie _____ (*left*) die Frage offen.
6. Wir _____ (*let*) dich nicht gehen.
7. Warum _____ du diese Bemerkung stehen?

E. Complete each sentence with the appropriate form of **wissen, kennen,** or **können;** remember that **können** means *to know how, to have a skill*.

1. _____ Sie, ob man die Zigaretten behalten darf, wenn man die Grenze passiert?
2. Das _____ ich nicht.
3. _____ Sie genug Deutsch, um zu verstehen, was der Mann am Zoll sagt?
4. Ich _____ überhaupt keine Fremdsprache.
5. Sie haben sicher nicht _____, wie nützlich eine Fremdsprache ist!

6. Ich habe es nicht _____ _____ (*be able to know*).

7. _____ Sie die deutschen Grenzen?

8. Meine Eltern _____ (*knew*) sie besser, denn sie waren deutsche Auswanderer.

9. Haben Sie Ihre Großeltern überhaupt _____?

10. Ich _____ (*knew*) gar nicht, daß Sie so neugierig sind!

(Note this distinction: **Ich verstehe nichts von Mathematik** [I don't know anything about mathematics].)

7 Menschen miteinander

Kurt Schwitters Komposition mit Kopf im Linksprofil *1921*

Rainer Maria Rilke

Die Flucht

Rainer Maria Rilke is considered by many to be the greatest poet of the German language. Born in 1875 in Prague to a family that belonged to the German-speaking minority there, he was christened René but used the German form of his name. His parents intended him to follow a military career, and though in 1886 he began attending military school, he eventually found that this life did not suit him. In 1891 he went to the School of Commerce in Linz, but this too proved unsuitable, and he returned home in 1892. Three years later he began studying philosophy at Prague University but dropped out shortly afterward and went to Munich—ostensibly to study art and literature, but actually to concentrate on writing. In 1901 he married a sculptor, from whom he was separated a year later.

Rilke was constantly on the move, both before and after his marriage, and was particularly impressed with Russia, which he visited in 1899 and in 1900. Settling in Paris in 1905, he worked for a few months as private secretary to the sculptor Auguste Rodin. In 1909 inner turmoil prompted him to take to the road again. He traveled to North Africa, Spain, and the Dalmatian Coast, where in 1911–1912 a wealthy patron enabled him to write his poetry under congenial conditions in Duino Castle. In 1915 he was called up for the Austrian army, but he was discharged not long afterwards. For several years his inspiration lay dormant; then a Swiss patron established him in a castle in Valais. There he wrote his greatest works at an astonishing pace; as he himself acknowledged, it was as if all the thoughts that had been developing in his unconscious for years had suddenly welled up. In 1926, he died of leukemia in Val-Mont near Montreux.

Rilke's sensitive, novel use of language in his prose as well as in his poetry opened up new territory for future generations of writers. His major works include the novel *Die Aufzeichnungen des Malte Laurids Brigge* (1910) and the poetry collections *Das Stundenbuch* (1905), *Neue Gedichte* (1907–1908), *Duineser Elegien* (1923), and *Sonette an Orpheus* (1923).

Wortschatz

atmen to breathe; **auf·atmen** to breathe more easily; to sigh with relief

auf·schlagen, -u, -a, -ä to open (*e.g., a book*)

(sich) beruhigen to calm (oneself)

beschließen, -o, -o to decide

brechen, -a, -o, -i to break; **ab·brechen** to break off

dar·stellen to (re)present; to depict

drücken to press; **aus·drücken** to express

erfahren, -u, -a, -ä to learn, find out

ernst meinen to mean seriously

gehen to go; **aus·gehen, -ging, -a** to go out; **umgehen** to evade; **um·gehen (mit)** to handle; to walk about (*e.g., as ghosts*)

gehören (+ *dat.*) to belong (to)

haben: Lust haben (zu) to feel like (doing something)

hängen, -i, -a, -ä to hang (*intransitive*); **hängen an** (+ *dat.*) to be attached to

heben, -o, -o to lift, raise, pick up

küssen to kiss

leuchten to shine; glow

nach·denken, -dachte, -gedacht to think about, ponder

schneiden, schnitt, -i to cut; **durch·schneiden** (*fig.*: **durchschneiden**) to cut through; to cut in two

schützen, beschützen to protect

sehen, -a, -e, -ie* to see; **an·sehen** to look at (*e.g., persons*); **auf·sehen** to look up (*e.g., from one's work*); **sich um·sehen** to look around, to look behind

setzen to put, place, set; **sich (hin·)setzen** to sit down, be seated

springen, -a, -u to jump; **auf·springen** to jump up

verdienen to earn; to deserve

vorbei·fahren, -u, -a, -ä (an + *dat.*) to drive by

A. Give the full infinitives of the verbs in these sentences. Translate each sentence.

1. Ich atme auf.
2. Ich schlage das Buch auf Seite 105 auf.
3. Heute abend gehe ich aus.
4. Er beschloß, Politiker zu werden.
5. Brechen wir das Gespräch ab! (*Let's...*)
6. Setz dich hin, Paulchen!
7. Was stellt das Bild dar?
8. Wie drückt man das aus?
9. Ich habe es selbst erfahren.
10. Ich meine es ernst.
11. Wem gehört das?
12. Ich habe lange darüber nachgedacht.
13. Beruhigen Sie sich doch!

***Schauen, blicken,** or **gucken** may take the place of **sehen** without change of meaning.

14. Sieh mich an, Mariechen!
15. Du brauchst nicht gleich aufzuspringen.
16. Kinder müssen beschützt werden.
17. Seht euch um, bevor ihr die Straße überquert (*cross*)!
18. Ich schneide es mitten durch.
19. Ich werde versuchen, das Problem zu umgehen.
20. Ich fahre jeden Morgen an dem Haus vorbei.

B. Complete the sentences with words from the *Wortschatz*.

1. Das Kind stand vor ihm; er _____ es auf den Arm.
2. Der Onkel kam oft zu Besuch, denn er _____ sehr an dem Kind.
3. Er lachte und _____ es auf die Backe (*cheek*).
4. Die Augen des Kindes _____, denn der Onkel hatte etwas Schönes mitgebracht.
5. Das Geschenk war sehr teuer, aber der Onkel _____ genug Geld.
6. Er wollte mit dem Kind spazierengehen. „_____ dazu?" fragte er.

Die Kirche war ganz° leer. — completely
Durch das bunte Glasfenster über dem Hauptaltar brach der Abendstrahl,° breit und schlicht,° wie alte Meister ihn auf der Verkündigung° Mariens darstellen, in das Hauptschiff° und frischte die verblaßten° Farben des Stufenteppichs° auf. Dann durchschnitt der Lettner° mit seinen barocken Holzsäulen den Raum, und jenseits desselben° wurde es immer dunkler, und die kleinen ewigen Lampen blinzelten immer verständnisvoller vor den nachgedunkelten Heiligen.°

— *last rays of the sun* / schlicht = einfach
— *Annunciation*
— *nave*
— *faded* / *rug on the steps*
— *screen between nave and choir*
— jenseits desselben = auf der anderen Seite
— nachgedunkelten . . . *saints darkened with age*

Hinter dem letzten, plumpen Sandsteinpfeiler° war es ganz Nacht. Dort saßen sie, und über den beiden hing ein altes Stationsbild.° Das blasse Mädchen drückte ihre lichtbraune Jacke in die dunkelste Ecke der schweren, schwarzen Eichenbank. Die Rose auf ihrem Hut kitzelte° dem Holzengel in der geschnitzten Lehne das Kinn,° so daß er lächelte. Fritz, der Gymnasiast,° hielt die beiden winzigen Hände des Mädchens, welche in zerschlissenen° Handschuhen staken,° in den seinen, so wie man ein kleines Vögelchen hält, sanft und doch° sicher. Er war glücklich und träumte: Sie werden die Kirche zusperren° und uns nicht bemerken, und wir werden ganz allein sein. Gewiß gehen° Geister hier in der Nacht. Sie schmiegten sich fest aneinander,°

— plumpen . . . *bulky pillar*
— *picture of one of the stations of Christ's path to the cross*
— *tickled*
— Holzengel . . . *chin of the angel in the carved backrest*
— *high school student*
— *threadbare* / staken = steckten
— *yet*
— zusperren = abschließen
— gehen = umgehen (*to haunt a place*)
— Sie . . . *They clung tightly to each other*

und Anna flüsterte ängstlich: „Ist's nicht schon spät?" Da fiel ihnen beiden ein° Trauriges ein; ihr–der Platz am Fenster, an dem sie tagaus tagein
30 nähte; man sah eine häßliche, schwarze Feuermauer° von dort und niemals Sonne. Ihm—sein Tisch, voll mit Lateinheften, auf dem Platons Symposium° aufgeschlagen lag. Die beiden Menschen schauten vor sich hin, und ihre Blicke gingen der-
35 selben Fliege nach,° welche durch die Rillen und Runen der Betbank pilgerte.°

    Sie sahen sich in die Augen.

    Anna seufzte.

    Fritz legte leise und hütend° den Arm um sie
40 und sagte: „Wer doch so fort könnte.°"

    Anna blickte ihn an und sah die Sehnsucht, die in seinen Augen leuchtete. Sie senkte die Lider, wurde rot° und hörte:

    „Überhaupt sie sind mir verhaßt,° gründlich°
45 verhaßt. Weißt du: wie sie mich ansehen, wenn ich von dir komme. Sie sind lauter° Mißtrauen und Schadenfreude.° Ich bin kein Kind mehr. Heut oder morgen, wenn ich was° verdienen kann, gehen wir zusammen weit fort. Allen zum Trotz.°"

50   „Hast du mich lieb?" Das blasse Kind lauschte.°

    „Unbeschreiblich lieb." Und Fritz küßte ihr die Frage von den Lippen.

    „Wird das bald sein, daß du mich mit dir nimmst?" zögerte° die Kleine. Der Gymnasiast
55 schwieg. Er hob unwillkürlich° den Blick,° ging der Kante° des plumpen Sandsteinpfeilers nach° und las über dem alten Stationsbild: „Vater vergib ihnen . . ."

    Da forschte° er ärgerlich: „Ahnen sie was bei dir
60 zu Haus°?"

    Er drängte° die Anna: „Sag."

    Sie nickte ganz leis.

    „So," wütete° er, „ich sags ja, also doch.° Diese Klatschbasen.° Wenn ich nur . . ." Er grub° den Kopf
65 in die Hände.

    Anna lehnte sich an seine Schulter. Sie sagte einfach:

    „Sei nicht traurig."

    So verharrten° sie.

70   Plötzlich sah der junge Mensch auf und sagte: „Komm fort mit mir!"

    Anna zwang° ein Lächeln in ihre schönen

---

ein = etwas

fire wall

Platons . . . *i.e., his Latin reader*

gingen [. . .] nach = folgten

durch . . . *wandered through the grooves and runes of the prayer bench*

hütend = schützend

Wer . . . *If we could just go away.*

wurde . . . *blushed*

Überhaupt . . . *Anyway, I hate them* / gründlich = sehr

full of

pleasure in my misery

was = etwas

Allen . . . *In spite of them all.*

listened

zögerte = zögerte zu fragen

unintentionally / Blick = Augen

edge / ging . . . d.h., mit den Augen

forschte = fragte

Ahnen . . . *Do they suspect something at your house?*

pressed for an answer

raged / ich . . . *there you have it*

gossips / grub = hielt

verharrten = blieben sitzen

forced

Franz Marc Versöhnung *1912*

Augen, welche voll Tränen waren. Sie schüttelte den Kopf und sah sehr hilflos aus. Und der Student hielt wieder wie früher ihre winzigen Hände, die in schlechten Handschuhen staken. Er sah in das lange Hauptschiff hinein. Die Sonne war erloschen,° und die bunten Glasfenster waren häßliche, mattfarbene Kleckse.° Es war still.

Dann begann hoch in der Halle° ein Piepsen.° Beide schauten auf. Sie bemerkten eine verirrte° kleine Schwalbe, welche mit müden, ratlosen Flügeln das Freie suchte.°

Auf dem Heimweg dachte der Gymnasiast an sein verabsäumtes° lateinisches Pensum.° Er beschloß, noch zu arbeiten,° trotz des Widerwillens,° den er hatte, und trotz aller Müdigkeit. Aber fast unwillkürlich machte er einen großen Umweg,° verirrte sich sogar ein wenig° in der sonst gut bekannten Stadt, und es war Nacht, als er in seine

erloschen = untergegangen

häßliche... *ugly pale flecks*

Halle = Raum der Kirche / *peeping (a bird sound)* *strayed*

mit... *was trying to get out with tired helpless wings*

verabsäumtes = nicht gemachtes / Pensum = Hausaufgabe *study* / Widerwille = *aversion* *detour*
verirrte... *even got slightly lost*

enge Stube° trat. Auf den Lateinheften lag ein kleines Briefchen. Er las bei der unsicher flackernden Kerze:°

    Sie wissen alles. Ich schreibe Dir unter° Tränen. Der Vater hat mich geschlagen. Es ist schrecklich. Jetzt lassen sie mich nie mehr allein ausgehen. Du hast recht. Komm fort.° Nach Amerika oder wohin Du willst. Ich bin° morgen früh um sechs Uhr auf der Bahn.° Da° geht ein Zug. Vater fährt immer auf die Jagd° damit. Wohin— weiß ich nicht. Ich schließe.° Es kommt jemand.

    Also erwarte mich. Bestimmt. Morgen um sechs. Bis in den Tod
      Deine
          Anna.

Es war niemand.° Wohin, glaubst Du, gehen wir? Hast Du Geld? Ich habe acht Gulden.° Diesen Brief schick ich Dir durch unser Dienstmädchen an das euere.° Mir ist jetzt gar nicht mehr bang.°

    Ich glaube, Deine Tante Maria hat geklatscht.° Sie hat uns also Sonntag doch° gesehen.

    Der Gymnasiast ging in großen und energischen Schritten auf und nieder.° Er fühlte sich wie° befreit. Sein Herz pochte° heftig. Er empfand auf einmal:° Mann sein. Sie vertraut sich mir an.° Ich darf sie beschützen. Er war sehr glücklich und wußte: Sie wird mir ganz gehören. Das Blut stieg ihm in den Kopf.° Er mußte sich setzen, und dann kam ihm in den Sinn:° Wohin?

    Diese Frage wollte nicht schweigen.° Fritz übertönte sie dadurch, daß er aufsprang° und Vorbereitungen° machte. Er legte ein wenig Wäsche° und ein paar Kleider zurecht und preßte die ersparten Guldenscheine° in das schwarze Ledertäschchen. Er war voll Eifer,° schob ganz unnütz alle Laden° auf, nahm Gegenstände und trug sie wieder an ihren alten Platz, warf die Hefte vom Tische in irgendeine Ecke und zeigte seinen vier Wänden mit prahlerischer Deutlichkeit:° Hier ist Auswanderung, Schluß.

    Mitternacht war vorbei, als er am Bettrand niedersaß.° Er dachte nicht ans Schlafen. Angekleidet legte er sich hin, nur weil ihn, wahrscheinlich vom vielen Bücken,° der Rücken schmerzte. Er

---

enge Stube = kleines Zimmer

bei . . . *by the light of the unsteadily flickering candle*

unter = mit

Komm . . . *Let's go away.*
Ich . . . *I'll be*
Bahn = Bahnhof / Da = Um sechs Uhr
auf . . . *to go hunting*
schließe = schließe den Brief

Es . . . *No one came.*
Gulden: *old German currency*

das euere = euer Dienstmädchen / Mir . . . *I'm no longer afraid.*
geklatscht = geredet
after all

auf . . . *up and down*
wie *as if* / *was pounding*
auf einmal = plötzlich / Sie . . . *She entrusts her fate to me.*

stieg . . . *rose to his head*
kam . . . *it occurred to him*
wollte . . . *couldn't be silenced*
übertönte . . . *drowned it out by jumping up*
preparations
Wäsche = Unterwäsche
paper money
eagerness
schob . . . *quite purposelessly opened all drawers*

zeigte . . . *gave his four walls boastful evidence*

niedersaß = sich setzte

vom . . . *from bending down so much*

Menschen miteinander 119

Ernst Ludwig Kirchner Boy with Cards *1915*

135 dachte noch einigemal:° Wohin? und sagte laut: *a few more times*
„Wenn man sich wirklich lieb hat . . ."
    Die Uhr tickte. Tief unten fuhr ein Wagen vor-
bei, und die Scheiben zitterten davon.° Die Uhr,   *Scheiben . . . which shook the window panes*
die noch von den Zwölfschlägen müde war, atmete
140 auf und sagte mühsam „Eins". Mehr konnte sie
nicht.°   *sagte . . . said with great effort "one." It couldn't manage more than that.*
    Und Fritz hörte es noch wie aus weiter Ferne
und dachte: Wenn man sich . . . wirklich . . .
    Aber im allerersten Morgengrauen° saß er   *im . . . at the very first sign of dawn*
145 fröstelnd° in den Kissen und wußte bestimmt: Ich   *shivering*
mag Anna nicht mehr. Sein Kopf war so schwer:
Ich mag Anna nicht mehr. War das ihr Ernst°? Um   *War . . . Was she serious?*
ein paar Schläge auf und davon laufen.° Wohin   *Um . . . To run away because of a couple of slaps.*
denn? Er sann nach,° als hätte sie's ihm anvertraut: *sann nach = dachte nach*
150 Wohin wollte sie denn? Irgendwohin, irgendwohin.
Er empörte sich:° Und ich? Ich sollte natürlich   *empörte . . . became outraged*
alles im Stiche lassen,° meine Eltern und alles. Oh,   *im . . . abandon*

120   **Chapter 7**

und die Zukunft, das Hernach.° Wie dumm das war von Anna, wie häßlich. Ich möchte sie schlagen, wenn sie das imstande wäre.°
    Wenn sie *das* imstande wäre.
    Als ihm die frühe Maisonne so recht hell und heiter° in die Stube kam, hoffte er: Sie kann es nicht ernst gemeint haben. Er beruhigte sich ein wenig und hatte viel Lust,° im Bett zu bleiben. Allein° er sagte sich:° Auf den Bahnhof will ich gehen und sehen,° daß sie nicht kommt. Und er malte sich die Freude aus,° wenn Anna nicht kommt.
    Fröstelnd in der frühen Frische und mit großer Müdigkeit in den Knien° ging er auf den Bahnhof. Die Vorhalle° war leer.
    Halb ängstlich, halb hoffnungsvoll hielt er Umschau.° Keine gelbe Jacke. Fritz atmete auf. Er durchlief alle Gänge und Säle.° Reisende gingen verschlafen° und teilnahmslos° auf und nieder, Gepäckdiener lümmelten an° hohen Säulen, und Leute aus der untersten Klasse saßen verdrossen,° an Bündel und Körbe gelehnt, auf staubigen Fensterbänken. Keine gelbe Jacke. Der Portier° rief irgendwo in einem Wartesaal Ortsnamen.° Er läutete mit einer schrillen Glocke. Dann schnarrte° er dieselben Ortsnamen ganz nah° und dann noch einmal auf dem Bahnsteig.° Und immer läutete er davor° die häßliche Glocke. Fritz wandte sich° und schlenderte, die Hände in die Taschen bohrend,° in die Vorhalle des Bahnhofes zurück. Er war sehr zufrieden und dachte mit Siegermiene:° Keine gelbe Jacke. Ich wußte es ja.°
    Wie im Übermut° trat er hinter eine Säule. Er wollte den Fahrplan studieren, um zu erfahren, wohin dieser verhängnisvolle° Sechsuhrzug eigentlich führe. Er las mechanisch die Stationen und machte ein Gesicht wie einer, der eine drollige Treppe° besieht, auf der er fast gestürzt wäre. Da° klappten schnelle Schritte auf den Fliesen.° Als Fritz aufschaute, erhaschte sein Blick eben noch° an der Perrontüre° die kleine Gestalt in der gelben Jacke und dem Hute, auf welchem eine Rose schwankte.°
    Fritz starrte ihr nach.
    Dann überkam ihn° eine Furcht vor diesem schwachen, blassen Mädchen, welches mit dem

what came afterward

das ... were able to do that (to me)

so ... so very bright and cheerful

hatte ... = wollte sehr gern
Aber / to himself
i.e., with my own eyes
malte [...] aus imagined

knees
entrance hall

hielt ... he looked around
Gänge ... passageways and halls
verschlafen = müde / apathetically
Gepäckdiener ... porters were slouching against
sullenly
railroad official
Ort = Stadt, Dorf
rattled off
ganz ... very close by
platform
davor = vorher / wandte = drehte sich um
digging

mit ... with an air of victory
Ich ... I knew it.
Wie ... Almost exuberantly

fateful

drollige ... funny staircase / At that moment
tiles
erhaschte ... he just caught sight of
platform gate

was swinging (with her movements)

überkam ... he was overcome by

Menschen miteinander 121

200 Leben spielen wollte. Und als bangte er,° sie könnte kommen, ihn finden und ihn zwingen, in die
fremde Welt zu fahren, raffte er sich auf° und lief,
so schnell er konnte, ohne sich umzusehen, der
Stadt zu.°

als ... as if he feared

raffte ... he pulled himself together

der ... toward the town

■ Zum Leseverständnis

Zeile 1–38   Wir stellen fest: richtig oder falsch?

1. _____ Eine alte Kirche wird hier beschrieben, aber nur von innen.

2. _____ Es war gegen Abend, und ein Teil der Kirche war schon dunkel.

3. _____ Der Junge saß neben dem Mädchen, das ein Vögelchen in der Hand hielt.

4. _____ Der Junge wollte mit dem Mädchen allein sein, aber sie hatten beide traurige Gedanken.

Zeile 39–84   Wir diskutieren

1. Fritz kann es nicht ertragen, daß seine Familie ihn wie ein Kind behandelt. Er möchte am liebsten weg von zu Hause. Warum?
2. Das Mädchen sagt auch, daß die Familien klatschen (*gossip*). Wieso und worüber?
3. Fritz fühlt sich als Beschützer. Was schlägt er in einem plötzlichen Impuls vor? Hatte das Mädchen so etwas erwartet?
4. Bevor sie beide nach Hause gingen, beobachteten sie eine Schwalbe. Wieso läßt sich die Hilflosigkeit des Mädchens damit vergleichen?

Zeile 85–119   Wir stellen fest: richtig oder falsch?

1. _____ Fritz kam erst sehr spät nach Hause, weil er vorher noch spazierenging.

2. _____ In Annas Brief stand, daß sie heimlich (*secretly*) mit Fritz wegfahren wollte.

3. _____ Fritz fühlte sich als Mann und war stolz auf seine Verantwortung.

4. _____ Er war ganz aufgeregt, wußte aber nicht, wohin er sollte.

Zeile 120–156   Wir diskutieren

1. Da er keine Antwort hatte und sich doch entscheiden mußte, fing er an, sich im Zimmer zu beschäftigen. Womit zum Beispiel?
2. Darüber wurde er müde. Mit welcher Überzeugung (*conviction*) schlief er schließlich ein?

3. Morgens früh, als er aufwachte, war es kalt, und die Begeisterung (*enthusiasm*) war weg. Wie hatten sich seine Gefühle Anna gegenüber geändert?
4. Welchen Vorwurf (*reproach*) machte er ihr jetzt? Wie sah die „rauhe Wirklichkeit" im Licht des frühen Morgens aus?

Zeile 157–184   Wir stellen fest: richtig oder falsch?

1. _____ Er hoffte jetzt, daß Anna es nicht ernst gemeint hatte mit dem Weggehen.

2. _____ Er ging frühmorgens zum Bahnhof, um ihr auf Wiedersehen zu sagen.

3. _____ Im Bahnhof saßen viele müde Leute, die auf Züge warteten.

4. _____ Fritz freute sich, daß Anna nicht kam.

Zeile 185–203   Wir diskutieren

1. Der Vergleich mit der Treppe soll zeigen, wie er fast einen Fehler gemacht hätte. Welchen?
2. In diesem Augenblick sah er Anna, die doch noch gekommen war. Was mußte sie natürlich annehmen (*assume*)?
3. Fritz konnte es kaum glauben. Wieso hatte er plötzlich eine Furcht vor diesem Mädchen? Wozu zwang (*forced*) sie ihn?
4. *Er* war jetzt der Hilflose, und er wußte nur einen Ausweg. Welchen?

■ Inhaltliches

1. Wodurch war die Kirche halb hell und halb dunkel?
2. Wer saß dort auf der schwarzen Eichenbank? Beschreiben Sie das Mädchen!
3. Worauf freute sich der Junge, während er sie an sich drückte?
4. Was fiel ihnen plötzlich ein?
5. Was wünschte er sich?
6. Was wollte sie wissen?
7. Worüber war er ärgerlich?
8. Wie tröstete (*consoled*) sie ihn?
9. Worum bat er sie wieder?
10. Was bemerkten sie in der jetzt dunklen Kirche?
11. Was hatte Fritz vor, und was fand er in seinem Zimmer, als er spät nach Hause kam?
12. Was stand in dem Brief?
13. Welche Gefühle hatte Fritz, als er den Brief las?
14. Was wußte er nicht, und was tat er deshalb?
15. Wollte Fritz schlafen, weil es schon so spät war? Was war seine Antwort auf die Frage „wohin"?

16. Erklären Sie, wieso am Morgen alles ganz anders aussah!
17. Welcher Gedanke beunruhigte ihn etwas? Warum wollte er trotzdem auf den Bahnhof gehen?
18. Beschreiben Sie die Bahnhofshalle am Morgen und erklären / Sie, warum Fritz aufatmete!
19. Was hörte er plötzlich, als er den Fahrplan studierte?
20. Wovor hatte er plötzlich Angst, und was tat er deshalb?

■ Vom Inhalt zum Gehalt

A. In English or in German, express your own thoughts about these questions.

1. Wie alt sind Ihrer Meinung nach diese Beiden? Sind sie noch Kinder?
2. Lieben sich die Beiden, oder ist es eine Kinderfreundschaft?
3. Meint Fritz es ernst? Ist auch das Mädchen aufrichtig (*sincere*)?
4. Warum dürfen die Familien der Beiden nichts von dieser Freundschaft wissen? Hat es etwas mit der Zeit zu tun, in der diese Erzählung spielt (*takes place*)?
5. Halten Sie diese Beiden für unschuldiger (*more innocent*) als moderne Teenager?
6. Beide möchten erwachsen sein. Warum haben sie es so eilig?
7. Sind die Verhältnisse zuhause wirklich so schlimm, oder ist es hauptsächlich der Zwang (*restraint*), dem sie entfliehen (*escape from*) möchten?
8. Ist es der Wunsch nach Freiheit? Ist ihr Leben zu monoton, oder können sie einfach nicht mehr warten, bis sie unabhängig (*independent*) sind?
9. Ist dieser Wunsch bei dem Jungen anders als bei dem Mädchen? Was wünscht sich Fritz vor allem? (beschützen / gehören)
10. Er möchte Mann sein und hat doch Angst davor. Wie zeigt das der Verfasser? (nicht mehr mögen / erwarten / alles verlassen / wissen /wohin)
11. Verstehen Sie, daß seine Liebe zu Haß wird, weil sie etwas von ihm verlangt (*demands*), was er nicht zu geben hat? (schlagen / dumm / häßlich finden)
12. Finden Sie es ironisch, daß Fritz auf dem Fahrplan nachsehen muß, wohin sein Zug (oder sein Leben) ihn geführt hätte?
13. Als sie in der Kirche saßen, hielt er die Hände des Mädchens, „wie man ein kleines Vögelchen hält, sanft und doch sicher." Warum war Fritz so glücklich dabei? Welche männliche Rolle möchte er spielen? (beschützen / stark sein)
14. Später flog ein verirrter (*lost*) Vogel müde und ratlos aus der Kirche. Offenbar ist nicht nur das Mädchen hilflos: ist Jungsein schwer?
15. Was bedeutet das Stationsbild in diesem Zusammenhang (*context*)? Was muß man der Jugend (*youth*) verzeihen?

16. Muß man auch verstehen, warum Fritz sein Versprechen bricht? Hatte er eigentlich etwas versprochen?
17. Er hatte sicher seinen Wunsch, mit ihr fortzugehen, ernstgemeint. Wie aber sieht die rauhe Wirklichkeit aus?
18. Das Mädchen wird als hilflos und passiv dargestellt. Was für andere Vorstellungen (*images*) haben wir heute von der Frau?
19. Am Schluß ist sie diejenige, die Mut (*courage*) hat. Oder ist es in Wirklichkeit kein Mut? Verläßt sie (*Does she rely*) sich ganz (und zu sehr) auf den „Mann"? Verlangt sie (*Does she demand*) zuviel von ihm?
20. Es ist leicht, Mut zu haben, wenn man die Gefahr nicht kennt. Ist das bei Kindern immer der Fall und auch hier bei diesen Beiden?
21. Ist es die Aufgabe des Mannes, realistisch zu sein? Welche Ansichten (*views*) haben Sie darüber?
22. Die Beiden erreichen durch den Zwang der Umstände (*circumstances*) schnell den Punkt, wo sie sich nicht mehr verstehen. Ist das im Leben oft so?
23. Für wen haben Sie mehr Verständnis, für den Jungen oder das Mädchen? Warum?
24. Was sagt der Verfasser mit dieser Erzählung? Geht sie jeden an (*concern*), weil wir alle einmal jung gewesen sind?

■ Praktisches und Persönliches

1. Gehen Sie abends oft aus? Mit wem? Oder sind Sie lieber allein? Warum?
2. Setzen Sie sich manchmal im Park auf eine Bank, um andere Menschen zu beobachten? Oder fahren sie nur mit dem Wagen vorbei?
3. Sprechen Sie gern mit anderen Leuten? Mit Fremden?
4. Halten Sie das Fernsehen (als Medium eine Form von Kommunikation) für gut oder schlecht als Mittel zur Verständigung unter den Menschen? Erklären Sie!
5. Fällt es Ihnen leicht oder schwer, mit anderen auszukommen (*to get along*)?
6. Wie verständigen Sie sich mit den Menschen, die Ihnen nahestehen? Schreiben Sie Briefe oder telefonieren Sie?
7. Nehmen Sie Ihre Freundschaften ernst? Haben Sie schon einmal eine Beziehung (*relationship*) abgebrochen? Schließen Sie leicht neue Freundschaften?
8. Beruhigen Sie sich schnell wieder, wenn Sie sich über jemand aufgeregt (*gotten upset*) oder geärgert haben?
9. An wem hängen Sie am meisten: an Ihrer Familie, an alten Schulfreunden, an neuen Freunden, an Ihrem Hund?
10. Denken Sie oft darüber nach, was die Zukunft bringen wird? Ob Sie z.B. heiraten und Kinder haben oder lieber allein bleiben wollen?

Janos Bardi

Hunne im Abendland

Janos Bardi was born in 1923 in Budapest. He worked as a journalist in Hungary until the Communist Party ordered him to stop writing. After that, he worked on the docks building and repairing ships until he was arrested because of a satire he had written. After the uprising in Hungary in 1956, he managed to get to West Germany, where he resumed his work as a journalist. He writes short stories and also works for newspapers, for radio stations, and on the cabaret stage.

Wortschatz

das Abendland Western world, Occident

(sich) an·schaffen to purchase

echt genuine
komisch funny, comical

der Eindruck, ¨e impression

nicht einmal not even
üblich customary

Complete the sentences with words from the *Wortschatz*.

1. Diese Kurzgeschichte ist _____, denn es gibt keine modernen Hunnen. Oder finden Sie die Geschichte nicht zum Lachen?
2. Sie ist satirisch, denn sie zeigt, daß an unserer Kultur nichts mehr _____ ist.
3. Die Hunnen machten einen wilden _____ auf andere Völker.
4. Die Hunnen haben früher mit Gewalt (*force*) versucht, in das _____ einzudringen (*penetrate*).
5. Der Hunne in dieser Kurzgeschichte versucht es friedlich (*peacefully*), indem er alles das tut, was im Westen _____ ist.
6. Aber man kann sich die Kultur des Abendlandes nicht _____ wie ein Möbelstück.
7. Das Traurige dabei ist, daß wir _____ _____ wissen, ob unsere Kultur nachahmenswert (*worth imitating*) ist. Wir können es nur hoffen!

Der Hunne kam aus dem Land der Hunnen, wie das bei den Hunnen üblich ist. Er kam nicht auf hohem Roß,° er kam mit dem D-Zug°—es war eben ein moderner Hunne. Sein Zug überquerte die Laithe,° und damit war er im Abendland eingetroffen.°

Er war entschlossen, kein Hunne zu bleiben, sich dem Abendland zu fügen,° das er so sehr verehrte.° Am liebsten hätte er die ganze abendländische Kultur aus einer Teetasse getrunken, daß° es schneller gehe.

Er ließ die neuen Eindrücke auf sich einströmen° und fand alles wunderschön. Er fügte seine Kleider und seinen Geschmack, ja er fügte sogar seine Seele all dem, was vom westlichen Wind herbeigeweht kam,° was so neu und so echt zu sein schien. Einst° hatte er den sauren Wein der hunnischen Sandhügel gern.° Pepsi-Cola schmeckte ihm nicht.° Aber er zwang sich dazu,° und nach einigen Wochen konnte er schon fünf Glas am Tag trinken. Fertigen Kaffee in Dosen,° den man nicht einmal kochen muß, fand er zuerst so komisch, er° erinnerte° ihn gar nicht an Kaffee. Aber er wollte keinesfalls als Ausnahme gelten° und dachte, der Fehler liege an ihm,° er fände nur den richtigen Geschmack nicht. Er trank ihn also massenweise,° um den verborgenen° Geschmack zu finden. An Stelle von Zitronenlimonade gewöhnte er sich an° Chemieprodukte mit märchenhaften° Namen, und an Stelle der wunderschönen rötlichen Jonathan-Äpfel standen Ananas-Büchsen° in seinem Schrank.°

Seine Hemden warf er weg und kaufte neue aus Nylon mit Haifischkragen.° Seine Krawatte war am Ende abgeschnitten, und oben gliederte sich° der Windsor-Knoten zu einem geometrisch einwandfreien° Dreieck.

Er hatte Manchesterhosen° an mit doppelt hohem Aufschlag° und fünf Zentimeter große Gummisohlen° an den Schuhen. Seine Aktentasche hatte er längst° verschenkt und schaffte sich einen blauen Beutel° mit den Buchstaben° einer Fluggesellschaft° an, den er über die Schultern geworfen trug. Seine Armbanduhr° war natürlich auch längst nicht mehr auf dem einfachen Lederriemen° wie einst, er hatte eine golden schimmernde Kupferkette° am Arm.

Menschen miteinander 127

Einst konnte er nächtelang Volksweisen° singen,   Volksweisen = Volkslieder
wenn er eben Geld für die Zigeuner° hatte. Jetzt   gypsies
lernte er, daß die Melodie etwas Veraltetes° und Alt-   obsolete
modisches sei, und konnte bei keiner Rock-'n'-Roll-
50 Show fehlen.°   stay away (from)

In seinen Studentenjahren schrieb er Gedichte;
jetzt versuchte er es mit Werbesprüchen.° Einst saß   advertising slogans
er Abend für Abend begeistert in den Theatersälen
der Stadt, in der er wohnte; jetzt starrte er allabend-
55 lich° auf den Schirm des Fernsehapparates.°   every night / Schirm ... TV screen

Er dachte, ein einwandfreier Abendländer
geworden zu sein.

Eines schönen Tages wurde er eingeladen. Er
zog sein Nylonhemd mit dem Haifischkragen an.
60 Der Windsor-Knoten wurde sorgfältig fertigge-
macht. Er trank keinen Weinbrand,° sondern wollte   brandy
einen „Scotch" haben, er antwortete auf die Frage
der Hausfrau, daß Bartók und Strawinsky „ganz
nett" seien, aber die Musik des Jahrhunderts fange
65 doch° mit Elvis Presley an.   after all

Er äußerte° die Ansicht, daß drei Stunden in   äußern = ausdrücken
einem unbequemen Sessel nichts für den rasenden°   hectic
Menschen des XX. Jahrhunderts seien, der die
Kunst nur zum Entspannen° brauche, und beim   zum ... for relaxation
70 Abschied° küßte er die Hand der Damen nicht, da   beim ... when leaving
er ein Demokrat geworden war.

Die Gäste gingen, und sein Freund, der ihn eingeladen hatte, meinte:° „Er war ganz nett."   meinte = sagte

Seine Frau lächelte ihm zu: „Ja, aber doch° ein   still
75 Hunne!"

■ Zum Leseverständnis

Zeile 1–31 Wir stellen fest: richtig oder falsch?

1. _____ Der Hunne kam mit der Eisenbahn aus dem Hunnenland.

2. _____ Er wollte so schnell wie möglich ein Abendländer werden.

3. _____ Im Abendland war ihm alles neu, und es gefiel ihm alles sofort.

4. _____ Er gewöhnte sich allmählich an die „unnatürlichen Getränke".

Zeile 32–55 Wir diskutieren

1. Auch in der Kleidung änderte er vieles. Was zum Beispiel?
2. Früher hatte er die traditionellen Gebrauchsgegenstände (*utensils*); jetzt machte er alle Mode-Trends mit. Welche?

3. Auch in der Musik mußte ihm das Neue das Alte ersetzen, auch wenn das Neue nicht besser war. Erklären Sie!
4. Mit den anderen Künsten stand es genauso. Geben Sie Beispiele!

Zeile 56–75   Wir stellen fest: richtig oder falsch?

1. _____ Er war seiner Meinung nach jetzt ein richtiger Abendländer.
2. _____ Bei einer Einladung erfüllte er alle äußeren Vorbedingungen (*prerequisites*) dazu, vom Scotch bis zu Elvis Presley.
3. _____ Die Kunst ist zum Entspannen da, und drei Stunden in einem Bartók-Konzert sitzen entspannt nicht.
4. _____ Die Gastgeberin freute sich, daß er so ein netter Hunne geblieben war.

■ Inhaltliches

1. Wie kam der Hunne ins Abendland?
2. Was hatte er vor, da er das Abendland so liebte?
3. Geben Sie Beispiele seiner Anpassung! Was schaffte er sich an, und was gab er auf?
4. Wie beschäftigte er sich jetzt?
5. Wie benahm er sich auf der Party, zu der er eingeladen war? Wie war er gekleidet?
6. Welche Ansichten äußerte er dort über Musik und Kunst?
7. War er wirklich, wie er dachte, ein „einwandfreier Abendländer" geworden?

■ Vom Inhalt zum Gehalt

In English or in German, express your own thoughts about these questions.

1. Wer ist mit dem Hunnen gemeint? Ein historischer Hunne aus einem früheren Jahrhundert? Jemand aus einem östlichen Kulturkreis? Jeder Fremde? Jeder Außenseiter einer Gesellschaft (*society*)? Jemand ohne Bildung (*education*)? Jemand, der irgendeiner Minderheit (*minority*) angehört?
2. Die Imitation ist bei allem guten Willen offenbar nicht genug, um als gleich (*equal*) anerkannt (*recognized*) zu werden. Oder was sagt uns diese Kurzgeschichte?
3. Hat sich dieser Hunne nicht genug bemüht (*made an effort*), oder war sein Versuch von Anfang an zwecklos? Oder verstand er die ihm neue Kultur nicht?

4. Was ist wichtiger als die Imitation der äußeren Form, wenn man eine fremde Kultur annehmen will? Ist es überhaupt möglich, eine fremde Kultur zu verstehen und aufzunehmen? Muß man erst lange im fremden Land leben, oder bleibt man im Grunde (*basically*) immer ein Fremder?
5. Liegt der Mißerfolg dieses Hunnen gar nicht an ihm selbst (*is not his fault*) sondern an seiner Umgebung (*environment*) und ihren Vorurteilen (*prejudices*)?
6. Kennen Sie jemand, dem es ähnlich gegangen ist? Haben Sie selbst ein Erlebnis dieser Art gehabt? Sind Sie oder Ihre Eltern in einem anderen Land geboren, also Einwanderer (*immigrants*)? Erzählen Sie die Umstände!
7. Finden Sie diese Kurzgeschichte komisch? Warum (nicht)? Ist sie komisch, weil der Hunne nicht ins Abendland paßt? Was stellen wir uns gewöhnlich unter einem Hunnen vor?
8. Drücken Sie die Moral dieser Kurzgeschichte in einem selbsterfundenen (*invented*) Sprichwort aus!

■ Grammatisches

A. Create sentences, following the model.

   Zum Beispiel: ich / ausgehen ⟶ Ich gehe aus.
   Ich bin ausgegangen.

   er / Brigitte / ansehen ⟶ Er sieht Brigitte an.
   Er hat Brigitte angesehen.

   1. er / an dem Haus / vorbeigehen
   2. wir / es / vorschlagen
   3. die Sonne / aufgehen
   4. die Männer / nicht von der Arbeit aufschauen
   5. ich / einsteigen
   6. wir / gleich / aufspringen

B. Complete the sentences using the vocabulary in parentheses, but conjugating the verbs. The verbs all have separable prefixes.

   1. Paß auf, daß du . . . (das Stück / nicht abbrechen)
   2. Ich verstehe nicht, was . . . (das Bild / darstellen)
   3. Ich weiß nicht, ob . . . (er / das Buch aufschlagen)
   4. Sagen Sie mir, wie . . . (man / es / ausdrücken)

C. Change the verbs to the present perfect tense. Remember that verbs with inseparable prefixes do not have past participles requiring the addition of a **ge**-prefix.

   Zum Beispiel: Wir besprechen die Geschichte. ⟶ Wir haben die Geschichte besprochen.

1. Er beruhigt sie mit freundlicher Stimme.
2. Sie erfährt es am eigenen Leibe (*personally*).
3. Er verdient nie genug.
4. Früher gehörte es mir.
5. Sie beschützen uns davor.

8 Höhere Mächte

George Grosz Friedensengel (Karikatur des Feldmarschalls Hans von Seeckt)

▪ Günther Anders

Wie heißt dieses Wesen?

Günther Anders, son of a professor of psychology and philosophy, was born in 1902 in Breslau, Silesia (now Polish territory). He received a Ph.D. in philosophy in 1923, emigrated in 1933 to France to escape the Hitler regime, and then emigrated in 1936 to the United States, where he took various part-time jobs. After the war, Anders returned to Europe and became a politically active writer, often speaking out against the dangers of nuclear power and the problems facing postwar Germany. He now lives in Vienna.

Anders' experiences in America are depicted in many of his works, and he often blends English words into his texts. His stories, poems, and fables interweave philosophical thought with irony and humorous skepticism.

Wortschatz

der Mensch, -en   human being, person, man
der Mittelpunkt   center
das Wesen, -   being, creature; essence, nature

(sich) amüsieren   to amuse (oneself)
aus·sterben, -a, -o, -i   to die out
aus·streichen, -i, -i   to strike (*e.g., from a record*)
bedauern   to regret
belästigen   to bother

bescheiden   modest
einen Augenblick (lang)   for a moment
sogenannt   so-called
nach Tisch   after dinner, after eating

benutzen (zu)   to use (for)
scheinen, -ie, -ie   to appear to be, seem
schütteln   to shake; **den Kopf schütteln**   to shake one's head
vor·lesen, -a, -e, -ie   to read aloud, read out

überflüssig   superfluous
(un)endlich   (in)finite; very much
ziemlich   rather

A. Give an equivalent from the *Wortschatz* for each of the following expressions.

1. aufhalten oder unterbrechen
2. gebrauchen
3. nach dem Essen
4. nein sagen
5. nicht nötig
6. ohne Ende
7. Spaß haben
8. traurig sein

B. Complete the sentences with words from the *Wortschatz*.

1. Glauben Sie an ein höheres _____, z.B. an Gott?
2. Jeder _____ muß diese Frage selbst beantworten.
3. Verstehen Sie den Begriff (*concept*) der _____ „höheren Mächte"?
4. Es ist _____ schwierig, diesen Begriff zu definieren.
5. Hat Ihnen Ihre Mutter früher Geschichten _____?
6. Machen Sie viele Schreibfehler? Müssen Sie also viel _____?
7. Es _____, als ob unser Leben sehr lang ist, aber in Wirklichkeit dauert es nur _____ _____.
8. Der Mensch ist sicher nicht der _____ des Universums.
9. Wir sollten nicht so arrogant, sondern _____ sein.
10. Andere Tiere sind schon _____!

Wie täglich seit Äonen,° verbrachte der Gott Bamba die tote Stunde nach Tisch damit, die Namen jener° Spezies, die seit dem Vortag° ausgestorben waren, aus seinem Adreßbuch des Seienden° auszustreichen. Der Sekretär las die wie immer endlose Liste vor. „Mensch", diktierte er.

„Mensch", wiederholte° Bamba, seinen Zeigefinger eine Kolonne entlangführend.° „Kann ich nicht finden. Wie buchstabieren° Sie das?"

„Da bin ich freilich° auch nicht ganz sicher", gab der Sekretär zu.

„So°", meinte der Gott. „Und wo wohnte er?"

„Oh", meinte der Sekretär mit ziemlich schlechtem Gewissen,° „im Milchstraßensystem 5 8 769 830 289. In diesem gibt es die Milchstraße 3 895 787."

„Und das ist der sogenannte ‚Mensch'?" rief der Gott. „Mit sowas° belästigen Sie mich?"

Der Sekretär machte sich ganz klein. „Wenn er das noch° wäre. Aber in dieser Milchstraße gibt es ein Sonnensystem..."

seit... *for eons*

of those / *day before*
des... *of that which exists*

repeated
eine... *running down a column*
spell
Da... *There I am in fact*

Is that so?

schlechtem... *guilty conscience*

sowas = so etwas (*something like that*)

das... *at least that (Milky Way)*

Höhere Mächte 135

„Namens° ‚Mensch'", ergänzte° Bamba.   Named / added

„Bedaure. Auch das noch nicht. In diesem° gibt es Planeten."   diesem = Sonnensystem

25 „Die Sache beginnt, interessant zu werden", meinte Bamba ominös.

„Und einer dieser Planeten . . ."

„Heißt Mensch . . ."

„Bedaure unendlich. Einer dieser Planeten enthält auf seiner Oberfläche°. . ."   auf . . . on its surface

30 „Den Menschen."

„Vielmehr Ungeziefer.° Aber auch das ist er noch nicht. Denn dieses Ungeziefer zerfällt in° unzählige Geschlechter° und diese in ungezählte Spezies . . ."   vermin, i.e., creepy, crawly pests / zerfällt . . . consists of / kinds

35 Der Gott wischte sich seine Stirne.°   wischte . . . wiped his brow

„Und eine davon hieß . . ."

„Ich verstehe.—Schlimm genug, daß alle diese Überflüssigkeiten° existieren. Aber können Sie mir verraten,° warum Sie es sich herausnehmen,° meine

40 Arbeit damit aufzuhalten°?"   superfluous things / verraten = sagen / sich . . . dare to hold up

„Ein Kuriosum"°, meinte der Sekretär bescheiden. „Von dem° ich dachte, daß es Sie vielleicht amüsieren könnte."   curious phenomenon / von . . . of which

„So. Ein Kuriosum. Inwiefern° war es denn

45 wichtig für die Welt, dieses Kuriosum?"   In what respect

Der Sekretär schüttelte seinen Kopf.

„Was hat er denn für die Welt getan, dieser Mensch?"

„Er für sie°?" fragte der Sekretär zurück, und er   sie = die Welt

50 schüttelte seinen Kopf. „Im Gegenteil.° Er hielt sich für deren° Mittelpunkt. Und benutzte sie. Oder glaubte sie zu benutzen. Denn gespürt° hat sie natürlich nichts davon."   Im . . . On the contrary. / hielt . . . considered himself to be its / gespürt = gemerkt

„Eben"°, meinte Bamba. „Soll ich ihn vielleicht

55 eintragen,° um ihn auszustreichen?"   Precisely / enter (in my address book)

„Das natürlich nicht. Aber er war eben° eine Kuriosität, weil er die einzige Spezies war, die sich selbst ausgerottet° hat."   indeed / exterminated

„Ach!" meinte da° Bamba, und er schien wirk-

60 lich einen Augenblick lang interessiert. „Was Sie nicht sagen.°—Wie, sagten Sie, hieß dieses Wesen?"   then / Was . . . You don't say.

„Mensch", antwortete der Sekretär.

Daß Bamba sich den Namen wirklich gemerkt habe, auch nur einen Augenblick lang,° das ist sehr

65 unwahrscheinlich, denn er verlangte sofort die Fortsetzung der Vorlesung der weiteren Spezies-Namen.   sich . . . actually remembered the name even for just a moment / die . . . that the reading of the [. . .] be continued

Ernst Barlach Die Wandlungen Gottes: Der Siebente Tag *1920*

Aber sofern° er sich ihn doch gemerkt hat, dann nicht als Namen, der *uns*° bezeichnet° hat, sondern lediglich° als Namen für unser kurioses Ende.

sofern = wenn
uns = uns Menschen / *designated*
lediglich = nur

■ Zum Leseverständnis

Zeile 1–15 Wir stellen fest: richtig oder falsch?

1. _____ Der Gott Bamba hatte ein Adreßbuch, in dem alles stand, was es auf der Welt gab.

2. _____ Der Sekretär las die Liste vor, und Bamba strich alle ausgestorbenen Spezies aus.

3. _____ Bamba konnte die Spezies Mensch nicht in seinem Buch finden.

4. _____ Der Sekretär wußte nicht, wo der Mensch wohnte.

Zeile 16–48   Wir diskutieren

1. Der Gott Bamba dachte zuerst, der Mensch sei eine Milchstraße. Warum will er damit nicht belästigt werden?
2. Da der Mensch nicht einmal ein Sonnensystem oder ein Planet ist, wird der Gott langsam neugierig. Was sagt ihm der Sekretär über die Oberfläche der Planeten?
3. Der Gott kann es einfach nicht glauben, daß man ihm eine winzige und unwichtige Subspezies des Ungeziefers überhaupt erwähnt. Warum könnte er sich trotzdem dafür in seiner Arbeit aufhalten lassen?
4. Der Gott will aber doch wissen, *warum* der Mensch ein Kuriosum ist. Was muß der Mensch getan haben, um wichtig für die Welt zu sein?

Zeile 49–69   Wir stellen fest: richtig oder falsch?

1. _____ Der Mensch hielt sich selbstverständlich für den Mittelpunkt der Welt.
2. _____ Der Mensch benutzte die Welt, und die Welt merkte nichts davon.
3. _____ Der Mensch rottete seine eigene Spezies aus.
4. _____ Der Gott Bamba vergaß den Namen „Mensch" nie wieder, weil es so absurd ist, seine eigene Art auszurotten.

■ Inhaltliches

A.
1. Wie verbrachte der Gott Bamba täglich die tote Stunde nach dem Essen?
2. Welche Namen strich er aus?
3. Seit wann tat er das schon?
4. Wie half ihm der Sekretär?
5. Welchen Namen konnte der Gott im Adreßbuch nicht finden?
6. Was wußte der Sekretär auch nicht genau?
7. Welche Frage stellte der Gott dann?
8. Warum hatte der Sekretär ein ziemlich schlechtes Gewissen?
9. Wofür hielt der Gott diese Milchstraße?
10. Was dachte der Gott vom Sonnensystem in dieser Milchstraße?

B. Complete the following sentences by translating as suggested. You will need the following vocabulary: **die Sache** (matter); **die Gattung** (species); **aus·rotten** (to annihilate); **der Planet.**

1. Als der Sekretär den Planeten (Erde) erwähnte, . . . (*the matter became more interesting to the god*).
2. Natürlich . . . (*this planet is not called „Mensch"*).
3. Auf seiner Oberfläche . . . (*this planet does not contain only humans*).
4. Unter allen Arten . . . (*the human being is only one species*).

5. Der Gott wischte sich die Stirn, denn . . . (*there exist so many superfluous things*).
6. Er konnte nicht begreifen, warum . . . (*the secretary bothered him with that*).
7. Mit dem Kuriosum Mensch . . . (*the secretary wanted to amuse the god*).
8. Der Gott wollte aber nur wissen, . . . (*what man had done for the world*).
9. Der Sekretär antwortete: . . . (*"Man has done nothing for the world; he has used it."*)
10. Der Mensch ist ein Kuriosum, weil . . . (*he annihilated his own species*).

■ Vom Inhalt zum Gehalt

In English or in German, express your own thoughts about these questions.

1. Geben Sie Beispiele dafür, daß der Mensch die Welt „benutzt" (und „ausnutzt" [*exploits*])!
2. Verdient der Mensch es, daß der Gott ihn aus dem Buch ausstreicht? Warum ist er es selbst schuld?
3. Was könnte der Mensch der Welt „geben" (anstatt immer nur zu nehmen)?
4. Was für einen Gott stellt uns der Verfasser in dieser Kurzgeschichte vor? Ist er liebevoll wie der göttliche (*divine*) Vater des Christentums? Ist er ein heidnischer (*pagan*) Gott? Ist er nur ein „Buchhalter" des Universums?
5. Warum kann der Mensch nicht hoffen, in diesem Universum eine wichtige Rolle zu spielen? Ist er zu klein oder zu selbstzerstörerisch (*self-destructive*)? Geben Sie Beispiele!
6. Was ist das Schlimmste am Menschen? In dieser Kurzgeschichte existiert er schon nicht mehr. Wie, glauben Sie, hat er sein Ende gefunden? Ist er ausgestorben?
7. Wenn man in des Gottes Adreßbuch bleiben will, muß man zu überleben wissen. Heißt „überleben" in diesem Fall „zusammenleben"? Ist das die Moral dieser Kurzgeschichte?
8. Was halten (*think*) Sie von einem Gott, der sich nur einen Augenblick lang an die Kreatur Mensch erinnert, und dann auch nur, weil sie ein „Kuriosum" ist?
9. Finden Sie diese Kurzgeschichte komisch, zynisch, zu pessimistisch, tragisch oder erschreckend wahr? Warum?

■ Praktisches und Persönliches

1. Glauben Sie an Gott? Sind Sie religiös? Was für eine Religion haben Sie?
2. Gibt es ein Schicksal (*fate*)? Was bedeutet das? Heißt das, daß es keinen Zufall (*chance*) gibt?
3. Oder glauben Sie, daß Sie Ihr Schicksal selbst bestimmen (*determine*)? Haben Sie also einen freien Willen?

4. Handeln Sie nur nach Ihrem Gewissen (*conscience*)? Haben Sie moralische Prinzipien? Welche?
5. Würden Sie Ihre Lebensphilosophie als pragmatisch bezeichnen? Warum (nicht)?
6. Wenn Sie sich für dieses Thema interessieren, stellen Sie fest (z.B. im Lexikon), was ein Agnostiker, ein Atheist und was Existenzialismus ist! Dann können Sie sich mit jemand darüber unterhalten.

■ Grammatisches

Complete the blanks where endings are needed. Then rewrite the sentences, changing all nouns to the plural and making other necessary adjustments. (Remember that adverbs do not have endings, but all adjectives before nouns do, including their comparative and superlative forms.)

1. Er ist ein_____ bescheiden_____ Mensch.
2. Das ist ein_____ ziemlich_____ überflüssig_____ Frage.
3. Dies_____ menschlich_____ Wesen lebt wie jed_____ ander_____ Mensch.
4. Es ist ein_____ unendlich_____ groß_____ Land.
5. Wir haben dort ein_____ schön_____ Zeit verbracht.
6. Was ist eigentlich d_____ sogenannt_____ höher_____ Macht?
7. Das ist d_____ interessantest_____ Thema (*n.*).
8. Wer ist Ihr nächst_____ Verwandt_____ (*m.*)?

■ Kurt Kusenberg

Ein verächtlicher Blick

Kurt Kusenberg was born in 1904 in Göteborg, Sweden, to German parents and spent eight years of his childhood in Lisbon, Portugal, before finally settling in Germany. He studied art history in Munich, Berlin, and Freiburg, and served as an art critic for leading newspapers. He fought in World War II and was in an American prisoner-of-war camp for two years. Kusenberg is best known for his humorous stories full of dreams and fairy tales. He often shows the absurd side of life in what is, for him, a senseless world. He died in 1983 in Hamburg.

Wortschatz

das Ausland foreign country; **im Ausland** in a foreign country
der Beamte, -n *(adj. noun)* official
die Bedingung, -en condition
die Bevölkerung people; population
der Friseur, -e barber, hairdresser

aus·probieren to try out
beschädigen to damage
beschreiben, -ie, -ie to describe
ein·treten, -a, -e, -tritt to stop by; to enter
entlassen, -ie, -a, -ä to dismiss
sich erinnern an (+ *acc.*) to remember; **erinnern** to remind
gehen: Worum geht es? What is it about? **Es geht um** ... It's about ...
gleichen, -i, -i to resemble
kränken to offend, hurt

auf der Stelle immediately
erfreulich pleasant, enjoyable
gründlich thorough(ly)
in der Regel as a rule, usually
pünktlich punctual(ly), on time

der Krankenwagen, - ambulance
die Nachricht, -en news
der Postbote, -n mailman
die Wirkung, -en effect
der Zufall, ⸚e coincidence; chance
der Zustand, ⸚e condition

machen: Einkäufe machen to do shopping
rechnen mit *or* **auf** (+ *acc.*) to count on
schulden to owe
überfahren, -u, -a, -ä to run over
unterschreiben, -ie, -ie to sign
verhaften to arrest
verhören to interrogate
verlangen to require, demand
verlassen, -ie, -a, -ä to leave
wählen to choose; to vote

reizend charming
selbstverständlich of course, naturally
verächtlich disrespectful, disdainful
verdächtig suspect, suspicious

A. Find the word that does not belong.

1. Beamter / Bevölkerung / Postbote / Friseur
2. abreisen / verlassen / überfahren / verschwinden
3. erreichen / eintreten / ankommen / entlassen
4. verlangen / ausprobieren / wählen / versuchen
5. Zustand / Zufall / Bedingung / Kondition
6. gründlich / angenehm / erfreulich / schön

B. Match each word or expression on the left with one of similar meaning on the right.

1. verhören
2. kränken
3. sich erinnern
4. natürlich
5. gewöhnlich
6. ähnlich sein
7. Nachricht
8. schildern
9. Einkäufe machen
10. auf der Stelle

a. Meldung
b. gleichen
c. behalten, denken an
d. beschreiben
e. anschaffen
f. pünktlich, sofort
g. selbstverständlich
h. in der Regel
i. vernehmen
j. beleidigen

C. Complete the sentences with appropriate words from the *Wortschatz*.

1. Worum _____ es hier? Es geht _____ eine Beamtenbeleidigung.

2. Darf man einen Polizeibeamten nicht _____ anblicken? Ist das _____ (*suspicious*)?

3. Ob zu Hause oder im _____—es ist nicht sehr klug und hat bestimmt eine negative _____.

4. Aber der Polizist braucht deshalb niemand zu _____.

5. Man braucht ihm nichts zu erklären, d.h., man _____ ihm keine Erklärung.

6. Der Beleidigte kann auch keine Entschuldigung erwarten, d.h., er kann nicht damit _____.

7. Die hübsche, _____ junge Dame, die noch ganz schnell in der Stadt _____ machen wollte, hatte einen kleinen Unfall und _____ dabei einen anderen Wagen.

8. Der Verletzte wurde mit dem _____ abgeholt.

9. Sie hatte Gott sei Dank keinen Passanten _____.

10. Im Polizeirevier mußte sie viele Formulare ausfüllen und _____.

    Das Telefon summte,° der Polizeipräsident nahm den Hörer° auf. „Ja?"
    „Hier spricht Wachtmeister° Kerzig. Soeben hat ein Passant° mich verächtlich angeschaut."
5   „Vielleicht irren Sie", gab der Polizeipräsident zu bedenken.° „Fast jeder, der einem Polizisten begegnet, hat ein schlechtes° Gewissen und blickt an

summte = läutete (*rang*)
receiver
police sergeant
passerby

gab . . . the police chief cautioned
schlechtes = schuldiges

ihm vorbei.° Das nimmt sich dann wie Geringschätzung aus.°"

10 „Nein", sprach der Wachtmeister. „So war es nicht. Er hat mich verächtlich gemustert,° von der Mütze bis zu den Stiefeln."

„Warum haben Sie ihn nicht verhaftet?"

„Ich war zu bestürzt.° Als ich die Kränkung°
15 erkannte, war der Mann verschwunden."

„Würden Sie ihn wiedererkennen?"

„Gewiß.° Er trägt einen roten Bart."

„Wie fühlen Sie sich?"

„Ziemlich elend.°"

20 „Halten Sie durch.° Ich lasse Sie ablösen.°"

Der Polizeipräsident schaltete das Mikrofon ein. Er entsandte° einen Krankenwagen in Kerzigs Revier° und ordnete an,° daß man alle rotbärtigen Bürger verhafte.

25 Die Funkstreifen waren gerade im Einsatz,° als der Befehl sie erreichte. Zwei von ihnen probierten aus,° welcher Wagen der schnellere sei, zwei andere feierten in einer Kneipe den Geburtstag des Wirtes, drei halfen einem Kameraden beim Umzug,° und
30 die übrigen machten Einkäufe. Kaum aber hatten sie vernommen,° um was es ging, preschten° sie mit ihren Wagen in den Kern der Stadt.°

Sie riegelten die Straßen ab,° eine um° die andere, und kämmten sie durch. Sie liefen in die
35 Geschäfte, in die Gaststätten,° in die Häuser, und so° sie einen Rotbart aufspürten,° zerrten° sie ihn fort. Überall stockte° der Verkehr. Das Geheul° der Sirenen erschreckte die Bevölkerung, und es liefen Gerüchte um,° die Hetzjagd gelte° einem
40 Massenmörder.

Wenige Stunden nach Beginn des Kesseltreibens° war die Beute ansehnlich;° achtundfünfzig rotbärtige Männer hatte man ins Polizeipräsidium gebracht. Auf zwei Krankenwärter gestützt,° schritt
45 Wachtmeister Kerzig die Verdächtigen ab,° doch den Täter erkannte er nicht wieder. Der Polizeipräsident schob° es auf Kerzigs Zustand und befahl, daß man die Häftlinge° verhöre. „Wenn sie", meinte er, „in *dieser* Sache unschuldig sind, haben sie bestimmt
50 etwas anderes auf dem Kerbholz.° Verhöre sind immer ergiebig."

Ja, das waren sie wohl,° jedenfalls in jener Stadt.

an ... *past him*
nimmt ... *then looks like disrespect*

gemustert = angesehen

bestürzt = überrascht / Kränkung = Beleidigung (*insult*)

Gewiß = Bestimmt (ja)

elend = schlecht
durch = aus / lasse ... *have you relieved*
entsandte = schickte
beat / ordnete an = befahl

Die ... *The patrol units happened to be out on duty*
probierten ... *were trying out*

beim ... *with moving*

vernommen = gehört / *chased*
Kern der Stadt = Innenstadt
riegelten ... *blocked off the streets* / *after*

Gaststätten = Gasthäuser / so = wenn
aufspürten = fanden / zerrten = zogen
stopped / *scream*

es ... *there were rumors* / die ... *the chase was aimed at*

drive (at the hunt) / war ... *the catch was impressive*

leaning
schritt [...] *inspected the lineup*

attributed
those arrested

etwas ... *something else to answer for*

wohl = wirklich

Höhere Mächte 143

George Grosz Image of the German Babbit

    Man glaube° jedoch nicht, daß die Verhörten miß-
handelt wurden; so grob ging es nicht zu,° die
55 Methoden waren feiner.° Seit langer Zeit hatte die
Geheimpolizei° durch unauffälliges° Fragen der Verwandten und Feinde jedes Bürgers eine Kartei
angelegt,° aus der man erfuhr, was ihm besonders
widerstand:° das Rattern von Stemmbohrern,°
60 grelles Licht, Karbolgeruch, nordische Volkslieder,
der Anblick enthäuteter° Ratten, schlüpfrige° Witze,
Hundegebell, Berührung mit Fliegenleim,° und so

glaube = sollte glauben
so . . . no rough stuff there
feiner = subtiler
secret police / casual

eine . . . started a file
ihm . . . he found especially repugnant / das . . . the rattling of drillpresses
skinned / obscene

glue in insect strips

fort. Gründlich angewandt, taten die Mittel° meist ihre Wirkung; sie entpreßten° den Befragten Geständnisse, echte und falsche, wie es gerade kam,° und die Polizei frohlockte.° Solches° stand nun den achtundfünfzig Männern bevor.

Der Mann, dem die Jagd galt,° befand sich längst wieder in seiner Wohnung. Als die Polizisten bei ihm° läuteten, hörte er es nicht, weil er Wasser in die Badewanne strömen° ließ. Wohl aber° hörte er, nachdem das Bad bereitet° war, den Postboten klingeln und empfing von ihm ein Telegramm. Die Nachricht war erfreulich, man bot ihm einen guten Posten° im Ausland an—freilich° unter der Bedingung, daß er sofort abreise.

„Gut", sagte der Mann. „Gut. Jetzt sind zwei Dinge zu tun: der Bart muß verschwinden, denn ich bin ihn leid,° und ein Paß muß her,° denn ich habe keinen."

Er nahm sein Bad, genüßlich,° und kleidete sich wieder an. Dem Festtag zu Ehren,° wählte er eine besonders hübsche Krawatte. Er ließ sich durchs Telefon sagen,° zu welcher Stunde er auf ein Flugzeug rechnen° könne. Er verließ das Haus, durchschritt° einige Straßen, in die wieder Ruhe eingekehrt° war, und trat bei einem Friseur ein. Als dieser sein Werk verrichtet° hatte, begab der Mann sich° ins Polizeipräsidium, denn nur dort, das wußte er, war in sehr kurzer Frist° ein Paß zu erlangen.°

Hier ist nachzuholen,° daß der Mann den Polizisten in der Tat geringschätzig angeschaut hatte—deshalb nämlich,° weil Kerzig seinem Vetter Egon ungemein glich.° Für diesen Vetter, der nichts taugte und ihm Geld schuldete, empfand° der Mann Verachtung, und die war nun, als er Kerzig gewahrte,° ungewollt° in seinen Blick hineingeraten.° Kerzig hatte also richtig beobachtet, gegen seine Meldung konnte man nichts einwenden.°

Ein Zufall wollte es,° daß der Mann beim Eintritt ins Polizeipräsidium erneut° dem Polizisten begegnete, der ihn an Vetter Egon erinnerte. Dieses Mal aber wandte er, um den anderen nicht zu kränken,° seine Augen rasch von ihm ab. Hinzu kam,° daß es dem Armen offenbar nicht gut ging; zwei Wärter geleiteten° ihn zu einem Krankenwagen.

So einfach, wie der Mann es gewähnt,° ließ sich die Sache mit dem Paß nicht an.° Es half ihm nichts,

Höhere Mächte 145

daß er mancherlei Papiere bei sich führte,° daß er das Telegramm vorwies:° die vermessene Hast des Unternehmens erschreckte den Paßbeamten.°

„Ein Paß", erklärte er, „ist ein wichtiges Dokument. Ihn auszufertigen,° verlangt Zeit."

Der Mann nickte. „So mag es in der Regel sein. Aber jede Regel hat Ausnahmen."

„Ich kann den Fall nicht entscheiden", sagte der Beamte. „Das kann° nur der Polizeipräsident."

„Dann soll° er es tun."

Der Beamte kramte die Papiere zusammen° und erhob sich.° „Kommen Sie mit", sprach er. „Wir gehen den kürzesten Weg—durch die Amtszimmer.°"

Sie durchquerten° drei oder vier Räume, in denen lauter rotbärtige Männer saßen. „Drollig"°, dachte der Mann. „Ich wußte nicht, daß es ihrer° so viele gibt. Und nun gehöre ich nicht mehr dazu.°"

Wie so mancher Despot, gab der Polizeipräsident sich gern weltmännisch.° Nachdem der Beamte ihn unterrichtet hatte, entließ er ihn und ließ den Besucher Platz nehmen.° Diesem fiel es nicht leicht, ein Lächeln aufzubringen,° denn der Polizeipräsident ähnelte° seinem Vetter Arthur, den er gleichfalls nicht mochte. Doch die Muskeln, die ein Lächeln bewirken, taten brav° ihre Pflicht—es ging ja um den Paß.°

„Kleine Beamte", sprach der Polizeipräsident, „sind ängstlich und meiden° jede Entscheidung. Selbstverständlich bekommen Sie den Paß, sofort, auf der Stelle. Ihre Berufung° nach Istambul ist eine Ehre für unsere Stadt. Ich gratuliere." Er drückte einen Stempel° in den Paß und unterschrieb.

Lässig,° als sei es ein beliebiges Heftchen,° reichte° er seinem Besucher das Dokument. „Sie tragen da", sprach er, „eine besonders hübsche Krawatte. Ein Stadtplan—nicht wahr?"

„Ja", erwiderte° der Mann. „Es ist der Stadtplan von Istambul."

„Reizender Einfall.° Und nun—" der Polizeipräsident stand auf und reichte dem Mann die Hand—„wünsche ich Ihnen eine gute Reise." Er geleitete° den Besucher zur Tür, winkte ihm freundlich nach und begab sich° in die Räume, wo man die Häftlinge vernahm.°

---

mancherlei . . . had all kinds of papers with him
vorwies = zeigte
passport official

Ihn . . . To issue one

kann = kann tun
soll . . . let him
kramte [. . .] zusammen gathered up
erhob sich = stand auf

offices

durchquerten = gingen durch
Drollig = Komisch

of them
nun . . . now I'm no longer one of them

gab . . . the police chief liked to play the man of the world

Platz nehmen = sich setzen
to muster up
ähnelte = glich

faithfully
es . . . after all, the passport matter was at stake here

avoid

appointment

drückte . . . stamped

Casually / ein . . . just any little booklet
reichte = gab

erwiderte = antwortete

Einfall = Gedanke

geleitete = begleitete
begab sich = ging
vernahm = verhörte

155 Ihre Pein zu kürzen, hatten die Bedauernswerten° manches Delikt° eingestanden, nur jenes nicht, dessen man sie bezichtigte.° „Weitermachen°!" befahl der Polizeipräsident und ging zum Mittagessen.

Bei seiner Rückkehr fand er eine Meldung vor.° Ein Friseur hatte ausgesagt, er habe am Vormittag
160 einen Kunden auf dessen Wunsch seines roten Bartes entledigt.° Den Mann selbst könne er nicht beschreiben, doch erinnere er sich eines auffälligen° Kleidungsstückes: einer Krawatte mit einem Stadtplan.

165 „Ich Esel°!" schrie der Polizeipräsident. Er eilte die Treppe hinunter, zwei Stufen mit jedem Satz.° Im Hof stand wartend sein Wagen. „Zum Flugplatz!" rief er dem Fahrer zu und warf sich auf den Rücksitz.

170 Der Fahrer tat, was er vermochte.° Er überfuhr zwei Hunde, zwei Tauben° und eine Katze, er schrammte° eine Straßenbahn, beschädigte einen Handwagen mit Altpapier° und erschreckte Hunderte von Passanten. Als er sein Ziel erreichte,
175 erhob sich weit draußen, auf die Sekunde pünktlich, das Flugzeug nach Istanbul von der Rollbahn.°

deplorable creatures / unlawful act
dessen ... of which they were accused / Carry on!
fand ... there was a report waiting for him

rid (i.e., had rid him of)
conspicuous

Ich ... The fool that I was!
zwei ... two steps at a time

vermochte = konnte
pigeons
scraped
used paper (to be recycled)

runway

■ Zum Leseverständnis

Zeile 1–24   Wir stellen fest: richtig oder falsch?

1. _____ Der Wachtmeister Kerzig hat dem Polizeipräsidenten den „verächtlichen Blick" eines Passanten gemeldet.

2. _____ Der Wachtmeister war zu bestürzt (erschrocken), ihn deswegen zu verhaften.

3. _____ Der Passant war sofort verschwunden, und ein roter Bart ist nicht genug, ihn wiederzuerkennen.

4. _____ Nun sollte der Wachtmeister abgelöst und alle Bürger mit rotem Bart verhaftet werden.

Zeile 25–52   Wir diskutieren

1. Die Funkstreifen waren im „Privateinsatz". Was taten sie nämlich gerade, als sie den Befehl erhielten?
2. Die „Jagd" war so vehement, daß die Bevölkerung erschrocken war. Warum?

3. Hatte die Polizei Erfolg? Fand sie den richtigen Mann? Warum stützte sich der Wachtmeister auf zwei Krankenwärter?
4. Der Polizeipräsident ließ die Leute trotzdem verhören. Erklären Sie seine Gründe!

Zeile 53–69 Wir stellen fest: richtig oder falsch?

1. _____ In jener Stadt hatte die Geheimpolizei eine Kartei über jeden Bürger.
2. _____ Freund und Feind der Bürger wurden dort regelmäßig verhört und oft mißhandelt.
3. _____ Wenn man weiß, was jemand besonders haßt, und wenn man ihm damit droht (*threatens*), dann ist er zu allen Geständnissen (auch falschen) bereit.
4. _____ Der Mann, den sie suchten, war unter den achtundfünfzig Männern.

Zeile 69–90 Wir diskutieren

1. Der Mann nahm in seiner Wohnung ein Bad. Es klingelte zweimal. Hörte er es beide Male?
2. Er erhielt eine gute Nachricht. Was war die Bedingung? Konnte er mit Bart arbeiten? Hatte er einen Paß?
3. Er genoß die Stunden, bevor er das Haus verließ. Wie? Wußte er schon, wann sein Flug ging?
4. Er hatte vor Abflug noch zweierlei zu tun. Was war es?

Zeile 91–113 Wir stellen fest: richtig oder falsch?

1. _____ Dieser Mann hatte den Wachtmeister verächtlich angesehen, weil er den Vetter verachtete, dem er glich.
2. _____ Er begegnete jetzt wieder einem Polizisten, und der erinnerte ihn auch an den Vetter Egon.
3. _____ Bei der ersten wie bei der zweiten Begegnung wollte der Mann niemand kränken.
4. _____ Es war schwierig, einen Paß zu bekommen.

Zeile 114–135 Wir diskutieren

1. Es widerspricht der Bürokratie, schnell zu handeln. Wie sollte dieser spezielle Fall behandelt werden? Wer konnte so etwas nur entscheiden?
2. Auf dem Weg durch die Amtszimmer kamen sie an den festgenommenen Männern vorbei. Worüber wunderte sich unser Mann?
3. Der Polizeipräsident sah wieder einem anderen unangenehmen Vetter ähnlich. Warum mußte der Mann trotzdem freundlich sein?
4. Der Polizeipräsident selbst gab sich gern als Weltmann. Wie zeigte sich das?

Zeile 136–157   Wir stellen fest: richtig oder falsch?

    1. _____ Der Polizeipräsident gab dem Mann sofort einen Paß, weil die Verbindung mit Istambul eine Ehre für die Stadt war.

    2. _____ Der Besucher hatte einen Stadtplan von Istambul bei sich.

    3. _____ Der Polizeipräsident wünschte ihm eine gute Reise, nachdem er seine Krawatte bewundert hatte.

    4. _____ Der Polizeipräsident ging zum Mittagessen; den Mann mit dem verächtlichen Blick hatte er noch nicht gefunden.

Zeile 158–176   Wir diskutieren

1. Nach dem Mittagessen hörte er die Meldung des Friseurs. Warum erinnerte sich der Friseur noch an den Mann?
2. Der Polizeipräsident erkannte seine eigene Dummheit sofort. Wodurch? Warum wollte er so schnell zum Flugplatz?
3. Der Fahrer richtete bei seiner rasenden Fahrt mehr Schaden an als der „Täter" (*offender*) mit seinem „verächtlichen Blick". Wie überschritt er selbst das Gesetz (*law*)?
4. Am Schluß fliegt der unschuldige „Schuldige", der von der ganzen Polizeiaktion überhaupt nichts weiß, pünktlich ab nach Istambul. Was ist so ironisch an diesem Schluß der Erzählung? Wieso ist es absurd, daß ein verächtlicher Blick als Verbrechen behandelt wird? Warum wird über der fanatischen Verfolgung eines Zieles (*pursuing a goal*) oft der Grund dazu vergessen?

■ Inhaltliches

1. Was berichtete der Wachtmeister dem Polizeipräsidenten?
2. Warum hatte der Wachtmeister den Mann nicht verhaftet?
3. Woran, sagte er, könnte er den verschwundenen Täter wiedererkennen?
4. Wie fühlte sich der Wachtmeister, und warum wurde er abgelöst?
5. Wer verhaftete nun alle rotbärtigen Bürger? Wieviele waren es?
6. Wie wurden die Verhörten behandelt? Welche Mittel wurden angewandt?
7. Wo war der Täter?
8. Warum hörte er nicht, daß die Polizei an seiner Tür klingelte?
9. Wohin wollte er fliegen? Warum?
10. Warum ging er zum Friseur und dann aufs Polizeipräsidium?
11. Weshalb hatte er den Wachtmeister verächtlich angeschaut?
12. War es schwierig, einen Paß zu bekommen? Wieso?
13. Wem glich der Polizeipräsident?
14. Wie benahm sich der Polizeipräsident? Warum?
15. Wohin ging er, als der Mann mit dem Paß das Amtszimmer verließ?
16. Welche Meldung erwartete ihn nach seiner Rückkehr?

Höhere Mächte

17. Warum erinnerte sich der Friseur an den Mann?
18. Warum war der Polizeipräsident so wütend?
19. Was für eine Fahrt zum Flugplatz erlebte er auf dem Rücksitz seines Wagens?
20. War sein Fahrer schnell genug? Wieso (nicht)?

■ Vom Inhalt zum Gehalt

1. Die äußere Handlung dieser Kurzgeschichte basiert auf einer Kette von Zufällen. Wenn der Täter z.B. kein Bad genommen hätte, wäre er mit den anderen Rotbärtigen verhaftet worden. Geben Sie weitere Beispiele!
2. Will der Schriftsteller hier nur eine komische Geschichte erzählen, oder steckt mehr dahinter?
3. Worüber macht er sich lustig: über menschliche Schwächen und Torheiten (*follies*) oder über die Bürokratie (z.B. die Polizei)? Zeigen Sie es an Beispielen!
4. Eine sogenannte Amtsbeleidigung (*defamation of an office*) ist strafbar. Ist ein verächtlicher Blick eine solche Beleidigung für einen Polizisten oder irgendeinen anderen Beamten?
5. Die Polizei steht in dieser Kurzgeschichte im Mittelpunkt. Wie wird sie beschrieben: als dumm, untüchtig, unnütz, zu mächtig, sogar gefährlich? Inwiefern (*in what way*)?
6. Verspottet der Verfasser auch den Beamtenstaat als Ganzes (Polizisten sind auch Beamte), der die Macht über den Einzelnen hat? Wie zeigt er das?
7. Will er sagen, wir sind alle Opfer? Geben Sie Beispiele für die Hilflosigkeit des Einzelnen!
8. Der Verfasser kritisiert nicht direkt, sondern durch absurde Vorgänge (*action*) in der Erzählung und durch ironischen Stil. Erklären Sie das an Beispielen, z.B. der Fahrt zum Flugplatz!
9. Könnte man diese Kurzgeschichte als Satire bezeichnen? Eine Satire kritisiert durch Ironie und Übertreibung (der Handlung), also indirekt. Geben Sie Beispiele!
10. Enthält diese Satire auch eine politische Stellungnahme (*position*) gegen alles Diktatorische, oder ist sie gegen die zu große Macht eines jeden Staates gerichtet? Will der Verfasser sagen, daß es in bestimmten Regierungsformen Despoten gibt, oder will er sagen, daß jeder Regierungsapparat despotisch ist?
11. Die sprachlichen Bilder und Metaphern in dieser Erzählung sind der Jagd entnommen; z.B., die Funkstreifen „preschten" mit ihren Wagen . . . Nennen Sie weitere Beispiele für Jagdvokabular!
12. Dieses Vokabular verstärkt den Eindruck, daß der Mensch als ein gejagtes Opfer gesehen wird. Wer ist der „Jäger"?
13. Dieser Eindruck wird bestätigt (*confirmed*) durch die sadistische Be-

handlung der Häftlinge: sie ist angeblich nicht „grob", aber dafür umso raffinierter in ihrer Grausamkeit. Erklären Sie es (falsche Geständnisse, „jeder hat etwas auf dem Kerbholz", „Verhöre sind immer ergiebig" usw.)!
14. Ist der Polizeipräsident andererseits ein Symbol der mißbrauchten Macht? Denken Sie an die Kartei, die er über jeden anlegt, usw., und geben Sie noch andere Beispiele!
15. Der Verfasser behandelt das Thema des Einzelnen, der der großen Maschine Staat hilflos gegenübersteht, mit Humor. Ist es ihm nicht ernstgemeint, oder ist Ironie wirkungsvoller als „Predigen" (*preaching*)?
16. Der Verfasser erhebt nicht den Finger, um vor der Gefahr der Macht zu warnen. Er läßt die Absurdität der menschlichen Handlungen für sich selbst sprechen. Sagt er nicht aber trotz des leichten, humoristischen Tones etwas sehr Schwerwiegendes (*serious*), das uns alle angeht (*concerns*)? Was ist es?

■ Praktisches und Persönliches

Diese Kurzgeschichte enthält viele interessante Punkte, die uns alle angehen:

1. Stimmt es, daß fast jeder Mensch aus irgendeinem Grunde ein schlechtes Gewissen hat?
2. Schaut man meistens an einem Polizisten vorbei, wenn man ihm begegnet? Warum wohl?
3. Haben Sie schon einmal erlebt (oder davon gehört), daß jemand ohne genügenden Grund verhaftet wurde? Was war der Anlaß (*cause*)?
4. Glauben Sie, daß die Polizei (und die Staatsbeamten im allgemeinen) das System ausnutzen, wie z.B. die Funkstreifen, die angeblich im Einsatz sind?
5. Gibt es solche Praktiken auch bei Privatfirmen und überall dort, wo jemand für andere arbeitet?
6. Geht es auf Behörden und Ämtern (*government offices*) immer besonders langsam zu? Das Warten gehört immer dazu. Haben Sie selbst die Erfahrung schon oft gemacht? Wo?
7. Ist der Polizeipräsident, der sich so wichtig fühlt, typisch für gewisse Leute in höheren Positionen? Oder ist es eine allgemein menschliche Schwäche, sich wichtig zu fühlen? Berichten Sie von Ihren eigenen Erfahrungen mit solchen Leuten!
8. Woran denken Sie, wenn Sie in dieser Geschichte von „Geheimpolizei" lesen? An Hitlers Gestapo, zum Beispiel, oder auch an die FBI?
9. Sind Sie der Meinung, daß der Staat (auch unser Staat) zu viele Rechte über uns hat oder sich zu viele Rechte nimmt? Halten Sie das für unvermeidlich?
10. Was hätten *Sie* an Stelle der verhafteten rotbärtigen Männer getan? Hätten Sie auch falsche Geständnisse gemacht?

Grammatisches

Create sentences using the cues provided.

Zum Beispiel: das ist / die / gleich / Wirkung ⟶ Das ist die gleiche Wirkung.

1. das ist / ein / gründlich / Beamter
2. wir beschreiben / der / unerfreulich / Zustand
3. er entläßt / der / faul / Postbote
4. das gleicht / die / früher / Bedingungen
5. am Ende / der / lang / Brief / stand: es bleibt / ein / schwierig / Fall
6. der Unfall / beschädigte / der / neu / Krankenwagen
7. du unterschreibst / der / geschäftlich / Vertrag
8. sie kennen / solche / verdächtig / Zufälle
9. der Polizeibeamte / verhört / jeder / jung / Mann
10. ihr wählt / sicher / bald / besser / und / verantwortlicher / Politiker
11. sie überfahren / hoffentlich / kein / einzig / Mensch / und / kein / arm / Tier
12. er verlangt / selbstverständlich / absolut / Beweise

9 Familienleben

Max Beckmann Familienszene *1918*

Marie Luise Kaschnitz

Schneeschmelze

Marie Luise Kaschnitz, née von Holzing-Berstett, came from an Alsatian family of noble ancestry. Born in 1901 in Karlsruhe, she grew up in Potsdam and Berlin, where her father, an army officer, had been stationed. She chose the book trade as a profession and after some years in Weimar and Munich settled in Rome, where in 1925 she married the Viennese archaeologist Guido Freiherr von Kaschnitz-Weinberg. From 1932 to 1955 she lived in Germany and then again in Rome. After her husband's death in 1958, she returned to Germany. She died in 1974.

As the author of poetry, novels, short stories, essays, and radio plays, Kaschnitz received several literary prizes. Her work combines religious faith and historical knowledge in a realistic portrayal of the modern world; much of her writing is autobiographical in nature.

Wortschatz

der Anfang beginning; **von Anfang an** from the beginning
die Brille, -n pair of glasses
die Einrichtung, furnishings; **-en** facilities, equipment
das Geräusch, -e sound, noise
das Geschirr dishes
der Knopf, ⸚e button
die Küche kitchen

ab·holen to pick up, fetch
ab·trocknen to dry
an·nageln to nail to, on
an·nähen to sew on
an·nehmen, -a, -genommen, -i to adopt; to assume; to accept
an·rufen, -ie, -u to telephone, call
an·zünden to light
auf·hören to cease, stop
auf·setzen to put on (*e.g., hat, glasses*)

der Kühlschrank, ⸚e refrigerator
die Mauer, -n (stone or cement) wall
das Mietshaus, ⸚er apartment house
der Schrank, ⸚e cabinet; wardrobe; closet
die Schüssel, -n bowl
der Sessel, - armchair

auf·ziehen, -zog, -o to pull up; to wind up
aus·sehen, -a, -e, -ie to look (like)
gähnen to yawn
lächeln to smile
schmelzen, -o, -o, -i to melt
spülen to rinse; **Geschirr spülen** to do dishes
waschen, -u, -a, -ä to wash; **Geschirr ab·waschen** to wash dishes; **sich die Hände waschen** to wash one's hands

weh·tun to hurt, be painful; **sich weh·tun** to hurt oneself, get hurt

weinen to cry

altmodisch old-fashioned
(un)angenehm (dis)agreeable
erschrocken startled; shocked
(un)gemütlich (un)cozy, (un)comfortable
hell bright, light
leise soft, low, gentle

liebevoll loving
lustig cheerful, gay
verrückt crazy, mad
weich soft
(un)zufrieden (dis)satisfied, (dis)contented

A. Give an equivalent from the *Wortschatz* for each of the following expressions.
   1. der Eisschrank
   2. adoptieren
   3. das Licht andrehen
   4. telefonieren
   5. Geschirr abwaschen
   6. froh
   7. schmerzen
   8. die Wand
   9. die Augengläser

B. Find the word that does not belong.
   1. Geschirr / Küche / Knopf / Schüssel
   2. weinen / lächeln / gähnen / abholen
   3. Geräusch / Sessel / Einrichtung / Schrank
   4. liebevoll / erschrocken / lustig / angenehm
   5. spülen / schmelzen / abtrocknen / waschen
   6. annageln / annähen / aussehen / aufsetzen

C. Give an opposite from the *Wortschatz* for each of the following expressions.
   1. anfangen
   2. dunkel
   3. das Ende
   4. hart
   5. laut
   6. modern
   7. die Stille
   8. traurig

D. Complete the sentences with words from the *Wortschatz*.
   1. In diesem großen, lauten Restaurant ist es mir zu _____.
   2. Der Lärm macht mich ganz _____.
   3. Ich habe vergessen, meine Uhr _____.

Familienleben 155

4. Diese Familie wohnt in einem _____ in der Stadt.

5. Meine neue Stelle gefällt mir sehr; ich bin damit sehr _____.

Die Wohnung lag° im zweiten Stockwerk° eines
großen, hellen Mietshauses, auch die Zimmer waren
hell und freundlich, blauer Linoleumbelag° mit weißen Spritzern,° Nußbaumschrank mit Vitrine,° Sessel
mit Schaumgummipolster,° tomatenroter Bezug.°
Die Kücheneinrichtung noch altmodisch, aber frisch
gestrichen, schneeweiß und gemütlich, mit Sitzbank°
und großem Tisch. Draußen war Tauwetter,° der
Schnee schmolz, tropfte° von der Dachrinne,°
rutschte° in dicken Paketen von der Schräge° und
stäubte am Fenster vorbei.° In der Küche stand die
Frau, als der Mann von der Arbeit heimkehrte. Es
dämmerte° schon, es war beinahe° sechs Uhr. Sie
hörte, wie er die Wohnungstür von außen mit seinem Schlüssel öffnete und sie° dann von innen
wieder abschloß, auf die Toilette ging, zurückkam,
die Tür hinter ihrem Rücken öffnete und guten
Abend sagte. Da erst° nahm sie die Hände aus der
Seifenbrühe,° in der lange Strümpfe sich wie Aale
wanden,° spritzte die Tropfen von den Fingern,
drehte sich um und nickte ihm zu.

    Hast du die Tür abgeschlossen? fragte sie.

    Ja, sagte der Mann.

    Zweimal? fragte die Frau.

    Ja, sagte der Mann.

    Die Frau ging zum Fenster und ließ den Laden°
herunter.

    Mach noch kein Licht, sagte sie, es ist ein Spalt°
im Laden, wenn du ein Stück Pappe° davor° nageln
könntest, wäre es gut.

    Du bist zu ängstlich, sagte der Mann.

    Er ging hinaus° und kam mit Handwerkszeug°
und einem Stück grober Pappe zurück. Auf die eine
Seite der Pappe war ein Bild geklebt,° ein Neger mit
einem roten Halstuch° und blitzenden° Zähnen, und
der Mann nagelte die Pappe so an, daß man den
Neger von innen° sah. Er verrichtete° seine Arbeit
in dem bißchen Licht, das vom Korridor in die
Küche fiel, und kaum daß er° fertig war, ging die
Frau hinaus, drehte draußen das Licht aus und
schloß die Tür. In der Neonröhre° über dem Herd
zuckte und flimmerte es,° plötzlich war der Raum

lag = war / im ... on the third floor

linoleum covering
speckles / display cabinet
foam rubber / covering

Sitzbank = Bank
war ... it was thawing
dripped / gutter
slipped / slanted roof
stäubte ... scattered by the window

Es dämmerte = Es wurde dunkel / beinahe = fast

sie = die Tür

Da ... Only then
soapsuds
sich ... were slithering like eels

Laden = Rolladen (rolling shutters)

crack
cardboard / davor = vor den Spalt

hinaus = aus der Küche / tools

glued
kerchief / shiny

von innen = in der Küche / verrichtete = tat

kaum ... hardly was he

neon tube
zuckte ... there was a flicker and glimmer

strahlend° hell, und der Mann ging an den Ausguß,° wusch sich die Hände unter dem Wasserhahn und setzte sich an den Tisch.

Jetzt will ich essen, sagte er.

Ja, sagte die Frau.

Sie nahm aus dem Kühlschrank eine Platte mit Wurst, Schinken und Salzgurken° und stellte eine Schüssel voll Kartoffelsalat dazu. Das Brot stand in einem hübschen geflochtenen Körbchen° schon auf dem Tisch, auf einer Wachstuchdecke,° die wie Leinen aussah und die ein Muster von kleinen, lustig bewimpelten° Schiffen zeigte.

Hast du die Zeitung? fragte die Frau.

Ja, sagte der Mann. Er ging wieder in den Flur° hinaus, kam zurück und legte die Zeitung auf den Tisch.

Du mußt die Tür zumachen, sagte die Frau. Das Licht fällt durch die Glastür auf die Treppe, jeder kann sehen, daß wir zu Hause sind. Was steht in° der Zeitung? fragte sie.

Es steht etwas drin° von der Rückseite des Mondes, sagte der Mann, der die Tür zugemacht und sich wieder hingesetzt hatte und der nun anfing, Kartoffelsalat und Wurst zu essen. Auch über China etwas° und über Algier.

Das will ich nicht wissen, sagte die Frau. Ich will wissen, ob die Polizei etwas tut.

Ja, sagte der Mann. Sie haben eine Liste angelegt.°

Eine Liste, sagte die Frau höhnisch.° Hast du Polizisten auf der Straße gesehen?

Nein, sagte der Mann.

Auch nicht vor dem Roten Bock° an der Ecke?

Nein, sagte der Mann.

Die Frau hatte sich an den Tisch gesetzt, sie aß jetzt auch, aber wenig, und die ganze Zeit über° horchte sie angestrengt° auf jedes Geräusch, das von der Straße herdrang.°

Ich begreife dich nicht, sagte der Mann, ich wüßte nicht,° wer uns etwas tun sollte, und warum.

Ich weiß schon° wer, sagte die Frau.

Außer *ihm* wüßte ich niemanden, sagte der Mann, und *er* ist tot.

Ich bin nicht ganz sicher, sagte die Frau.

Sie stand auf und räumte das Geschirr zusammen° und fing auch gleich an, es abzuwaschen, wobei sie sich bemühte,° so wenig Lärm wie möglich zu machen. Der Mann steckte sich eine Zigarette an und starrte auf die erste Seite der Zeitung, aber man konnte ihm anmerken,° daß er nicht richtig° las.

Wir haben ihm nur Gutes getan, sagte er.

Das will nichts heißen,° sagte die Frau.

Sie nahm die Strümpfe aus der Schüssel, spülte° sie aus und hing sie an hübschen blauen Plastikklammern° über der Heizung° auf.

Weißt du, wie sie es machen? fragte sie.

Der Mann sagte, nein, ich will's auch nicht wissen, ich fürchte mich nicht vor diesen Rotzkerlen.° Ich will die Nachrichten° hören.

Sie klingeln,° sagte die Frau, aber nur wenn sie wissen, daß jemand zu Hause ist. Wenn niemand aufmacht, drücken sie die Glastüre ein,° sie kommen ins Zimmer, mit dem Revolver in der Hand.

Hör auf, sagte der Mann. Hellmuth ist tot.

Die Frau nahm das Handtuch von einem Plastikhaken° an der Wand und trocknete sich die Hände ab.

Ich muß dir etwas erzählen, sagte sie, ich habe es bisher° nicht tun wollen, aber jetzt muß ich es tun. Damals,° als ich von der Polizei abgeholt° wurde . . .

Der Mann legte die Zeitung auf den Tisch und sah seine Frau erschrocken an. Ja? fragte er.

Sie haben mich in die Totenkammer° geführt,° sagte die Frau, und der Polizist hat angefangen, einen° abzudecken,° aber langsam, von den Füßen an.°

Sind das die Schuhe Ihres Sohnes? hat er gefragt, und ich habe gesagt, ja, es sind seine Schuhe.

Ist es auch sein Anzug°? hat der Polizist weiter gefragt, und ich habe gesagt, ja, es ist sein Anzug.

Ich weiß, sagte der Mann.

Ist es auch sein Gesicht°? hat der Polizist am Ende gefragt und hat das Leinentuch° ganz zurückgeschlagen,° aber nur einen Augenblick, weil das Gesicht ganz zerstört° war und weil er dachte, ich würde in Ohnmacht fallen° oder schreien.

Ja, habe ich gesagt, es ist auch sein Gesicht.

Ich weiß, sagte der Mann.

Die Frau kam zum Tisch, setzte sich ihrem Mann gegenüber° und stützte° den Kopf auf die Hand.

wobei . . . while making an effort

ihm . . . notice by looking at him / actually

Das . . . That doesn't mean a thing
rinsed

plastic clothespins / radiator

punks
news
ring the doorbell

drücken [. . .] ein   push in

plastic hook

bisher = bis jetzt
That time / abgeholt: zu Hause

morgue / geführt = gebracht
einen = einen Toten / to uncover
von . . . beginning with his feet

suit

face
linen cloth
ganz . . . completely folded back
destroyed
in . . . faint

ihrem . . . across from her husband / supported

158   Chapter 9

Franz Radziwill Liebesgram *1921*

135	Ich habe ihn nicht erkannt,° sagte sie.	recognized
	Er kann es aber gewesen sein,° sagte der Mann.	Er... *But it could have been him*
	Er muß es nicht gewesen sein,° sagte die Frau.	Er... *Not necessarily*
	Ich bin nach Hause gegangen und habe dir gesagt, er war es, und du warst froh.°	glad
140	Wir waren beide froh, sagte der Mann.	
	Weil er nicht unser Sohn war, sagte die Frau.	
	Weil er war, wie er war,° sagte der Mann.	wie... *the way he was*
	Er starrte seiner Frau ins Gesicht,° ein ewig junges, rundes, von Kräuselhaaren umgebenes,° das	starrte... *stared at his wife's face* von... *framed by curly hair*
145	sich urplötzlich° verwandeln konnte in das einer ganz alten Frau.	abruptly
	Du siehst müde aus, sagte er, du bist nervös, wir sollten schlafen gehen.	
	Es hat keinen Zweck,° sagte die Frau, wir kön-	Es... *It's no use*
150	nen schon lange nicht mehr schlafen, wir tun nur so° und machen ganz leise die Augen auf, und dann kommt der Morgen, und unsere leisen° Augen sehen sich an.	tun... *only pretend* silent
	Wahrscheinlich, sagte der Mann, sollte niemand	
155	ein Kind annehmen. Wir haben einen Fehler gemacht, aber jetzt ist es gut.°	all right
	Ich habe den Toten° nicht erkannt, sagte die Frau.	Toten = toten Mann
	Er kann trotzdem tot sein, sagte der Mann, oder	
160	außer Landes,° in Amerika, in Australien, weit weg.	außer... *out of the country*
	In diesem Augenblick rutschte wieder ein	

Familienleben

großes Stück Schnee vom Dach und fiel auf das Straßenpflaster° mit einem weichen, dumpfen Laut.°

165 Erinnerst du dich an das Weihnachten° mit dem vielen Schnee, sagte die Frau.

Ja, antwortete der Mann. Hellmuth war damals sieben Jahre alt. Wir haben ihm einen Rodelschlitten° gekauft. Er hat noch viele andere Geschenke bekommen.

170 Aber nicht, was er wollte, sagte die Frau. Er hat alle Geschenke durcheinandergeworfen° und gesucht und gesucht.

Schließlich hat er sich beruhigt und mit dem Baukasten° gespielt. Er hat ein Haus gebaut, das
175 weder Fenster noch Türen hatte, und eine hohe Mauer darum.°

Im Frühjahr darauf° hat er das Kaninchen erwürgt,° sagte die Frau.

Sprechen wir° von etwas anderem, sagte der
180 Mann. Gib mir den Besen, damit ich den Stiel° festmache.

Das macht zuviel Lärm, sagte die Frau. Weißt du, wie sie° sich nennen?

Nein, sagte der Mann. Ich will es auch nicht wissen,
185 sen, ich will ins Bett gehen oder etwas tun.

Sie nennen sich die Richter,° sagte die Frau.

Sie erstarrte° und horchte, jemand kam die Treppe herauf, blieb einen Augenblick stehen° und ging weiter, langsam, alle Stufen, bis zum obersten
190 Stock.°

Du machst mich verrückt, sagte der Mann.

Als er neun Jahre alt war, sagte die Frau, hat er mich zum erstenmal geschlagen. Erinnerst du dich?

Ich erinnere mich, sagte der Mann. Sie hatten
195 ihn von der Schule gejagt,° und du hast ihm Vorwürfe gemacht.° Damals kam er in die Erziehungsanstalt.°

In den Ferien war er bei uns, sagte die Frau.

In den Ferien war er bei uns, wiederholte der
200 Mann. Ich ging einmal am Sonntag mit ihm zu den Teichen° im Wald. Wir sahen einen Feuersalamander.° Auf dem Heimweg schob er seine Hand in meine Hand.

Am Tag darauf, sagte die Frau, schlug° er dem
205 Sohn des Bürgermeisters ein Auge aus.

Er wußte nicht, daß es der Sohn des Bürgermeisters war, sagte der Mann.

Es war sehr unangenehm, sagte die Frau. Du hättest um ein Haar deine Stellung verloren.°

210 Wir waren froh, als die Ferien vorbei waren, sagte der Mann. Er stand auf, holte eine Flasche Bier aus dem Kühlschrank und stellte ein Glas auf den Tisch. Willst du auch°? fragte er.

Nein, danke, sagte die Frau. Er hat uns nicht
215 liebgehabt.

Er hat niemanden liebgehabt, sagte der Mann, aber er hat einmal Schutz° bei uns gesucht.

Er war aus der Anstalt° ausgerückt,° sagte die Frau. Er wußte nicht, wohin.

220 Der Direktor hat uns angerufen, sagte der Mann. Der Direktor war ein freundlicher, lustiger Herr. Wenn der Hellmuth zu Ihnen kommt, hat er gesagt, dann machen Sie ihm nicht auf.° Er hat kein Geld und kann sich nichts zu essen kaufen. Wenn
225 der Vogel Hunger hat, kommt er in den Käfig° zurück.

Hat er das gesagt? fragte die Frau.

Ja, sagte der Mann. Er hat auch wissen wollen,° ob der Hellmuth Freunde hat in der Stadt.

230 Er hatte aber keine,° sagte die Frau.

Das war zur Zeit der Schneeschmelze, sagte der Mann. Der Schnee rutschte vom Dach und fiel in Klumpen auf den Balkon.

Wie heute,° sagte die Frau.
235 Alles wie heute, sagte der Mann.

Alles wie heute, wiederholte die Frau, das Fenster verdunkelt,° leise gesprochen, nicht zu Hause gespielt.° Das Kind ist die Treppe heraufgekommen und hat geklingelt und geklopft.

240 Ein Kind war der Hellmuth nicht mehr, sagte der Mann. Er war fünfzehn Jahre alt, und wir mußten tun, was der Direktor sagte.

Wir hatten Angst, sagte die Frau.

Der Mann schenkte sich das zweite Glas Bier
245 ein.° Die Straßengeräusche waren beinahe verstummt,° man hörte den Föhn,° der in mächtigen Stößen° aus dem Gebirge kam. Er hat es gemerkt, sagte die Frau. Er war schon fünfzehn Jahre alt, aber er hat auf der Treppe geweint.

250 Das ist jetzt alles vorbei, sagte der Mann und fuhr mit der Spitze° seines Mittelfingers auf dem Wachstuch herum,° immer zwischen den kleinen Schiffen, ohne eines° zu berühren.

Du . . . You came within a hair's breadth of losing your job.

auch = auch etwas trinken

refuge

institution (reform school) / ausgerückt = weggelaufen

auf = die Tür auf

cage

hat [. . .] wollen = wollte

keine = keine Freunde

Wie . . . Just like today

blacked out

nicht . . . pretending that no one was home

schenkte [. . .] poured

beinahe . . . almost completely gone / Föhn: a warm, dry wind

Stößen gusts

fuhr . . . ran the tip

fuhr [. . .] herum traced

eines = ein Schiff

Familienleben 161

Auf der Polizei,° sagte die Frau, war eine Zigeunerin,° deren Kind da lag, überfahren,° tot. Die
Zigeunerin hat gebrüllt wie ein Tier.

Die Stimme des Blutes,° sagte der Mann spöttisch und machte ein unglückliches Gesicht.

Er hat doch einmal° einen Freund gehabt, sagte
die Frau. Es war ein kleiner, schwacher Junge. Er
war der,° den sie auf den Schulhof an einen Pfahl°
gebunden haben. Sie haben das Gras um seine Füße
angezündet, und weil es sehr heiß war, hat das Gras
gebrannt.

Da siehst du es wieder,° sagte der Mann.

Nein, sagte die Frau, Hellmuth war es nicht,
und er war auch nicht dabei.° Das Kind hat sich los-
reißen° können, aber es ist später gestorben. Alle
Jungen sind zu seiner Beerdigung gegangen und
haben Blumen gestreut.°

Der Hellmuth auch? fragte der Mann.

Der Hellmuth nicht,° antwortete die Frau.

Er hatte kein Herz, sagte der Mann, und fing
an, sein leeres Bierglas zwischen den Händen zu
rollen.

Vielleicht doch,° sagte die Frau.

Es ist so hell hier, sagte der Mann plötzlich. Er
starrte auf die Neonröhre über dem Herd, und
dann legte er seine Hand über die Augen und rieb
mit den Fingern auf den geschlossenen Lidern
herum.°

Wo ist das Bild°? fragte er.

Ich habe es in den Schrank gelegt, sagte die
Frau.

Wann? fragte der Mann.

Schon lange,° antwortete die Frau.

Also° hast du ihn gestern gesehen? sagte der
Mann.

Ja, sagte die Frau rasch,° wie erlöst.° Er stand an
der Ecke, beim Roten Bock.

Allein? fragte der Mann.

Nein, sagte die Frau, mit ein paar Burschen,°
die ich nicht kannte. Sie standen zusammen, die
Hände in den Hosentaschen, und sprachen nichts.
Dann hörten sie etwas, was ich auch hörte, einen
langen, scharfen Pfiff,° und plötzlich waren alle
verschwunden, wie vom Erdboden verschluckt.°

Hat er dich gesehen? fragte der Mann.

Nein, antwortete die Frau. Ich stieg aus der Elektrischen,° und er drehte mir den Rücken zu.

Vielleicht war er es nicht, sagte der Mann.

Ich bin nicht ganz sicher, sagte die Frau.

Der Mann stand auf, reckte° sich, gähnte und stieß ein paarmal mit dem Fuß gegen das Stuhlbein.

Das ist es, warum man keine Kinder annehmen soll.° Man weiß nicht, was in ihnen steckt.°

Man weiß von keinem Menschen, was in ihm steckt, sagte die Frau.

Sie zog die Tischschublade ein Stück heraus, fuhr mit der Hand darin herum° und legte eine Rolle° schwarzen Faden und eine Nähnadel auf den Tisch.

Zieh deine Jacke aus, sagte sie. Der obere Knopf ist lose.

Während der Mann seine Jacke auszog, beobachtete er, wie sie versuchte, die Nadel einzufädeln.° Es war sehr hell in der Küche, und die Nadel hatte ein großes Öhr.° Aber ihre Hände zitterten, und es gelang ihr nicht. Er legte die Jacke auf den Tisch, und die Frau saß da und versuchte immer weiter,° die Nadel einzufädeln, und es gelang ihr nicht.

Lies mir etwas vor, bat die Frau, als sie bemerkte, daß er sie nicht aus den Augen ließ.°

Aus der Zeitung? fragte der Mann.

Nein, sagte die Frau. Aus einem Buch.

Der Mann ging in das Wohnzimmer hinüber° und kam gleich° mit einem Buch zurück. Während er es auf den Tisch legte und in seinen Taschen nach der Brille suchte, hörten sie beide vor dem Fenster die Katze schreien.

Da kommt sie endlich heim, die Herumtreiberin,° sagte der Mann, stand auf und versuchte den Rolladen ein Stück heraufzuziehen, aber weil er die Pappe dagegen genagelt hatte, bewegte sich der Laden nicht.°

Du mußt die Pappe wieder abmachen,° sagte die Frau.

Der Mann holte eine Zange° und zog die Nägel aus der Pappe. Er zog den Laden herauf, und die Katze sprang mit einem Satz° vom Fensterbrett und huschte wie ein kohlschwarzer Schatten in der Küche umher.°

Elektrischen = Straßenbahn

stretched

soll = sollte / was . . . what they are born with

fuhr [. . .] herum dug around
spool

to thread
Öhr = Nadelöhr (eye of the needle)

weiter = wieder

sie . . . he kept staring at her

over to
right away

gadabout

bewegte sich [. . .] nicht did not budge
take off

pair of pliers

leap

huschte [. . .] umher whisked about

Familienleben   163

345 Soll ich die Pappe wieder annageln? fragte der Mann, und die Frau schüttelte den Kopf. Lies jetzt bitte, sagte sie.

Der Mann nahm die Pappe mit dem Neger und stellte sie° gegen den Kühlschrank, und der Neger grinste ihn von unten an.° Dann setzte er sich hin
350 und zog seine Brille aus dem Futteral.°

Miez,° sagte er, und die Katze sprang ihm auf den Schoß° und schnurrte, und er fuhr° ihr mit der Hand über den Rücken und sah plötzlich ganz zufrieden aus.

355 Lies bitte, sagte die Frau.
Von Anfang an°? fragte der Mann.
Nein, sagte die Frau, irgendwo.° Schlag das Buch in der Mitte auf° und lies irgendwo.
Das hat doch keinen Sinn,° sagte der Mann.
360 Das hat doch einen Sinn,° sagte die Frau. Ich will wissen, ob wir schuldig° sind.

Der Mann setzte die Brille auf und schlug viele Seiten des Buches um.° Es war irgendeines,° das er im Dunkeln gegriffen hatte, viele Bücher besaßen°
365 sie nicht. Ich aber, las er langsam und schwerfällig,° erblickte ihn fast mit Entsetzen,° denn seine regelmäßigen, aber starken Züge,° die schwarzen, in die Stirne fallenden Locken, die großen Augen, die mit kalten Flammen leuchteten, alles sah ich später
370 lange noch einem gemalten Bilde gleich vor mir.° Er las noch ein paar Worte weiter und dann ließ er das Buch auf den Tisch sinken° und sagte, daraus° erfahren° wir nichts.

Nein, sagte die Frau und hielt wieder die Nadel
375 mit der linken Hand gegen das Licht und fuhr mit dem schwarzen Fadenende in ihrer Rechten° an dem Nadelöhr vorbei.°

Warum willst du es durchaus° wissen? fragte der Mann, jeder Mensch ist schuldig und nicht schuldig,
380 darüber nachzudenken, hat keinen Zweck.

Wenn wir schuldig sind, sagte die Frau, müssen wir jetzt den Laden aufziehen, damit° jeder von weitem° sieht, daß wir zu Hause sind. Wir müssen auch das Licht im Vorplatz° brennen lassen und die
385 Wohnungstür aufmachen, damit jeder ungehindert° eintreten kann.

Der Mann machte eine Bewegung des Unmuts,° und die Katze sprang von seinem Schoß und glitt° in

sie = die Pappe
grinste [...] an grinned at
case

Kitty
lap / stroked

Von... From the beginning?
anywhere
aufschlagen = aufmachen
Das... But that doesn't make any sense
Das... Yes it does
guilty

schlug [...] um turned / just any one (i.e., book)
besaßen = hatten
awkwardly
horror
features

alles... long afterwards I still saw everything before me like a painting
drop / daraus = aus dem Buch
learn

Rechte = rechte Hand
fuhr [...] vorbei missed
by all means

so that
von... from afar
vestibule
freely

eine... a gesture of irritation
slipped

die Ecke neben den Mülleimer,° wo ein Schüsselchen
mit Milch für sie stand. Die Frau versuchte nicht
mehr zu fädeln,° sie hatte den Kopf auf den Tisch,
auf die Jacke ihres Mannes gelegt, und es war jetzt
so still, daß sie beide hören konnten, wie die Katze
in ihrer Ecke leckte° und trank.
    Möchtest du das°? fragte der Mann.
    Ja, sagte die Frau.
    Auch die Wohnungstür? fragte der Mann.
    Ja, bitte, sagte die Frau.
    Du bist doch gar nicht sicher, daß er es war, an
der Ecke beim Roten Bock, wandte der Mann noch
ein.° Aber er stand dabei° schon auf und zog den
Rolladen hoch, ganz bis obenhin,° und dabei bemerkte er, daß alle anderen Läden heruntergelassen
waren und daß nun der Schein des Neonlichtes wie
das weiße Feuer eines Leuchtturms° hinausstrahlte°
in die Nacht.
    Es ist doch möglich, sagte die Frau.
    Ja, und°? fragte der Mann.
    Das tut nichts zur Sache,° sagte die Frau.
    Der Mann ging auf den Vorplatz und drehte
dort das Licht an,° und dann schloß er die Wohnungstür auf. Als er zurückkam, hob die Frau ihr
Gesicht aus dem kratzigen° Jackenstoff, sie hatte das
Fischgrätenmuster° auf der Backe und lächelte ihn
an.
    Jetzt kann jeder herein, sagte er unzufrieden.
    Ja, sagte die Frau und lächelte noch liebevoller.°
    Jetzt, sagte der Mann, braucht sich niemand
mehr die Mühe zu machen,° die Glastür einzuschla-
gen.° Jetzt können sie plötzlich in der Küche stehen,
mit dem Revolver in der Hand.
    Ja, sagte die Frau.
    Und was tun *wir* jetzt? fragte der Mann.
    Wir warten, sagte die Frau.
    Sie streckte die Hand aus und zog den Mann
neben sich auf die Bank. Der Mann setzte sich und
zog seinen Rock° an, und die Katze sprang ihm auf
den Schoß.
    Jetzt kannst du auch das Radio andrehen, sagte
die Frau. Der Mann hob die Hand zum Büffet° und
drückte eine Taste herunter,° und an dem Apparat
leuchtete das grüne Auge und die Ortsnamen° wurden hell. Es kam eine Musik, die sehr fremdartig°

Familienleben 165

und eigentlich gar nicht wie Musik klang, und an
jedem andern Abend hätte° der Mann jetzt sofort
den Knopf nach rechts oder nach links gedreht,
aber heute war es ihm gleichgültig,° er rührte° sich
nicht. Auch die Frau rührte sich nicht, sie hatte
ihren Kopf an des Mannes Schulter gelegt und
machte die Augen zu. Auch der Mann machte die
Augen zu, weil ihn das Licht blendete und weil er
sehr müde war. Verrückt, dachte er, da sitzen wir im
Leuchtturm und warten auf die Totschläger,° und
dabei° war es vielleicht gar nicht der Junge, vielleicht ist der Junge tot. Er merkte schon, daß seine
Frau am Einschlafen° war und nahm sich vor,° so
bald sie schlief, aufzustehen und den Laden herun-
terzulassen und die Tür zu verschließen.° Sie hatte
aber schon lange, viele Jahre nicht, so an seiner
Schulter geschlafen, sie tat es auf dieselbe Art und
Weise wie früher° und war überhaupt dieselbe wie
früher, nur das Gesicht ein bißchen zerknittert,°
aber das Gesicht und den weißen Haaransatz° sah er
jetzt nicht, und weil alles so war wie früher, tat es
ihm leid, seine Schulter wegzuziehen, es war auch
möglich, daß sie dabei° aufwachte und alles von
neuem° begann. Von neuem, dachte er, von vorne,°
wir wollten doch ein Kind haben, immer habe ich
mir ein Kind gewünscht, und wir bekommen
keines,° da, Schwester, das Lockenköpfchen° in der
dritten Reihe, und kommt nicht jemand die Treppe
herauf, ein Junge? Nicht aufmachen, sagt der Direktor, also still, ganz still. Still, ganz still, wir haben ihn
nicht liebgehabt, aus dem Lockenköpfchen ist ein
wildes Tier geworden, hereinspaziert,° meine Her-
ren, alle Türen sind offen, schießen Sie, meine Frau
will es nicht anders,° und es tut nicht weh.
    Es tut nicht weh, sagte er, halb im Schlaf schon,
unwillkürlich° laut, und die Frau schlug die Augen
auf und lächelte, und dann schliefen sie beide und
merkten nicht, wie später die Katze von seinem
Schoße sprang und durch das angelehnte° Fenster
hinausschlüpfte,° wie der Schnee vom Dach rutschte
und der warme Wind das Fenster bewegte und wie
endlich die Morgendämmerung° kam. Sie schliefen,
gegeneinandergelehnt,° tief und ruhig, und niemand kam, sie zu töten, es kam überhaupt niemand,
die ganze Nacht.

■ Zum Leseverständnis

Zeile 1–21   Wir stellen fest: richtig oder falsch?

1. _____ Der Mann und die Frau hatten eine helle, gemütliche Mietwohnung.
2. _____ Draußen war tiefer Winter, und es schneite.
3. _____ Als ihr Mann abends nach Hause kam, machte die Frau ihm die Tür auf.
4. _____ Die Frau wusch gerade Strümpfe.

Zeile 22–106   Wir diskutieren

1. Wir wissen noch nicht, warum die Frau so ängstlich ist. Woran erkennt man, *daß* sie es ist? Was soll der Mann tun?
2. Sie gab dem Mann etwas zu essen und wollte wissen, was in der Zeitung stand. Wofür interessierte sie sich nur? Was hielt sie von der Liste der Polizei?
3. Der Mann versteht die Angst der Frau nicht, denn der einzige, der ihnen etwas tun könnte, ist tot. Bleibt er deshalb so ruhig?
4. Die Frau ist nicht ganz sicher, daß er tot ist, und es nützt auch nichts, daß sie diesem Jungen nur Gutes getan haben. Gehört er zu den Kerlen, die in Häuser einbrechen?

Zeile 107–163   Wir stellen fest: richtig oder falsch?

1. _____ Der Kerl, vor dem die Frau Angst hatte, hieß Hellmuth.
2. _____ Die Frau hatte den Toten identifiziert, aber nicht erkannt.
3. _____ Beide, der Mann und die Frau, waren sehr traurig über Hellmuths Tod.
4. _____ Der Mann dachte, daß ein adoptiertes Kind nicht dasselbe sei wie ein eigenes.

Zeile 164–272   Wir diskutieren

1. Hellmuth war schon als Kind schwierig gewesen. Was geschah zum Beispiel, als er sieben und neun Jahre alt war?
2. In den Sommerferien kam er aus der Erziehungsanstalt nach Hause. Man konnte nur froh sein, als er wieder fort war. Warum?
3. Hellmuth hatte keine Freunde und liebte niemand. Mit fünfzehn lief er aus der Anstalt weg. Der Direktor wollte „den Vogel in den Käfig zurückholen". Wie sollten die Eltern dabei helfen?
4. Als er noch ganz klein war, hatte er doch einmal einen Freund. Hatte er mit dessen Tod etwas zu tun? Ging er mit zur Beerdigung?

Zeile 273–308   Wir stellen fest: richtig oder falsch?

    1. _____ Der Mann hielt Hellmuth für gefühllos.

    2. _____ Die Frau hatte ihn auf der Straße wiedergesehen.

    3. _____ Hellmuth stand dort zusammen mit anderen Burschen und sah sie auch.

    4. _____ Man kann nie wissen, wie sich ein Mensch entwickelt und wie er wirklich ist.

Zeile 309–478   Wir diskutieren

1. Die Frau konnte sich nicht von ihrer Angst befreien. Sie versuchte zu nähen. Die Katze wollte herein; was mußte der Mann also tun?
2. Die Frau wollte aus dem Buch vorgelesen bekommen. Bald schon sagte sie, „daraus erfahren wir nichts". Was wollte sie erfahren?
3. Nur Gott kann entscheiden, ob sie schuldig sind. Solange das Haus verschlossen, dunkel und still ist, bekommen sie keine Antwort. Was muß der Mann tun, damit Gott antworten kann?
4. Sie warten also. Wie sitzen sie nun da im Hellen? Warum können sie jetzt einschlafen?

(See also the last questions in the section *Vom Inhalt zum Gehalt*.)

▪ Inhaltliches

1. Beschreiben Sie die Wohnung dieser Familie!
2. Wie war das Wetter draußen an diesem Winterabend?
3. Womit war die Frau beschäftigt, als ihr Mann nach Hause kam?
4. Worüber sprachen die Beiden?
5. Was tat die Frau, als der Mann mit seiner Arbeit fertig war?
6. Wohin setzte sich der Mann, und was gab ihm die Frau zu essen?
7. Vor wem hatte die Frau Angst? Warum horchte sie auf jedes Geräusch?
8. Fürchtete sich der Mann auch? Warum (nicht)?
9. Die Frau erklärt, „wie sie es machen". Was sagt sie?
10. Was wußte der Mann noch nicht, und wovon erzählte sie ihm jetzt?
11. Worüber waren beide damals froh gewesen?
12. Wie sah die Frau jetzt aus? Warum wollte sie nicht zu Bett gehen?
13. Welchen Fehler haben die Beiden nach Meinung des Mannes gemacht?
14. Wo konnte dieser Adoptivsohn jetzt möglicherweise sein?
15. Sie erinnern sich beide an ein Weihnachtsfest, als Hellmuth sieben Jahre alt war. Beschreiben Sie es!
16. Wovon wollte der Mann nicht mehr sprechen?
17. Wohin kam Hellmuth mit neun Jahren? Warum?
18. Warum hätte der Mann fast seine Stellung verloren?

19. Was hatte der Direktor der Anstalt ihnen erklärt?
20. Erzählen Sie, wie der fünfzehnjährige Hellmuth damals zu ihnen kam!
21. Was hatten die anderen Kinder dem kleinen Freund von Hellmuth auf dem Schulhof getan?
22. Ging Hellmuth zur Beerdigung? Was dachten die Eltern darüber?
23. Was hatte die Frau am Tage vorher an der Straßenecke beobachtet? Hat sie den Sohn erkannt?
24. Was denkt der Mann darüber?
25. Womit beschäftigte sich die Frau dann, und worum bat sie?
26. Warum mußte der Mann die Pappe wieder abmachen?
27. Welche wichtige Frage beantwortet das Buch nicht, und wie will die Frau eine Antwort finden?
28. Was taten die Beiden, während sie im hellen Licht warteten?
29. Woran dachte der Mann im Halbschlaf?
30. Was geschah in dieser Nacht?

■ Vom Inhalt zum Gehalt

1. Wovon handelt diese Erzählung, von Familienproblemen oder von Problemen der Gesellschaft, z.B. Jugendkriminalität, Straßenbanden usw.? Erklären Sie!
2. Wieso bildet die Schneeschmelze einen „Rahmen" (*"frame," background*) zu diesem Thema? Was bedeutet es, wenn der Schnee schmilzt: Ist es ein positives Symbol? Wieso? In welcher Jahreszeit kommen diese warmen Winde auf?
3. Welche Methode benutzt die Verfasserin, um den Leser allmählich (*gradually*) mit dem Sohn Hellmuth (der nicht persönlich erscheint) bekanntzumachen?
4. Welchen Eindruck haben Sie als Leser(in) dabei von dem Sohn Hellmuth bekommen? Geben Sie Beispiele für sein Handeln und was man daraus schließen kann!
5. Haben die beiden Eltern dieselbe Ansicht über ihren Sohn? Wie unterscheiden sie sich in ihrer Einstellung?
6. Ist die Mutter ehrlicher mit sich selbst, weil sie ein Schuldgefühl hat? Ist der Vater oberflächlicher (*more superficial*), weil er lieber alles vergessen und ins Bett gehen will?
7. Finden Sie den Mann vernünftiger und praktischer als die Frau, weil er sagt: „Wir haben einen Fehler gemacht, aber jetzt ist es gut"?
8. Wollen die Beiden eine Entschuldigung finden für das, was sie falsch gemacht haben könnten, oder suchen sie ehrlich (besonders die Frau) nach einer Erklärung?
9. Wofür fühlen sie sich eigentlich schuldig—dafür, daß sie den Sohn nicht geliebt haben oder dafür, daß sie ihn nicht hereinließen, als er bei ihnen Schutz suchte?

10. Fühlen sich die Beiden auch schuldig, weil sie froh waren, als sie dachten, Hellmuth wäre tot? Ist solch ein Schuldgefühl natürlich für jeden Menschen?
11. Wäre alles anders gewesen, wenn Hellmuth nicht adoptiert, sondern ihr natürlicher Sohn gewesen wäre? Ist die Bemerkung des Mannes von der „Stimme des Blutes" (nach der Erwähnung von der Zigeunerin) ironisch gemeint?
12. Der Mann denkt am Schluß: „Wir haben ihn nicht liebgehabt." Stimmt das? Ist es möglich, daß man ein Kind nicht mehr liebt, weil es (zum Beispiel) „ein wildes Tier" geworden ist? Oder träumte der Mann im Halbschlaf, als er das sagte?
13. Fürchtet die Frau, daß alles so gekommen ist, weil sie den Jungen nicht verstanden haben? Daß er in Wirklichkeit nicht so schlecht war? Warum sagt sie sonst: „Vielleicht [hatte er] doch [ein Herz]"?
14. Was beweist das Ende der Erzählung in Bezug auf die Schuld der Eltern? Benutzt die Verfasserin den Schluß sozusagen als Gottesurteil (*God's judgment*)? Erklären Sie!
15. Glauben Sie, dieses Ehepaar hat Grund, sich zu fürchten? Halten Sie den Sohn für gefährlich? Warum (nicht)?
16. Ist diese Erzählung deprimierend (*depressing*)? Auf dem Gebiet menschlicher Beziehungen oder im weiteren (ethischen oder soziologischen) Sinne (*sense*)? Was ist positiv an dieser Erzählung? Welche Wirkung hat das friedliche Ende der Erzählung auf den Leser?

■ Praktisches und Persönliches

1. Haben Sie ein enges (*close*) Verhältnis (*relationship*) zu Ihrer Familie? Zu wem besonders?
2. Wohnen Sie bei Ihren Eltern? Oder sind Sie nur noch in den Ferien zuhause?
3. Sind Sie finanziell von Ihren Eltern abhängig (*dependent*)? Oder verdienen Sie selbst?
4. Haben Sie Ihre eigene Einrichtung, oder wohnen Sie möbliert (*in a furnished place*)?
5. Wie sieht es in Ihrer Wohnung aus? Ist es gemütlich bei Ihnen? Wohnen Sie allein?
6. Machen Sie abends immer überall das Licht aus, wenn Sie zu Bett gehen?
7. Schließen Sie Ihre Haustür ab, wenn Sie das Haus verlassen?
8. Sind Sie über jedes Geräusch erschrocken, wenn Sie allein zuhause sind?
9. Bekommen Sie manchmal Besuch von Verwandten? Von wem?
10. Sind Sie immer liebevoll zu Ihren Eltern und Geschwistern (*brothers and sisters*)?
11. Streiten (*quarrel*) Sie sich manchmal? Ärgern Sie sich manchmal über jemand in der Familie?

12. Wie führen Sie Ihren Haushalt? Spülen Sie Ihr Geschirr nach Tisch, oder kochen Sie nicht zuhause?
13. Ist Ihr Kühlschrank meistens leer? Warum (nicht)?
14. Waschen Sie Ihre Wäsche selbst? Wo? Mit der Hand oder mit der Waschmaschine?
15. Rufen Sie Ihre Familie an, wenn jemand Geburtstag hat? Schreiben Sie eine Geburtstagskarte?
16. Interessieren Sie sich für soziale Fragen, oder haben Sie mit Ihren eigenen Problemen genug zu tun?

■ Grammatisches

A. Give the present subjunctive forms of the verbs in these sentences.

Zum Beispiel: Ich würde es dir geben. ⟶ Ich gäbe es dir.

1. Sie würde die Rolläden aufziehen.
2. Du würdest gut aussehen.
3. Ich würde ein Kind annehmen.
4. Es würde weh tun.
5. Wir würden bestimmt etwas im Kühlschrank haben.
6. Er würde sicher nicht so nervös sein.

B. Change the verbs in these clauses from the present to the past subjunctive.

Zum Beispiel: wenn sie es dir gäbe ⟶ wenn sie es dir gegeben hätte
wenn ich käme ⟶ wenn ich gekommen wäre

1. wenn er anriefe
2. wenn sie eine Brille aufsetzte
3. wenn du damit aufhörtest
4. wenn ich müde wäre
5. wenn wir nach draußen gingen
6. wenn ihr Angst hättet

C. Complete the contrary-to-fact statements with the appropriate present or past subjunctive forms, using the cues in parentheses. (The subjunctive forms used here are all derived from the past stems of verbs.)

1. Wenn er das Licht angemacht hätte, . . . (*it would not have been so cozy*).
2. Wäre sie mit dem Zug gekommen, . . . (*we would have picked her up*).
3. Sie würde sich eine Zigarette anzünden, . . . (*if I didn't see it*).
4. Das Haus war so dunkel, als ob . . . (*they were not at home*).
5. Tat sie nur so, als ob . . . (*she were sleeping*)?

D. Complete the sentences with the appropriate subjunctive forms of the modals. (Pattern: **könnte, hätte gekonnt, hätte . . . können.**)

1. Wenn du nicht gut sehen _____ (können), würdest du eine Brille aufsetzen.

2. Sie hätte es sicher nicht _____ (wollen), wenn sie das gewußt hätte.

3. Wenn er freundlicher gewesen wäre, _____ sie ihn lieber _____ (mögen).

4. Sie hätten ihn bestimmt hereingelassen, wenn sie es _____ tun _____ (dürfen).

5. Wenn ihr das Kind _____ aufgeben _____ (müssen), hättet ihr sicher geweint.

6. Wenn Sie das Kind wirklich so gern haben, _____ Sie es adoptieren _____ (sollen).

10 Menschenschicksal

Georg Schrimpf Unbetitelter Holzschnitt aus Der Weg *1919*

Luise Rinser

Ein alter Mann stirbt

Luise Rinser was born in Pitzling, Bavaria, in 1911. She studied at the University of Munich, qualified in 1934 as a teacher, and then taught for four years in an elementary school in Bavaria. She had her first story published in 1940, but the result was that any further publication of her work was banned. Her husband, H. G. Schnell, the opera conductor by whom she had two sons, was killed in the war in 1943. In 1944 she was accused of high treason for working in the resistance movement and condemned to death, but she was saved by the end of the war. She wrote about this experience in *Gefängnistagebuch*. After the war she was a literary critic in Munich and began to publish her own work. From 1954 to 1959 she was married to the composer Carl Orff. She has since resided in Rome.

Rinser's writings include theological and autobiographical works. Much of her fiction portrays adolescence, love, and marriage, and one of her favorite themes is the interactions between husband and wife.

Wortschatz

die Bewußtlosigkeit unconsciousness; **bewußtlos** unconscious; **das Bewußtsein** consciousness; **bei Bewußtsein** conscious

das Fieber fever, temperature

der Frieden peace

die Geduld patience; **geduldig** patient

der Geschmack taste

der Kampf, ⸚e struggle, fight

betrügen, -o, -o to deceive, betray

erkältet sein, eine Erkältung haben to have a cold

flüstern to whisper

hin·nehmen, -nahm, -genommen, -i to endure, withstand; to accept

die Laune, -n mood; humor; temper

das Mitleid pity

die Rücksicht consideration, regard; **Rücksicht nehmen (nahm, genommen, -i) auf** to show consideration for; to comply with

der Schnupfen cold (*nose, head*)

die Schwermut melancholy; **schwermütig** melancholic

der Trost consolation, comfort

sich kümmern um to take care of; to take charge of; to bother with

leiden, litt, -i to suffer; **ich kann es nicht leiden** I don't like (can't stand) it

scheiden to divide; separate; to part; **sich scheiden lassen** to get divorced
schmecken to taste
seufzen to sigh

eigensinnig stubborn, obstinate
gleichgültig indifferent, all the same
gutmütig good-natured
hübsch pretty; handsome
krank sick
leidenschaftlich passionate

verwöhnen to spoil, indulge (someone)
wagen to dare, venture
sich zanken to quarrel, fight, quibble

schwerhörig hard of hearing
tagelang for days
weitsichtig farsighted; **kurzsichtig** nearsighted
wütend enraged, angry
zornig angry

A. Give equivalents for these words or expressions from the *Wortschatz*.

1. Erkältung
2. akzeptieren
3. die hohe Temperatur
4. ich mag es nicht
5. leise sprechen
6. die Melancholie
7. ohne Bewußtsein
8. die Ruhe
9. schön
10. der Streit
11. sich streiten
12. zornig

B. Give the opposites of these expressions from the *Wortschatz*.

1. ehrlich sein
2. gesund
3. gute Ohren haben
4. leidenschaftlich
5. unangenehm,
6. unfreundlich
7. weitsichtig
8. zusammenleben

C. Complete the sentences with words from the *Wortschatz*.

1. Wenn man krank ist, _____ oft das Essen nicht mehr.

2. Dann muß man manchmal _____ oder noch länger im Bett liegen.

3. Verlieren Sie aber nicht die _____! Es geht Ihnen bestimmt bald wieder besser.

4. Es hat keinen Zweck, traurig zu sein; also behalten Sie Ihre gute _____!

5. Haben Sie _____ mit Armen und Kranken?

6. Nehmen Sie _____ auf ältere Leute?

7. Seien Sie nett und _____ Sie sich um die alte Tante!

8. Sonst sitzt sie immer nur da und _____ und klagt.

9. Sie braucht einen _____, weil sie so allein ist.

10. Man muß etwas für sie tun und sie ein bißchen _____.

11. Wenn man nie auf andere hört und immer nur das tut, was man selbst will, dann ist man _____.

12. Haben Sie Mut und _____ Sie etwas im Leben!

    Tante Emily starb ein Jahr nach ihrem Mann. Woran sie starb,° war nicht festzustellen.° Der Arzt schrieb auf den Totenschein „Altersschwäche", aber er zuckte dabei die Achseln,° denn Tante Emily war
5 kaum sechzig. Aber was sonst sollte er° schreiben? Er kannte sie nicht. Aber ich kannte sie, und darum weiß ich, woran sie starb.
    Onkel Gottfried, zehn Jahre älter als sie, war sein Leben lang° nicht krank gewesen. Darum waren
10 wir mehr erstaunt° als bestürzt,° als uns Tante Emily auf einer Postkarte kurz mitteilte,° daß er uns „noch einmal° sehen möchte." Es war Ende Februar, naß-kalt und rauh,° und ich erwartete unser erstes Kind.
    „Du kannst unmöglich fahren"°, sagte mein
15 Mann. „Und im übrigen° kennst du Tante Emily. Wahrscheinlich ist Onkel Gottfried nur erkältet, und sie weiß sich nicht zu helfen."°
    Aber an° der Unruhe, die mich gepackt hatte,° spürte° ich daß „noch einmal sehen" wirklich hieß:°
20 „noch einmal, und dann niemals mehr." So fuhren wir denn° ab.
    „Weißt du", sagte Peter, „ich hätte es Onkel Gottfried gegönnt,° daß er sie überlebte. Umgekehrt wäre es nicht in Ordnung. Es wäre ungerecht."°
25   Es war bitter ungerecht. Onkel Gottfried hatte Tante Emily geheiratet,° als sie fast noch ein junges Mädchen war. Sie soll sehr hübsch gewesen sein,° und er vergötterte° und verwöhnte sie. Er war es, der morgens aufstand, Feuer° machte und das
30 Frühstück an ihr Bett brachte.° Er kaufte Gemüse und Fleisch ein, er verhandelte mit° der Putzfrau, er schlug Nägel ein° und nähte Knöpfe an, kurzum:° er tat alles. Sie fand es zuerst hübsch, dann selbstverständlich,° und dann langweilte° er sie damit. Sie
35 hatten keine Kinder, denn sie wollte keine, und er nahm Rücksicht darauf. So verging Jahr um° Jahr,

woran... what she died of / war... could not be established
zuckte... shrugged his shoulders while doing so
sollte er was he to

sein... all his life
erstaunt = überrascht / shocked
mitteilte = schrieb
noch... once more
raw
unmöglich... not possibly go
im... besides

weiß... is helpless
an... from / mich... came over me
spürte = fühlte / meant
So [...] denn And so

ich... I would have wished for Uncle Gottfried
Umgekehrt... The other way around it would not be right. It would be unjust.
married
soll... was supposed to have been very pretty
idolized
Feuer: in the stove
an... served her in bed
verhandelte... gave instructions to
schlug [...] ein hammered in / in short
(took it) for granted / bored

after

und schließlich lebten sie nebeneinander wie fremde Leute. Sie blieb tagelang im Bett und las und wurde dick.° Sie zankten sich nie. Sie waren selbst dafür° zu gleichgültig geworden, wie es schien. Einmal hatte ich Onkel Gottfried gefragt: „Warum laßt ihr euch nicht scheiden?" Er sah mich erstaunt an. „Scheiden? Weshalb?" Ich wurde verlegen.° „Ich meine nur so.° Ich denke, du bist nicht recht° glücklich mit Tante Emily." Er sagte gelassen:° „So, meinst du°? Darüber habe ich nie nachgedacht." Nach einer Pause fügte er hinzu:° „Wer A sagt, muß auch B sagen."—„Mein Gott", rief ich, „man kann doch nicht zwanzig Jahre büßen° dafür, daß man einmal falsch gewählt° hat." Er klopfte° mir gutmütig auf die Schulter. „Doch°", sagte er, „man kann das.° Bis zum Ende, bis zum Ende."

Ich hatte ihn sehr lieb, den dicken alten Mann mit dem blauroten, aufgedunsenen° Gesicht. Er flößte mir Mitleid und Respekt zugleich ein,° und der Respekt überwog.° Das ist um so seltsamer, als° Onkel Gottfried Abend für Abend betrunken nach Hause kam, tagsüber Möhren schabte,° Kartoffeln schälte,° Geschirr spülte und Tante Emilys Launen mit einer Geduld ertrug, die wie Stumpfsinn° erschien. Aber die Gelassenheit° und würdevolle° stumme° Schwermut, mit der er sein Leben hinnahm, war imponierend.° Als ich das Wort „hintergründig"° zum erstenmal hörte, verband° ich es augenblicklich mit dem Gedanken an Onkel Gottfried, und dabei blieb es.°

Nun waren die beiden mitsammen° schwerhörig und weitsichtig und alt geworden nach einem Leben, das so trist° erschien wie ein langer Regensonntag, und es sollte Onkel Gottfried nicht mehr vergönnt sein,° noch ein paar ruhige Jahre zu erleben ohne diese zähe Last,° die seine Frau für ihn war. Was für eine Gerechtigkeit° war das, die Tante Emily zum endgültigen Sieger machte°?

Als Tante Emily öffnete,° fiel ihr erster Blick auf mich. Sie schlug die Hände über dem Kopf zusammen. „Ach du lieber Gott", schrie sie, „das auch noch.°"

Peter schob sie beiseite. „Was fehlt° Onkel Gottfried?"

„Dem°", sagte sie abwesend,° noch immer auf meinen Leib starrend, „dem geht's schlecht. Der°

fat / selbst . . . even for that

embarrassed
Ich . . . It's just a thought / really calmly / So . . . Oh, you think so?

fügte . . . he added

atone
falsch . . . made the wrong choice / patted
Oh yes / man . . . one can

bloated
flößte [. . .] aroused
won out / um . . . all the more peculiar since
Möhren . . . scraped carrots
peeled
stupor
composure / dignified
stumm = still
impressive
inscrutable / connected

dabei . . . that never changed
mitsammen = zusammen

drab

es . . . Uncle Gottfried was not to have the pleasure
zähe . . . unending burden
justice
die . . . that made Aunt Emily the final victor
öffnete = die Tür öffnete

das . . . not that too!
Was . . . What's wrong with

Dem = Ihm / absentmindedly
Der = Er

Menschenschicksal 177

Käthe Kollwitz Die Eltern der Künstlerin *1919*

stirbt." Sie sagte es ganz sachlich,° so etwa, als° erzählte sie, daß das Essen fertig sei. „Lungenentzündung"°, fügte sie hinzu, dann öffnete sie die Tür zum Schlafzimmer. „Da", rief sie, „da seht ihr selbst. Der macht es nicht mehr lang.°"

„Still", flüsterte ich entsetzt,° „sei doch still."° Sie sah mich erstaunt an. „Warum denn? Er ist bewußtlos, er hört nichts mehr." Ich streichelte° Onkel Gottfrieds Hand. Er lag mit weit offenen Augen und blickte zur Decke,° aber ich spürte, daß er mich erkannt hatte, wenn auch vielleicht nur° für einen Augenblick.

„Spricht er nicht mehr?" fragte ich leise. Aber ich hatte Tante Emilys Schwerhörigkeit vergessen.

„Was meinst du?" schrie sie, die° Hand am Ohr.
„Gehen wir hinaus"°, sagte ich.
„Warum hinaus? Ich habe nirgendwo sonst geheizt.° Wir machen uns einen Kaffee." Kläglich° fügte sie hinzu: „Aber zu essen habe ich nichts im Haus. Eingekauft hat doch immer er. Ich verstehe davon nichts.°"

---

matter-of-factly / so ... much as if

pneumonia

Der ... He won't last much longer.
horrified / sei ... be quiet, will you

stroked

ceiling

wenn ... if only perhaps

die = ihre
Gehen ... Let's leave the room

geheizt = Feuer gemacht / miserably

Ich ... I don't know how to.

Peter ging fort,° um einzukaufen, und ich schlug die Büchsensahne, die ich mitgebracht hatte, zu Schlagrahm,° Tante Emily kochte Kaffee, und sie redete laut und beharrlich.° „Es ist der neunte Tag. Die Krisis. Der Arzt meint, er könnte durchkommen.° Aber der Arzt ist ein Dummkopf. Das kann man doch sehen, daß da keine Widerstandskraft° mehr ist; er hat ja auch zuviel getrunken in seinem Leben. Damit ist es jetzt aus.°"

Sie goß° den Kaffee durchs Sieb.°

„Hat er nach mir gefragt°?" sagte ich.

„Ja, gleich° am ersten Abend, als er Fieber bekam."

„Warum hast du dann nicht sofort geschrieben?" Ich war zornig.

Sie hob erstaunt die Schultern. „Was hätte das genützt°?"

„Mein Gott, vielleicht wäre es ein Trost für ihn gewesen."

„Meinst du?" fragte sie ungerührt.° „Er hat ja° mich." Ich unterdrückte,° was mir auf der Zunge lag,° nahm das Schälchen° mit Schlagsahne und ging zu Onkel Gottfried. Er lag noch genauso wie vorher. Ich strich° ihm ein wenig Rahm° auf die Lippen, die spröde und brüchig° waren wie angesengtes Holz.° Er hatte Schlagrahm fast ebenso geliebt wie seinen Wein. Jetzt aber konnte er ihn° nicht mehr schlucken. Er° lief ihm aus den Mundwinkeln° über das unrasierte Kinn.

„Was tust du denn da?" rief Tante Emily, als sie mit der Kaffeekanne° hereinkam. „Schade um den Rahm.° Du siehst doch:° er behält nichts mehr." Aber ich hörte nicht auf, den kühlen Rahm in den ausgedörrten° Mund zu streichen, und winzige Schluckbewegungen° zeigten mir, daß doch° ein wenig davon in den armen, verbrannten Hals gelangte.°

Endlich kam Peter mit Brot und Butter. Gierig° begann Tante Emily zu schlingen.° „Ich habe nämlich° zwei Tage nichts gegessen", erklärte sie kauend.° „Er hat ja immer für acht Tage Vorrat heimgebracht,° und heute ist schon der zehnte Tag."

„Wie kam° es denn", fragte Peter, „daß er so krank wurde?"

Sie zuckte die Achseln. „Es hätte nicht sein müssen"°, sagte sie. „Aber er ist ja so eigensinnig.° Er hat Schnupfen gehabt. Bleib daheim bei dem Wetter, sagte ich. Aber er wollte durchaus° einkaufen gehen. Und da ist er mit Fieber heimgekommen."

Peter konnte sich nicht enthalten zu° sagen:
155 „Warum zum Teufel hast du ihn gehen lassen, wenn er erkältet war? Konntest du nicht auch einmal° gehen?" Sie warf ihm einen gekränkten Blick zu.° „Ich?" fragte sie gedehnt.° „Wieso auf einmal ich, wenn er's doch vierzig Jahre lang getan hat?"
160 Peter seufzte.

„Jedenfalls seid ihr jetzt da", sagte Tante Emily, „und ihr bleibt doch gleich° bis zur Beerdigung,° nicht wahr?"

„Tante", sagte Peter wütend, „jetzt ist's aber
165 genug. Sollen wir denken, daß du es nicht mehr erwarten kannst, bis er unterm Boden ist°?"

Sie sah ihn seltsam an. „Denkt, was ihr wollt", murmelte° sie schließlich und ging hinaus. Sie kam erst wieder herein, als° es dämmerte.° „Atmet er
170 noch?" sagte sie. Niemand gab ihr Antwort. Es wurde Nacht.° „Geht zu Bett", sagte Peter, „ich wache.°" Aber wir blieben alle angekleidet sitzen. Stunde um Stunde verging. Schließlich waren Peter und Tante Emily eingeschlafen.° Ich setzte mich an
175 Onkel Gottfrieds Bett.

„Onkel Gottfried", sagte ich dicht° an seinem Ohr. Er schlug die Augen auf° und sah mich an. Sein Blick war so klar, daß ich erschrak.° Er versuchte zu lächeln, sein altes, schwermütiges resig-
180 niertes Lächeln. Plötzlich begannen seine Augen umherzuirren.° Mühsam° sagte er: „Emily?"

„Sie ist da, sie schläft."

„Laß sie", flüsterte er. „Und verlaßt° sie nicht." Ganz leise und zärtlich° fügte er hinzu: „Sie ist so
185 ein Kind."

Plötzlich sank er wieder zurück in die Bewußtlosigkeit.

„Mit wem redest du?" fragte Peter, der aufgewacht war.
190 „Still", sagte ich, „schlaf weiter.°" Dann war ich wieder ganz allein mit Onkel Gottfried, und ich fühlte, daß er begann fortzugehen.° Obwohl mir die Angst fast die Kehle zuschnürte,° hätte ich um keinen Preis° eines der beiden° geweckt. Der Todes-
195 kampf war kaum ein Kampf, sondern eher ein

Es . . . It need not have happened / stubborn
wollte . . . insisted on

enthalten zu   refrain from

auch . . . for once
warf . . . gave him a hurt look
gedehnt   drawing out the word

ihr . . . you'll stay of course / funeral

du . . . you can't even wait till he's under the ground

mumbled
erst [. . .] als   not until / was getting dark
Es . . . Night was falling.
watch (over him)

fallen asleep

dicht = nahe
schlug auf = machte auf
was startled

to wander about / With an effort

verlassen = alleinlassen
tenderly

schlaf . . . go back to sleep

fortzugehen = zu sterben
fast . . . choked me up
um . . . under no circumstances / eines . . . one of the two

eigensinniges Verzögern° der letzten Einwilligung.°   *delaying / consent*
Stunde um Stunde ging hin.° Im Morgengrauen°   *ging hin = verging / dawn*
wachte Tante Emily auf.

„Lebt er noch?" fragte sie laut. Sie beugte sich
über den Sterbenden, hob die Bettdecke und
befühlte seine Beine. „Bald", murmelte sie und
schlurfte hinaus.° Ich hörte sie mit Herdringen°   *shuffled out / stove rings (in coal-burning cooking stoves)*
und Töpfen hantieren.

Plötzlich richtete Onkel Gottfried seinen Blick
auf mich° und sagte erstaunlich laut und fest: „Seid   *richtete ... looked at me*
gut zu Emily."

„Tot?" fragte sie, und plötzlich stand in ihren
Augen ein wildes Entsetzen. Dann begann sie zu
weinen. Sie weinte haltlos° und klammerte sich   *uncontrollably*
abwechselnd an° Peter und mich. Plötzlich aber rief   *klammerte ... clung alternately to*
sie: „Und er hat mich einfach allein gelassen. Das
war sein Trumpf: Einfach fortzugehen. Mag ich
umkommen,° ihm ist's gleich. Er ist fort, ihn küm-   *Mag ... Whether I die or not*
mert's nicht° mehr."   *ihn ... it doesn't concern him*

Peter schob sic aus der Tür und führte sie in die
Küche. Dort ließ er sie laut weiterweinen.° Dann   *continue crying*
ging er fort, den Arzt zu holen. Ich blieb mit dem
Toten allein.

Gegen Mittag war alles geregelt.° Onkel Gott-   *taken care of*
fried lag im Leichenhaus,° und Tante Emily blieb in   *mortuary*
der Küche sitzen und starrte vor sich hin.° Wir wag-   *vor ... in front of her*
ten nicht, sie allein zu lassen.

Bei der Beerdigung regnete es in Strömen,°   *regnete ... it was pouring*
aber das Wetter hatte nicht vermocht,° die Leute   *hatte ... could not*
abzuschrecken.° Die halbe Stadt war gekommen,   *deter (from coming)*
und viele weinten, auch Männer. Ich glaube, sie
weinten nicht so sehr über den Tod des alten
Mannes, als über ein Schicksal,° das dem ihren   *fate*
glich:° sie alle fühlten sich betrogen vom Leben, und   *dem ... resembled theirs*
als sie den alten Mann begruben, dessen Schicksal
sie kannten, da waren sie alle selbst dieser alte
Mann, dem das Leben soviel schuldig geblieben war°   *dem ... whose life had remained so unfulfilled*
und auf den sie nun schwere Brocken nasser Erde
warfen.

Tante Emily, in vollem Staat,° mit langen dichten   *in ... all dressed up*
Trauerschleiern,° weinte nicht. Sie starrte regungs-   *black veils*
los° auf den Sarg.°   *regungslos = bewegungslos / coffin*

Als wir wieder daheim° waren, warf sie den Hut   *daheim = zuhause*
mit dem Schleier ab, blickte mit funkelnden° Augen   *flashing*
um sich° und rief: „So, jetzt werde ich die Zimmer   *um ... around her*
neu tapezieren lassen,° in Blau, alles in Blau, auch   *die ... have the rooms repapered*

die Möbel lasse ich neu beziehen.°" Mit einem düstern und bösen Lachen° fügte sie hinzu: „Blau hat er nicht leiden können." Dann holte sie einen Fahrplan° aus dem Schrank. „Zeigt mir, wie man Züge liest", befahl sie. „Ich verreise." Peter begann verwundert,° es ihr zu erklären. Plötzlich rief sie: „Aber er fährt ja nicht mit." Und sie begann zu weinen, so leidenschaftlich und jammervoll° und so unaufhaltsam,° daß wir völlig ratlos° wurden. Dieses Weinen dauerte Stunde um Stunde, es glich einem Naturereignis an sich.°

Wir fuhren erst tags darauf° ab, als sie beruhigt und sogar unternehmungslustig° aussah und bereits den Tapezierer bestellt hatte.

Einige Tage darauf° hatten wir einen Sohn, und wir nannten ihn Gottfried. Ein paar Wochen später schrieben wir an Tante Emily, ob sie nicht zu uns kommen wollte. Aber sie kam nicht. Sie schrieb lakonische° Karten, aus denen nicht zu entnehmen war,° wie es ihr ging.

Ein halbes Jahr nach Onkel Gottfrieds Tod besuchten wir sie. Klein und völlig abgemagert° saß sie in einem blauen Lehnstuhl° am Fenster, trotz der Sonnenwärme in eine dicke Decke gehüllt.° Das ganze Zimmer war blaugrün wie ein Aquarium.

„Ah", rief Peter aus, „jetzt hast du dir dein Leben nach deinem Geschmack° eingerichtet.°" Sie hob abwehrend° die Hände.

„Bist du jetzt zufrieden?" fuhr er unerbittlich weiter.°

„Was verstehst denn du", sagte sie müde.

„Aber du kannst doch jetzt tun, was du willst", sagte Peter.

Sie gab ihm keine Antwort. Ich stieß Peter an,° daß er schweigen sollte, dann sagte ich: „Das Blau° ist schön."

„So", sagte sie, „schön. Schön sagst du." Ihre Stimme wurde laut und scharf. „Seht es euch nur genau an,° das schöne Blau. Habt ihr's gesehen?"

Es war bereits° vom Licht ausgebleicht und fleckig.°

„Versteht ihr?" rief sie. „Er hat Blau nicht leiden können." Dann sah sie uns mit ihren trüb gewordenen° Augen so scharf wie möglich an und rief: „Ihr denkt natürlich, ich bin verrückt. Ich bin so klar° wie ihr. Aber ihr versteht nicht."

Käthe Kollwitz Die Witwe I *1922/23*

Sie zuckte die Achseln. „Meinetwegen"°, murmelte sie. Dann zog sie eine Flasche Rotwein hinter dem Sessel hervor und hob sie gegen das Licht. „Leer", sagte sie. „Es war die letzte.° Ich habe sie alle ausgetrunken."

„Du? Aber du hast doch Wein nie leiden können!"

„Richtig", sagte sie. „Vielleicht ist jetzt° Frieden. Er wollte immer, daß ich auch trinke."

I don't care

die letzte = die letzte Flasche

ist ... now there will be

Menschenschicksal 183

        Sie wickelte sich° fester in ihren Schal, und wir fühlten uns verabschiedet.° Sie versank° in einer Welt, zu der wir keinen Zugang° hatten. Wir waren zu jung. Einige Wochen später war sie tot. Sie war keine Stunde° krank gewesen. Eines Abends hatte sie sich schlafen gelegt wie immer, und am Morgen fand die Putzfrau sie tot.

        „Altersschwäche", schrieb der Arzt auf den Totenschein. Ich aber begriff, woran sie gestorben war, und mich schauderte davor, zu sehen, was für unheimliche Formen die Liebe annehmen kann.°

wickelte ... wrapped herself
dismissed / submerged herself
access

keine ... not even for an hour

mich ... I shuddered to see what sinister forms love can assume.

■ Zum Leseverständnis

Zeile 1–21   Wir stellen fest: richtig oder falsch?

1. _____ Auf Tante Emilys Totenschein stand „Altersschwäche", aber nur die Erzählerin kannte den wahren Grund ihres Todes.

2. _____ Onkel Gottfried war nie ganz gesund gewesen.

3. _____ Die Nichte bekam eine Postkarte und sollte zu seiner Beerdigung kommen.

4. _____ Der Mann der Nichte glaubte nicht, daß Onkel Gottfried wirklich so krank war.

Zeile 22–52   Wir diskutieren

1. Onkel Gottfried hatte eine jüngere Frau geheiratet, die er liebte und verwöhnte. Wie tat er das?
2. Die Tante nahm es als selbstverständlich, daß ihr Mann alle Arbeit tat. Wollte sie Kinder, oder war sie auch dazu zu faul?
3. Wie vertrugen sich diese Beiden? Was für Gefühle hatten sie füreinander? Warum zankten sie sich nie?
4. Der Onkel hatte Grund, sich scheiden zu lassen. Warum tat er es nicht? Büßte er dafür, daß er die falsche Frau geheiratet hatte?

Zeile 53–83   Wir stellen fest: richtig oder falsch?

1. _____ Onkel Gottfried führte den Haushalt, aber abends war er betrunken.

2. _____ Er ertrug sein Leben geduldig, obwohl seine Frau eine Last war.

3. _____ Sie waren nun beide alt geworden, aber die Tante „siegte", denn sie überlebte ihren Mann.

4. _____ Die Tante bemerkte nicht, daß die Nichte ein Kind erwartete.

Zeile 83–140   Wir diskutieren

1. Tante Emily sprach im Krankenzimmer, als ob ihr Mann schon tot wäre. Hörte und sah er wirklich nichts mehr?
2. Sie gingen in die Küche. Warum mußte Peter, der Mann der Nichte, einkaufen gehen?
3. Onkel Gottfried war schon neun Tage krank. Warum hatte die Tante nicht früher geschrieben?
4. Die Nichte versuchte, dem Kranken etwas Schlagsahne zu geben. Warum wollte die Tante das nicht?

Zeile 141–175   Wir stellen fest: richtig oder falsch?

1. _____ Tante Emily hatte acht Tage nichts gegessen.
2. _____ Der Onkel war erkältet gewesen, als er das letzte Mal einkaufen ging.
3. _____ Peter war wütend, weil die Tante nicht einkaufen gegangen war und weil sie jetzt von Beerdigung sprach.
4. _____ Abends schliefen nur die Tante und Peter im Krankenzimmer ein.

Zeile 176–222   Wir diskutieren

1. Onkel Gottfried wurde noch einmal wach. An wen dachte er sofort, und warum?
2. Die Nichte hatte dem Onkel am nächsten gestanden. Nun war sie in seiner Sterbestunde allein bei ihm. Sprach der Onkel noch einmal? Was?
3. Die Tante kam aus der Küche und weinte sehr heftig, als der Onkel tot war. Wie fühlte sie sich?
4. Wo blieb sie sitzen, während der Onkel im Leichenhaus lag? In welchem Zustand (condition) war sie?

Zeile 223–255   Wir stellen fest: richtig oder falsch?

1. _____ Es waren trotz Regenwetter viele Leute auf der Beerdigung.
2. _____ Die Männer weinten, weil sie sich vom Leben genauso betrogen fühlten wie der Tote.
3. _____ Die Tante wollte alles blau tapezieren lassen, weil es Onkel Gottfrieds Lieblingsfarbe gewesen war.
4. _____ Sie wollte ohne den Onkel nicht verreisen.

Zeile 256–307   Wir diskutieren

1. Wie ging es der Tante ein halbes Jahr später? Wie lebte sie?
2. Peter dachte, sie lebte jetzt so, wie sie es wollte. Aber was für eine Antwort hatte sie darauf?

3. Sie dachte, daß die Nichte und deren Mann sie nicht verständen. Weshalb nicht? Auch nicht, daß sie jetzt Wein trank? Warum tat sie das wohl?

(See also the last questions in the section *Vom Inhalt zum Gehalt*.)

■ Inhaltliches

1. Wie alt war Onkel Gottfried, als er starb? (Rechnen Sie es aus!)
2. Was stand auf der Postkarte?
3. Wann bekam die Nichte diese Postkarte?
4. Warum sagte ihr Mann, sie solle nicht zu Onkel Gottfried fahren?
5. Worüber sprach Peter unterwegs mit seiner Frau?
6. Hatten Onkel und Tante jung geheiratet? Wie lebten sie miteinander?
7. Wie gefiel es Tante Emily, daß ihr Mann alles im Haushalt tat?
8. Warum hatten sie keine Kinder?
9. Weshalb zankten sie sich nicht?
10. Wonach fragte die Nichte eines Tages?
11. Worüber hatte der Onkel nie nachgedacht?
12. Wie sah Onkel Gottfried aus, und wie verbrachte er seinen Tag?
13. Wie lebte das Ehepaar im Alter miteinander?
14. Warum schlug die Tante die Hände über dem Kopf zusammen?
15. Wie lange war der Onkel schon krank?
16. Beschreiben Sie ihn, wie er im Bett lag!
17. Warum sprach Tante Emily so laut, und warum wollte die Nichte, daß sie in ein anderes Zimmer gingen?
18. Worüber redete die Tante, während sie Kaffee kochte?
19. Was tat die Nichte mit der Schlagsahne?
20. Was hatte Peter inzwischen eingekauft, und warum war die Tante so hungrig?
21. Wie hatte der Onkel die Lungenentzündung bekommen?
22. Warum wurde Peter wütend?
23. Wie verbrachten sie die Nacht?
24. Wovon sprach Onkel Gottfried, als er aufwachte?
25. Was waren seine letzten Worte, und wie starb er?
26. Wie reagierte Tante Emily darauf, und welchen Vorwurf (*reproach*) machte sie dem Onkel?
27. Beschreiben Sie die Beerdigung!
28. Wie benahm sich die Tante zuhause, was hatte sie vor, und was tat sie stattdessen?
29. Mußte die Tante nun allein leben?
30. Wie sah ihre Wohnung aus, als die Nichte und ihr Mann zu Besuch kamen?
31. Warum trank Tante Emily jetzt regelmäßig Rotwein?
32. Wann und wie starb sie? Was stand auf dem Totenschein?

■ Von Inhalt zum Gehalt

1. Der Schluß der Erzählung führt an den Anfang zurück. Inwiefern (*How*)?
2. Die Nichte behauptet, sie kenne die wahre Todesursache (*cause of death*). Woran ist die Tante in Wirklichkeit gestorben? Woraus schließen Sie das? Zeigen Sie es an Textstellen (Seite und Zeile)!
3. Versteht Peter, der Neffe, diesen Grund (*reason*)? Warum hat die Nichte soviel Verständnis dafür? Liebt sie die Tante? Oder hat sie mehr psychologische Einsicht? Versteht sie die Tante besser, weil sie selbst eine Frau ist?
4. Die Tante spricht selbst nicht von ihren Gefühlen, zeigt sie aber in anderer Form. Erklären Sie die beiden Textstellen, wo die Tante so heftig weint! Nennen Sie noch andere Hinweise im Text auf die Gefühle der Tante!
5. Halten Sie die Tante für egoistisch, faul, herzlos, zynisch, gleichgültig, dumm, rücksichtslos (*inconsiderate*), oder was sonst? Begründen Sie (*give reasons for*) Ihre Behauptung an Textstellen!
6. Für Onkel Gottfried ist die Tante ein Kind. (Geben Sie die Stelle im Text an!) Ist die Tante von Natur aus so hilflos, oder hat er sie vielleicht so gemacht? Wodurch?
7. Liebte Onkel Gottfried seine Frau? War er glücklich mit ihr, oder stellte er sich diese Frage gar nicht?
8. Wenn er seine Frau nicht (oder nicht mehr) liebte, warum ließ er sich dann nicht scheiden? Erklären Sie die Antwort, die er der Nichte gab! Glaubte Onkel Gottfried wie die Nichte, daß er falsch gewählt hatte?
9. Blieb Onkel Gottfried also aus Pflichtgefühl (*sense of duty*), Gewohnheit (*habit*) oder aus Liebe in der Ehe? Oder brauchte er gar keinen Grund? Gibt es viele Ehen, wo die Partner nicht mehr wissen, warum sie zusammen leben?
10. Beschreiben Sie Onkel Gottfried nach dem, was die Nichte über ihn aussagt, und nach dem, was Sie daraus schließen!
11. Halten Sie ihn für einen netten Menschen? Für einen Märtyrer? Einen Dummkopf? Einen „Säufer" (*alcoholic*)? War er an allem schuld, weil er seine Frau zu sehr verwöhnte?
12. Die Nichte spricht von Onkel Gottfrieds „Gelassenheit und würdevoll stummer Schwermut, mit der er sein Leben hinnahm". Bewundern (*admire*) Sie ihn auch deswegen (*because of that*)? Warum (nicht)?
13. Wer ist die Hauptgestalt (*main character*) in dieser Erzählung: der Onkel oder die Tante? Oder sind beide gleich wichtig? Warum? Erklären Sie es durch den Titel „Ein alter Mann stirbt"!
14. Onkel Gottfried hatte Kinder haben wollen, aber die Tante wollte keine. Hätte der Onkel darauf bestehen (*insist*) sollen? Glauben Sie, daß die Tante inzwischen bereut (*regrets*), keine Kinder zu haben? Warum ist sie

Menschenschicksal 187

(Ihrer Meinung nach) so entsetzt (*horrified*), daß die Nichte ein Kind erwartet?
15. Die Nichte hat ein besonders enges Verhältnis zu ihrem Onkel. Geben Sie Beispiele im Text, die das beweisen!
16. Die Nichte ist liebevoll zu ihrem Onkel, und die Tante scheint ganz rücksichtslos und ohne Gefühl. Oder ist sie in Wirklichkeit eifersüchtig (*jealous*) und will den Onkel ganz für sich haben? Warum sonst schreibt sie der Nichte nicht sofort, daß der Onkel krank ist?
17. Die Tante hat in völliger Abhängigkeit (*complete dependence*) von ihrem Mann gelebt. Sie wußte am Anfang natürlich nicht, daß es so kommen würde. Ist sie vielleicht an seinem Totenbett so hart und kalt, weil sie Angst hat vor dem Alleinsein? Wird sie hart, weil sie nicht stark sein kann?
18. Hat man am Schluß (mehr) Mitleid mit Tante Emily und ihrer Hilflosigkeit? Warum (nicht)?
19. Sie nennt ihren Mann eigensinnig und sagt „vielleicht ist jetzt Frieden". Schließen Sie daraus, daß er, der Stärkere, immer tat, was *er* wollte? Oder bedeutet es, daß sie ohne Onkel Gottfried keinen Frieden finden kann? Ist das Rotweintrinken ein Trost, oder bedeutet es „ich täte ja alles, wenn du nur wieder hier wärest"?
20. Erklären Sie den letzten Satz der Erzählung (der die Frage beantwortet, *ob* die Tante den Onkel geliebt hat)!

■ Praktisches und Persönliches

1. Sind Sie bei guter Gesundheit? Wie fühlen Sie sich gewöhnlich? Was tun Sie für Ihre Gesundheit?
2. Jeder wird dann und wann (*now and then*) einmal krank. Haben Sie schon einmal eine schwere (*serious*) Krankheit oder eine Operation gehabt? Oder haben Sie nur manchmal die Grippe (*flu*)?
3. Sind Sie oft erkältet? Was tun Sie gegen (nicht *für*!) Ihre Erkältung? Nehmen Sie Tabletten und andere Medikamente? Vitamine? Haben Sie öfter einen Schnupfen, oder bekommen Sie leicht Halsschmerzen (*sore throat*)?
4. Halten Sie das Rauchen für ungesund? Glauben Sie, daß das Rauchen (und Trinken) die Widerstandskraft (*resistance*) gegen Krankheiten schwächt (*lowers*)?
5. Gehen Sie meistens zum Arzt, wenn Sie krank sind? Oder lassen Sie sich regelmäßig untersuchen, auch wenn es Ihnen gut geht? Haben Sie Krankenversicherung (*health insurance*)?
6. Tragen Sie eine Brille? Sind Sie kurz- oder weitsichtig? Sind Sie schwerhörig? Wird man das nicht erst im Alter?

7. Was für eine Lebensweise haben Sie? Stehen Sie zum Beispiel früh oder spät auf? Gehen Sie früh oder spät zu Bett? Schlafen Sie meistens schnell ein? Schlafen Sie gewöhnlich gut oder schlecht? Wieviele Stunden Schlaf brauchen Sie? Halten Sie guten Schlaf für wichtig?
8. Schmeckt Ihnen das Essen (*Do you like to eat*)? Essen Sie viel Gemüse und Obst? Viel Fleisch? Was essen Sie am liebsten?
9. Was trinken Sie zu (*with*) den Mahlzeiten (*meals*)? Bier oder Milch, Tee oder Kaffee, Wein oder vielleicht Obstsaft (*fruit juice*)? Welches Getränk (*beverage*) ist am besten, wenn man großen Durst hat?
10. Kochen Sie sich Ihr Essen selbst? Essen Sie regelmäßig im Studentenheim oder in der Mensa (*student cafeteria*)? Warum (nicht)?
11. Gibt es viele Menschen oder Dinge, die Sie nicht leiden können? Was (oder wen) können Sie zum Beispiel nicht leiden?
12. Haben Ihre Eltern Sie als Kind verwöhnt? Wie? Oder sind Sie im Gegenteil überhaupt nicht verwöhnt? Glauben Sie, daß Sie es dadurch im Leben leichter haben werden? Warum (nicht)?

■ Grammatisches

A. Change the verbs in the following sentences from the present tense of Subjunctive II (based on the past tense of the verb) to the present tense of Subjunctive I (based on the infinitive). Remember that both have the same meaning.

Zum Beispiel: Er sagte, er *äße* gern Fisch. ⟶ Er sagte, er esse gern Fisch.

1. Er sagte, daß er Mitleid mit Kranken *hätte*.
2. Sie antwortete, daß sie erkältet *wäre*.
3. Er versicherte, er *nähme* doch immer Rücksicht auf sie.
4. Er rief, er *gäbe* ihr sofort ein paar Tabletten.
5. Sie erwiderte, daß sie ohne Tabletten besser *schliefe*.

B. Change the verbs in the following sentences from the present to the past subjunctive; give both forms. Remember that both have the same meaning.

Zum Beispiel: Er sagte, er *esse* gern Fisch. ⟶ Er sagte, er habe/hätte gern Fisch gegessen.

1. Er stellte fest, sie *sei* sehr hübsch.
2. Sie sagte, daß sie meistens gute Laune *habe*.
3. Sie erklärte, daß die Eltern alt *würden*.
4. Beide versicherten, das Essen *schmecke* herrlich.
5. Sie meinte, er *verwöhne* die Kinder zu sehr.

C. Change the verbs in the following sentences from the present to the future subjunctive; provide the conditional also. Remember that both have the same meaning.

Zum Beispiel: Er sagte, er *esse* immer gern Fisch. ⟶ Er sagte, er werde/würde immer gern Fisch essen.

1. Sie sagte, sie *lasse* sich scheiden.
2. Er behauptete, daß er darüber nicht zornig *sei*.
3. Sie seufzte, das *kümmere* sie nicht.
4. Er rief, dann *habe* er kein Mitleid mit ihr.

D. Change the following sentences from direct to indirect discourse, beginning with **Er sagte, . . .**

Zum Beispiel: „Ich habe mich nicht darum kümmern können." ⟶ Er sagte, er hätte/habe sich nicht darum kümmern können.

1. „Sie hatte sich nicht scheiden lassen wollen."
2. „Er hatte sie nie leiden können."
3. „Sie hatte nicht rauchen dürfen."
4. „Er hatte damit zufrieden sein müssen."

E. Beginning each sentence with **Sie fragte, . . . ,** change the following direct questions to indirect questions.

Zum Beispiel: „Essen Sie gern Fisch, Herr Meyer?" ⟶ Sie fragte, ob Herr Meyer gern Fisch äße.

„Wann hast du zu Abend gegessen, Paul?" ⟶ Sie fragte, wann Paul zu Abend gegessen hätte.

1. „Hast du Fieber, Peter?"
2. „Sind Sie bei guter Gesundheit, Fräulein Metzger?"
3. „Warum habt ihr so wenig gegessen, Kinder?"
4. „Wie kann mir dieses Medikament helfen, Herr Doktor?"
5. „Wird es eines Tages endlich ein Mittel (*cure*) gegen Erkältung geben?"
6. „Haben Sie schon einmal die Masern (*measles*) gehabt, Frau Schmitz?"

11 Festefeiern

Theo van Doesburg Der Baum *1916*

Siegfried Lenz

Risiko für Weihnachtsmänner

Siegfried Lenz was born in 1926 in Lyck, Masuria (then a province of East Prussia, now in northern Poland). Toward the end of World War II he served in the German navy. After the war, he studied philosophy, English, and literature at the University of Hamburg. His intent was to become a teacher but he instead became a journalist, author, playwright, and political broadcaster. During 1950–51 he was an editor of the influential newspaper *Die Welt*. He is a member of "Gruppe 47," a notable group of writers headed by Hans Werner Richter and including Heinrich Böll and Günter Grass, who together sought to establish new literary life in Germany after the war. Lenz now lives in Hamburg.

Lenz is best known for his prose, particularly the collection of stories *So zärtlich war Suleyken* (1955) and the novel *Deutschstunde* (1968). Psychological insights, irony, humor, and suspense mark his work, and he frequently deals with the problem of guilt (personal and collective) and "heroism."

Wortschatz

das Geschenk, -e gift, present
der Grad, -e degree
das Paket, -e package
die Personalien (*pl.*) personal data
der Schritt, -e step
der Stadtplan, ̈e city map
die Vorsicht caution; **Vorsicht!** Be careful!

ab·ziehen, -zog, -o to take off, deduct, subtract
sich benehmen, -a, benommen, -i to behave (o.s.); to act
brennen, brannte, gebrannt to burn; **der Baum brennt** the tree is lit
drohen to threaten

Weihnachten (*n.*) Christmas
der Weihnachtsmann, ̈er Santa Claus
das Ziel, -e goal, aim; **ans Ziel kommen (kam, gekommen)** to reach one's goal

fertig·machen to get ready
frieren, -o, -o to be or feel cold; to freeze; **es friert** it's 0°C
malen to paint
nicken to nod
passen to fit, suit

schaffen to manage, get done, make
schaffen, schuf, geschaffen to create
versprechen, -a, -o, -i to promise
verteilen to distribute
(sich) vor·stellen to introduce (oneself)

weg·bringen, -brachte, -gebracht to take away; to put away
(zu)·winken to wave (to)
zittern to tremble
zögern to hesitate

im allgemeinen in general
aufrichtig sincere
erleichtert relieved
glatt smooth, slippery
großzügig generous; on a large scale

künstlich artificial
rasch fast, quick
ratlos at a loss, helpless
zwischendurch in between

A. Give equivalents from the *Wortschatz* for these words and expressions.

1. dazwischen
2. gewöhnlich
3. hilflos
4. sich kalt fühlen
5. die Kerzen (*candles*) am Weihnachtsbaum brennen
6. schnell
7. subtrahieren
8. zeichnen (*to draw, delineate*)
9. das Ziel erreichen

B. Complete the sentences with words from the *Wortschatz*.

1. Am 25. Dezember _____ (*celebrate*) man in ganz Deutschland Weihnachten.
2. Kinder erwarten dann einen (hoffentlich nicht _____ [*artificial*]) Weihnachtsbaum und den (leider auch nicht echten) _____ (*Santa*).
3. Er bringt ihnen _____ (*presents*) oder _____ (*threaten*) ihnen ein bißchen, wenn sie sich nicht gut _____ (*behave*) haben.
4. Sie _____ (*promise*) alles und meinen es _____ (*sincerely*).
5. Vor Heiligabend (*Christmas Eve*) machen die Eltern alles _____ (*ready*).

Festefeiern 193

6. Auch die Verwandten sind oft _____ (*generous*) und schicken _____ (*packages*).

7. Die Eltern freuen sich, wenn sie alles _____ haben (*get done*) und sind _____ (*relieved*), wenn schließlich alles vorbei ist.

8. Es _____ (*fit*) nicht immer alles, aber das _____ (*distributing*) der Geschenke macht Spaß.

9. Zur Weihnachtszeit ist es in Deutschland oft recht kalt; oft liegen die Temperaturen bei Null _____ (*degree*) Celsius, also beim Gefrierpunkt (*freezing point*).

10. Das heißt, es _____ (*freeze*), und der Mensch _____ (*feel cold*) auch; wenn es noch kälter wird, _____ (*tremble*) man womöglich (*possibly*) vor (*with*) Kälte.

11. Die Straßen sind dann oft _____ (*slippery*) vor Eis, und _____ (*caution*) ist absolut notwendig.

12. Man _____ (*hesitate*) manchmal, auch nur einen _____ (*step*) vor die Tür zu setzen.

13. Ein etwas wärmerer Feiertag (*holiday*) ist Ostern (*Easter*); da erwarten die Kinder den Osterhasen (*Easter bunny*), aber der _____ sich nicht _____ (*introduce*), wie der Weihnachtsmann im Warenhaus.

14. In unserer Erzählung will jemand als Weihnachtsmann etwas Geld verdienen; er gibt seine _____ (*personal data*) an, jemand _____ (*paint*) Rechtecke auf den _____ (*city map*), er _____ (*wave*) den Kindern zu und _____ (*nod*) freundlich, und am Schluß muß er das Weihnachtskostüm wieder _____ (*take away*).

Sie hatten schnellen Nebenverdienst° versprochen, und ich ging hin in ihr Büro und stellte mich vor. Das Büro war in einer Kneipe, hinter einer beschlagenen Glasvitrine,° in der kalte Frikadellen° lagen, Heringsfilets mit grau angelaufenen Zwiebelringen, Drops° und sanft leuchtende Gurken in Gläsern.° Hier stand der Tisch, an dem Mulka saß, neben ihm eine magere, rauchende Sekretärin: alles war notdürftig eingerichtet° in der Ecke, dem schnellen Nebenverdienst angemessen.° Mulka hatte einen großen Stadtplan vor sich ausgebreitet, einen

° extra income

° beschlagenen ... *steamed-up display case*
° *meatballs*
° grau ... *onion rings turning gray, hard candy*
° sanft ... *pale, shimmering pickles in jars*

° notdürftig ... *makeshift arrangement appropriate*

breiten Zimmermannbleistift° in der Hand, und ich
sah, wie er Kreise in die Stadt hineinmalte, energische Rechtecke, die er nach hastiger Überlegung°
durchkreuzte: großzügige Generalstabsarbeit.°
Mulkas Büro, das in einer Annonce schnellen
Nebenverdienst versprochen hatte, vermittelte°
Weihnachtsmänner; überall in der Stadt, wo der
Freudenbringer,° der himmlische Onkel im roten
Mantel fehlte, dirigierte er einen hin. Er lieferte°
den flockigen° Bart, die rotgefrorene, mild grinsende Maske;° Mantel stellte er, Stiefel und einen
Kleinbus, mit dem die himmlischen Onkel in die
Häuser gefahren wurden, in die „Einsatzgebiete°"
wie Mulka sagte: die Freude war straff organisiert.°

Die magere Sekretärin blickte mich an, blickte
auf meine künstliche Nase, die sie mir nach der Verwundung° angenäht hatten, und dann tippte° sie
meinen Namen, meine Adresse, während sie von
einer kalten Frikadelle abbiß und nach jedem Bissen° einen Zug von der Zigarette nahm.° Müde
schob sie den Zettel° mit meinen Personalien Mulka
hinüber, der brütend° über dem Stadtplan saß, seiner „Einsatzkarte°", der breite Zimmermannbleistift
hob sich,° kreiste° über dem Plan und stieß plötzlich
nieder.° „Hier", sagte Mulka, „hier kommst du zum
Einsatz, in Hochfeld. Ein gutes Viertel,° sehr gut
sogar. Du meldest dich bei Köhnke.°"

„Und die Sachen?" sagte ich.

„Uniform wirst du im Bus empfangen"°, sagte
er. „Im Bus kannst du dich auch fertigmachen. Und
benimm dich wie ein Weihnachtsmann!"

Ich versprach es. Ich bekam einen Vorschuß,°
bestellte ein Bier und trank und wartete, bis Mulka
mich aufrief;° der Chauffeur nahm mich mit hinaus.° Wir gingen durch den kalten Regen zum
Kleinbus, kletterten in den Laderaum,° wo bereits
vier frierende Weihnachtsmänner saßen, und ich
nahm die Sachen in Empfang,° den Mantel, den
flockigen Bart, die rotweiße Uniform der Freude.
Das Zeug° war noch nicht ausgekühlt,° wohltuend°
war die Körperwärme älterer Weihnachtsmänner,
meiner Vorgänger, zu spüren,° die ihren Freudendienst° schon hinter sich hatten; es fiel mir nicht
schwer, die Sachen anzuziehen. Alles paßte, die
Stiefel paßten, die Mütze, nur die Maske paßte
nicht: zu scharf drückten die Pappkanten° gegen

meine künstliche Nase; schließlich nahmen wir eine offene Maske, die meine Nase nicht verbarg.°

60 Der Chauffeur half mir bei° allem, begutachtete° mich, taxierte° den Grad der Freude, der von mir ausging,° und bevor er nach vorn ging ins Führerhaus,° steckte er mir eine brennende Zigarette in den Mund: in wilder Fahrt brachte er mich raus
65 nach Hochfeld, zum sehr guten Einsatzort. Unter einer Laterne° stoppte der Kleinbus, die Tür wurde geöffnet, und der Chauffeur winkte mich heraus.°

„Hier ist es", sagte er, „Nummer vierzehn, bei Köhnke: mach' sie° froh.° Und wenn du fertig bist
70 damit, warte hier an der Straße; ich bring nur die andern Weihnachtsmänner weg, dann pick ich dich auf."

„Gut", sagte ich, „in einer halben Stunde etwa.°"

Er schlug mir ermunternd° auf die Schulter, ich
75 zog die Maske zurecht,° strich den roten Mantel glatt und ging durch einen Vorgarten auf das stille Haus zu,° in dem schneller Nebenverdienst auf mich wartete. Köhnke, dachte ich, ja, er hieß Köhnke damals in Demjansk.°

80 Zögernd drückte ich die Klingel, lauschte;° ein kleiner Schritt erklang, eine fröhliche Verwarnung,° dann wurde die Tür geöffnet, und eine schmale° Frau mit Haarknoten und weißgemusterter Schürze° stand vor mir. Ein glückliches Erschrecken° lag für
85 eine Sekunde auf ihrem Gesicht, knappes Leuchten,° doch es verschwand sofort: ungeduldig zerrte° sie mich am Ärmel hinein und deutete° auf einen Sack, der in einer schrägen Kammer° unter der Treppe stand.

90 „Rasch", sagte sie, „ich darf nicht lange draußen sein. Sie müssen gleich° hinter mir kommen. Die Pakete sind alle beschriftet,° und Sie werden doch wohl hoffentlich lesen können."

„Sicher", sagte ich, „zur Not.°"

95 „Und lassen Sie sich Zeit° beim Verteilen der Sachen. Drohen Sie auch zwischendurch mal."

„Wem", fragte ich, „wem soll ich drohen?"

„Meinem Mann natürlich, wem sonst!"

„Wird ausgeführt°", sagte ich.

100 Ich schwang den Sack auf die Schulter, stapfte fest,° mit schwerem freudebringendem Schritt die Treppe hinauf—der Schritt war im Preis inbegriffen.° Vor der Tür, hinter der die Frau verschwun-

---

verbarg = bedeckte

bei = mit / checked
estimated
von . . . emanated from me
cab of the bus

streetlight

mich . . . for me to come out

sie = die Köhnkes / froh = glücklich

etwa = ungefähr (about)

encouragingly
zog [. . .] zurecht   adjusted

auf [. . .] zu   toward

Demjansk: site on the Eastern front in World War II
lauschte = hörte
Verwarnung = Warnung
schmale = dünne
und . . . and an apron with a white print
Erschrecken = Überraschung

knappes . . . a brief glow /
   zerrte = zog
deutete = zeigte
schrägen . . . slanted closet

gleich = sofort
labeled

zur Not   if I have to
Und . . . And take your time

Wird . . . Will do

stapfte . . . trod firmly

included

George Grosz „Gottes Sichtbarer Segen ruht auf uns"

den war, hielt ich an, räusperte mich tief,° stieß
105 dunklen Waldeslaut aus, Laut der Verheißung,° und
nach heftigem Klopfen und nach ungestümem°
„Herein!", das die Frau mir aus dem Zimmer zurief,
trat ich ein.
    Es waren keine Kinder da; der Baum brannte,
110 zischend versprühten zwei Wunderkerzen,° und vor
dem Baum, unter den feuerspritzenden° Kerzen,
stand ein schwerer Mann in schwarzem Anzug,
stand ruhig da mit ineinandergelegten° Händen
und blickte mich erleichtert und erwartungsvoll° an:
115 es war Köhnke, mein Oberst° in Demjansk.
    Ich stellte den Sack auf den Boden, zögerte, sah
mich ratlos um zu° der schmalen Frau, und als sie

räusperte ... *cleared my throat noisily*
stieß ... *uttered a deep sound of the wild, full of promise*
ungestüm = *ungeduldig*

zischend ... *with a hissing sound two sparklers flared briefly*
fire-spitting
folded
expectantly
colonel

over to

Festefeiern   197

näher kam, flüsterte° ich: „Die Kinder? Wo sind die Kinder?"

120 „Wir haben keine Kinder", antwortete sie leise, und unwillig:° „Fangen Sie doch° an."

Immer noch zaudernd° öffnete ich den Sack, ratlos von ihr zu ihm blickend: die Frau nickte, er schaute mich lächelnd an, lächelnd und sonderbar° 125 erleichtert. Langsam tasteten° meine Finger in den Sack hinein, bis sie die Schnur° eines Pakets erwischten;° das Paket war für ihn. „Ludwig!" las ich laut. „Hier!" rief er glücklich, und er trug das Paket auf° beiden Händen zu einem Tisch und packte einen 130 Pyjama° aus. Und nun zog ich nacheinander Pakete heraus, rief laut ihre Namen, rief einmal „Ludwig" und einmal „Hannah", und sie nahmen glücklich die Geschenke in Empfang und packten sie aus. Heimlich° gab mir die Frau ein Zeichen, ihm mit der 135 Rute° zu drohen; ich schwankte,° die Frau wiederholte ihr Zeichen. Doch° jetzt, als ich ansetzen° wollte zur Drohung, jetzt drehte sich der Oberst zu mir um; respektvoll, mit vorgestreckten° Händen kam er auf mich zu, mit zitternden Lippen. Wieder 140 winkte mir die Frau, ihm zu drohen—wieder konnte° ich es nicht.

„Es ist Ihnen gelungen"°, sagte der Oberst plötzlich, „Sie haben sich durchgeschlagen.° Ich hatte Angst, daß Sie es nicht schaffen würden."

145 „Ich habe Ihr Haus gleich° gefunden", sagte ich.

„Sie haben eine gute° Nase, mein Sohn."

„Das ist ein Weihnachtsgeschenk, Herr Oberst. Damals° bekam ich die Nase zu Weihnachten."

„Ich freue mich, daß Sie uns erreicht haben."

150 „Es war leicht, Herr Oberst; es ging sehr schnell."

„Ich habe jedesmal Angst, daß Sie es nicht schaffen würden:° Jedesmal—"

„Dazu besteht° kein Grund", sagte ich, „Weih-155 nachtsmänner kommen immer ans Ziel."

„Ja", sagte er, „im allgemeinen kommen sie wohl° ans Ziel. Aber jedesmal habe ich diese Angst, seit Demjansk damals."

„Seit Demjansk", sagte ich.

160 „Damals warteten wir im Gefechtsstand° auf ihn.° Sie hatten schon vom Stab° telefoniert, daß er unterwegs war zu uns, doch es dauerte und dauerte.° Es dauerte so lange, bis wir unruhig° wur-

---

flüsterte = sagte leise

impatiently / why don't you
zaudernd = zögernd

oddly
groped
string
erwischten = fanden
auf = mit

Pyjama = Schlafanzug

secretly
birch rod (for spanking) / schwankte = zögerte
Doch = Aber / ansetzen = anfangen
outstretched

konnte = konnte tun
Es . . . You did it
sich . . . got through

gleich = sofort
fine

Back then

nicht [. . .] würden might not
Dazu . . . There is

sie . . . they probably do

battle station
ihn = Weihnachtsmann / Stab = Hauptquartier
dauerte . . . = dauerte lange / worried

den und ich einen Mann losschickte,° um den *sent out*
165 Weihnachtsmann zu uns zu bringen."
„Der Mann kam nicht zurück", sagte ich.
„Nein", sagte er. „Auch der Mann blieb weg,
obwohl sie nur Störfeuer° schossen, sehr *diversionary fire*
vereinzelt."° *here and there*
170 „Wunderkerzen schossen sie, Herr Oberst."
„Mein Sohn", sagte er milde,° „ach, mein Sohn. *gently*
Wir gingen raus und suchten sie° im Schnee vor sie = den Mann und den
dem Wald. Und zuerst fanden wir den Mann. Er Weihnachtmann
lebte noch."
175 „Er lebt immer noch, Herr Oberst."
„Und im Schnee vor dem Wald lag der Weihnachtsmann, lag da mit einem Postsack° und der *mailbag*
Rute und rührte sich° nicht." rührte = bewegte
„Ein toter Weihnachtsmann, Herr Oberst."
180 „Er hatte noch seinen Bart um,° er trug noch *on*
den roten Mantel und die gefütterten Stiefel.° Er lag gefütterten ... *lined boots*

Ernst Barlach Engelreigen *1924*

Festefeiern

auf dem Gesicht. Nie, nie habe ich etwas gesehn, das so traurig war wie der tote Weihnachtsmann."

„Es besteht° immer ein Risiko", sagte ich, „auch für den, der° Freude verteilt, auch für Weihnachtsmänner besteht ein Risiko."

„Mein Sohn", sagte er, „für Weihnachtsmänner sollte es kein Risiko geben,° nicht für sie. Weihnachtsmänner sollten außer Gefahr° stehen."

„Eine Gefahr läuft man° immer", sagte ich.

„Ja", sagte er, „ich weiß es. Und darum° denke ich immer, seit Demjansk damals, als° ich den toten Weihnachtsmann vor dem Wald liegen sah°—immer denke ich, daß er nicht durchkommen könnte° zu mir. Es ist eine große Angst jedesmal, denn vieles° habe ich gesehen, aber nichts war so schlimm wie der tote Weihnachtsmann."

Der Oberst senkte den Kopf, angestrengt° machte seine Frau mir Zeichen, ihm mit der Rute zu drohen: ich konnte es nicht. Ich konnte es nicht, obwohl ich fürchten mußte, daß sie° sich bei Mulka über mich beschweren° und daß Mulka mir etwas von meinem Verdienst abziehen könnte. Die muntere Ermahnung° mit der Rute gelang mir° nicht.

Leise ging ich zur Tür, den schlaffen Sack hinter mir herziehend;° vorsichtig öffnete ich die Tür, als mich ein Blick des Obersten traf,° ein glücklicher besorgter° Blick: „Vorsicht", flüsterte er, „Vorsicht", und ich nickte und trat hinaus. Ich wußte, daß seine Warnung aufrichtig war.

Unten° wartete der Kleinbus auf mich; sechs frierende Weihnachtsmänner saßen im Laderaum, schweigsam und frierend, erschöpft° vom Dienst an der Freude; während der Fahrt zum Hauptquartier sprach keiner° ein Wort. Ich zog das Zeug° aus und meldete mich bei Mulka hinter der beschlagenen Glasvitrine, er blickte° nicht auf.° Sein Bleistift kreiste über dem Stadtplan, wurde langsamer im Kreisen, schoß herab:° „Hier", sagte er, „hier ist ein neuer Einsatz° für dich. Du kannst die Uniform gleich wieder anziehen.°"

„Danke°", sagte ich, „vielen Dank."

„Willst du nicht mehr? Willst du keine Freude mehr bringen?"

„Wem?" sagte ich. „Ich weiß nicht, zu wem ich jetzt komme.° Zuerst muß ich einen Schnaps trinken. Das Risiko—das Risiko ist zu groß."

■ Zum Leseverständnis

Zeile 1–25 Wir stellen fest: richtig oder falsch?

1. _____ In einer Kneipe saß ein Mann namens Mulka und stellte Weihnachtsmänner an.

2. _____ Es war kein richtiges Büro, denn es handelte sich nur um einen „schnellen Nebenverdienst".

3. _____ Das Ganze war gut organisiert: auf einem Stadtplan waren die „Einsatzgebiete" markiert.

4. _____ Die Weihnachtsmänner wurden mit einem Kleinbus dorthin gefahren, mußten aber ihre „Uniform" selbst stellen.

Zeile 26–79 Wir diskutieren

1. Das Wort „Verwundung" benutzt man nur für Kriegsverletzungen. Was wissen wir also über den Erzähler mit der künstlichen Nase, dessen Personalien die Sekretärin tippte?
2. Mulka nannte ihm sein Einsatzgebiet. Wurde der Bus nur zum Transportieren der Weihnachtsmänner benutzt? Wozu noch?
3. Alles paßte, nur die künstliche Nase war ein Problem. Wieso? Wie wurde es gelöst?
4. Der Chauffeur organisierte mit. Wie half er dem Erzähler? Wollte er ihn auch wieder abholen?

Zeile 80–108 Wir stellen fest: richtig oder falsch?

1. _____ Die Frau, die bei Köhnkes die Tür aufmachte, freute sich über das Erscheinen des Weihnachtsmannes.

2. _____ Er sollte sich beeilen und sofort den Sack mit den Paketen nehmen.

3. _____ Danach sollte er die Geschenke langsam verteilen und auch zwischendurch mit der Rute drohen.

4. _____ Der Erzähler versprach alles, aber er wußte nicht, wie er sich als Weihnachtsmann benehmen sollte.

Zeile 109–155 Wir diskutieren

1. Der Weihnachtsmann erwartete natürlich Kinder, als er ins Zimmer trat. Wen erkannte er stattdessen sofort?
2. Er war ratlos und zögerte, weil er nicht glauben konnte, daß sein Oberst aus dem Krieg wie ein Kind behandelt wurde. Was tat er trotzdem und was nicht?
3. Der Oberst erkannte den Erzähler auch (oder nicht?). Warum war er so froh und erleichtert?
4. Der Erzähler fühlte sich sofort in die Situation hinein (*empathized*). Wie versuchte er, den Oberst zu beruhigen?

Festefeiern 201

Zeile 156–179   Wir stellen fest: richtig oder falsch?

1. _____ Seit Demjansk hatte der Oberst Angst, daß der Weihnachtsmann es nicht schaffte durchzukommen.
2. _____ Als der Weihnachtsmann damals im Krieg nicht kam, schickte er einen Mann nach ihm aus.
3. _____ Das Artilleriefeuer war an dem Abend besonders stark.
4. _____ Später fanden sie den Weihnachtsmann tot im Schnee, aber der Mann, den sie ausgeschickt hatten, lebte noch.

Zeile 180–227   Wir diskutieren

1. Der Oberst fand nichts trauriger als einen toten Weihnachtsmann. Sollten Weihnachtsmänner nicht von Gefahr und Risiko frei sein?
2. Offenbar hatte der Oberst unter seinen schweren Kriegserlebnissen gelitten (*suffered*). Verstand der Erzähler ihn? Warum sonst brachte er es nicht fertig (*was unable*), ihm mit der Rute zu drohen?
3. Einem Weihnachtsmann, dem Symbol des Friedens und der Freude, darf nichts passieren. Wie spielte der Erzähler mit, als es Zeit war, wegzugehen?
4. Der Kleinbus brachte ihn wieder zurück zum „Hauptquartier". Welche Wirkung hatte das Erlebnis bei Köhnke auf den Erzähler? Hatte er die Lust auf weiteren Einsatz als Weihnachtsmann verloren? Warum wohl?

■ Inhaltliches

1. Warum stellte sich der Mann im Büro vor?
2. Beschreiben Sie die Einrichtung dieses „Büros"!
3. Wer saß im Büro, und was lag auf dem Tisch?
4. Was malte Mulka auf den Stadtplan, und wie funktionierte sein Weihnachtsmännerdienst (*Santa Claus service*)?
5. Was für eine Verwundung hatte der Mann im Krieg bekommen?
6. Was tat die Sekretärin beim Tippen?
7. Wo wollte Mulka diesen Mann einsetzen (*put in action*), und wo sollte er sich umziehen?
8. Warum froren die anderen Weihnachtsmänner?
9. Paßte dem Mann das Weihnachtsmannkostüm? Was paßte nicht?
10. Wo stieg der Mann aus?
11. Wann und wo wollte der Chauffeur ihn wieder abholen?
12. Wohin ging dieser Weihnachtsmann nun, und wer machte die Tür auf?
13. Warum hatte die Frau es so eilig? Was sagte sie zu ihm?
14. Wer war im Zimmer, als der Weihnachtsmann dort eintrat?
15. Woher kannte er Herrn Köhnke?
16. Warum zögerte er so lange? Was holte er schließlich aus dem Sack?

17. Warum drohte er dem Oberst nicht, wie die Frau ihm gesagt hatte?
18. Worüber freute sich der Oberst, und wovor hatte er seit Demjansk Angst?
19. Was war dort geschehen? Was war das Traurigste, was der Oberst je gesehen hatte?
20. Wovor warnte er nun den Weihnachtsmann in seinem Hause?
21. Wohin fuhr dieser, nachdem er das Haus verlassen hatte?
22. Was bot ihm Mulka an, aber warum wollte er nicht gleich wieder Weihnachtsmann spielen?

■ Vom Inhalt zum Gehalt

1. Diese Erzählung ist in Ichform geschrieben, d.h., wir lernen den Mann, der sich etwas Geld hinzuverdienen (*earn in addition*) will, nur aus seinen eigenen Worten kennen. Was wissen wir über ihn? Warum hat er eine künstliche Nase?
2. Ist dieser Mulka ein guter Geschäftsmann? Er hat seinen Weihnachtsmännerdienst militärisch organisiert. Finden Sie es zynisch, ironisch, sarkastisch, witzig, komisch, unpassend (*improper*) oder tragisch, das „Fest des Friedens und der Freude" mit Militarismus in Verbindung (*connection*) zu bringen? Warum?
3. Das Vokabular der Erzählung ist entsprechend (*correspondingly*) militärisch. Was bedeuten Worte und Ausdrücke wie „Generalstabsarbeit", „Hauptquartier", „Einsatzgebiet", „Einsatzkarte", „straff organisiert", „zum Einsatz kommen" usw.? Das Militär „stellt" und „liefert" auch das „Zeug" (*clothes*) und die Stiefel, und „es paßt" immer alles. Die Uniform „nimmt man im Empfang", und „fertigmachen" ist ein bekannter Befehl (*command*). Ein Kampfflieger „kreist" über der Stadt und „schießt herab" oder „stößt nieder"—ganz wie Mulkas Bleistift. Wie wirkt diese Ausdrucksweise auf den Leser?
4. Welche Bemerkungen des Verfassers finden Sie ironisch? Wie nennt er zum Beispiel Weihnachtsmänner? Was ist komisch an der Vorstellung (*idea*), daß „himmlische Onkel" in einem Kleinbus sitzen und frieren?
5. Das Zusammentreffen (*encounter*) mit dem Oberst zeigt, daß die Erzählung nicht nur indirekt mit dem Kriegserlebnis zu tun hat. Ist es vielmehr (*rather*) das Zentralthema des Ganzen? Erklären Sie es am Titel der Erzählung!
6. Was hat das Kriegserlebnis aus dem Oberst gemacht? Ist er jetzt geistesgestört (*mentally disturbed*)? Wodurch? Konnte er vielleicht die Verantwortung (*responsibility*) für die vielen Menschenleben, die der Krieg im allgemeinen und speziell in seiner Truppe gekostet hatte, nicht mehr ertragen (*endure*)? War der tote Weihnachtsmann nur ein Symbol für die vielen Gefallenen (*dead soldiers*)?
7. Der Oberst wiederholt offenbar jedes Jahr sein Angsterlebnis. Ist es

eine Art Buße (*penitence*), um sich zu befreien? Warum ist es besonders tragisch, daß er dabei wieder zum Kind wird? Inwiefern handelt dieser Teil der Erzählung von Schuld und Unschuld?

8. Was für ein Symbol ist der Weihnachtsmann? Was soll er bringen außer Geschenken?
9. Welche Rolle spielt die Frau des Obersts? Wie hilft sie ihrem Mann? Macht sie es richtig? Oder sollte sie ihm lieber die Wahrheit sagen, anstatt ihn zu schonen (*spare*) und zu schützen? Warum soll der Weihnachtsmann dem Oberst drohen?
10. Erkennt der Oberst den ehemaligen (*former*) Soldaten wirklich, oder erzählt er seine Geschichte jedes Jahr jedem neuen Weihnachtsmann? Ist dieser Weihnachtsmann der Soldat, der damals vom Oberst ausgeschickt wurde? Oder „erkennen" sich die Beiden einfach als Opfer (*victims*) des Krieges (der eine körperlich, der andere seelisch [*mentally and emotionally*])?
11. Was halten Sie für schlimmer: eine künstliche Nase oder einen seelischen Schaden (*damage*)?
12. Warum wollte der Mann am Schluß nicht weiter Weihnachtsmann spielen? Ist Geld einfach nicht mehr wichtig, wenn man daran denkt, wie kurz und riskant das Leben ist? Oder hat er Mitleid mit dem Oberst? Warum trinkt er Schnaps?
13. Ist die Erzählung in erster Linie ein Kommentar über die Wirkung des Krieges auf die Menschen? Erklären Sie?
14. Enthält die Erzählung ein Urteil (*judgment*) über Weihnachten als (religiöses) Fest und das, was wir daraus gemacht haben? Welches?

■ Praktisches und Persönliches

1. Feiern (*celebrate*) Sie Weihnachten? Wo? Mit wem?
2. In Deutschland wird der Baum meistens erst Heiligabend aufgestellt. Als Kind sieht man also den brennenden Baum nicht vorher. Wie war (oder ist) das bei Ihnen zu Hause? Benutzen Sie elektrische oder echte Kerzen? Ist Ihr Baum aus Kunststoff (*synthetic*)?
3. Liegen die Weihnachtsgeschenke bei Ihnen unter dem Weihnachtsbaum? Wann werden sie aufgemacht, am Heiligabend oder am Weihnachtsmorgen? Spielt jemand im Hause Weihnachtsmann wie in unserer Erzählung? Oder sehen die Kinder diese Weihnachtsmänner nur auf der Straße oder in Warenhäusern?
4. Finden Sie, daß Weihnachten zum Geschäft geworden ist und nicht mehr viel bedeutet? Was gefällt Ihnen daran nicht (mehr)?
5. Singen Sie Weihnachtslieder? Welche? Wo? Wann? Mit wem?
6. Freuen Sie sich immer noch (und trotz allem) auf Weihnachten?
7. Schreiben Sie Weihnachtskarten? An wen? Was für welche? Was steht

darauf, oder kennen Sie nur „Fröhliche (oder frohe) Weihnachten und ein glückliches Neues Jahr (oder Neujahr)!"?
8. Ist Ostern (*Easter*) ein richtiger Feiertag in Amerika? Oder ist es hauptsächlich ein kirchlicher Feiertag? Ist das Verstecken von Ostereiern (*Easter eggs*) ein ebenso beliebter Brauch wie in Deutschland? Oder ist der Osterhase lange nicht so wichtig wie der Weihnachtsmann?
9. In Deutschland gibt es den sogenannten zweiten Feiertag nach Weihnachten und Ostern, auch übrigens Pfingsten (*Pentecost*), das man hier wirklich nur in der Kirche feiert. In Deutschland bekommt man dann sogar Schulferien! Wie finden Sie das? Oder feiern Sie lieber mehr Geburtstage von Präsidenten und haben drei Monate Sommerferien?
10. Welche anderen Festtage kennen Sie sonst noch? Sind Sie zum Beispiel gern zu einer Hochzeit (*wedding*) eingeladen? Wann haben Sie Geburtstag? Wie feiern Sie so etwas? Schenken Sie Ihrer Mutter etwas zum Muttertag?
11. Was ist Ihr Lieblingsfeiertag? Warum?

▪ Grammatisches

A. Replace all nouns with pronouns in the following sentences.

Zum Beispiel: Die Kleine malt den Weihnachtsmann. ⟶ Sie malt ihn.

1. Der Chef zieht die Summe davon ab.
2. Die Frau ist erleichtert, daß der Weihnachtsmann kommt.
3. Die Verwundung hat den Mann verändert.
4. Die Weihnachtsmänner haben den Kindern Geschenke gebracht.
5. Das Kind schenkte der Tante Blumen.
6. Das junge Mädchen folgt dem Vater.
7. Elisabeth versprach der Mutter gutes Benehmen.
8. Mariechen macht den Weihnachtstisch fertig.

B. Answer in the affirmative, replacing the nouns with pronouns. Remember that the accusative precedes the dative only when it occurs in the form of a pronoun.

Zum Beispiel: Hat Frau Müller das Paket bekommen? ⟶ Ja, sie hat es bekommen.

1. Hat Franz die Personalien angegeben?
2. Hat dieser Mensch den schweren Schritt getan?
3. Hat Fräulein Schwarz Weihnachten gefeiert?
4. Paßt der Mantel Herrn Braun auch?
5. Stellt der Direktor dem Gast diese Dame vor?
6. Sehr wahrscheinlich droht diesem Lande eine Revolution.

C. Complete the sentences with the appropriate reflexive pronouns.

1. Ich freue _____ aufrichtig über das Geschenk.
2. Benehmt _____, Kinder!
3. Mach _____ fertig, Fritzchen!
4. Er stellte _____ (*himself*) der Dame vor.
5. Sie versteckten _____ hinter dem Christbaum.

D. Change the dative pronoun in these impersonal expressions, following the model.

Zum Beispiel: Es paßt uns nicht. (ich) ⟶ Es paßt mir nicht.

1. Es gelingt mir sicher nicht. (wir)
2. Wie geht es dir? (Sie)
3. Es fällt mir schwer. (ihr)
4. Es fiel mir zu spät ein. (er)
5. Es freut uns, daß es schneit. (ich)
6. Wie gefällt ihr das Geschenk? (du)

12 Gefährdungen

Käthe Kollwitz Gefallen *1921*

■ Josef Mühlberger

Der Kranzträger

Josef Mühlberger was born in 1903 in Trutnov (Trautenau), which is now northern Czechoslovakia. He studied literature in Prague and in Uppsala, Sweden. After he received his Ph.D., he edited a cultural journal and taught at a *Gymnasium* in his hometown. Like that of many other authors during the Nazi period, his work was banned from publication. After the war, in which he served as a soldier, he again edited several journals and works dealing with German and Czech literature. He is the author of a literary history of Czechoslovakia and has written numerous short stories, dramas, and poems.

A central theme in Mühlberger's work is the history of the Sudetenland (the German-speaking part of Czechoslovakia) during World War II. Mühlberger also writes frequently on the fate of Dalmatia (a region of southwestern Yugoslavia, formerly a part of Austria) during and after World War II.

Wortschatz

der Bauer, -n farmer
das Dorf, ¨er village
der Kranz, ¨e wreath
die Landschaft, -en scenery; landscape

an·reden to address
aus·steigen, -ie, -ie to get off
beachten to notice, pay attention (to)
begegnen to meet (by chance)
blühen to bloom
ein·steigen, -ie, -ie to board, get on
fallen: es fällt mir schwer I find it difficult
halten, -ie, -a, -ä to come to a stop; **halten für** to consider (to be)
sich hin·legen to lie down
los·werden, -u, -o, -i to get rid of

der Norden (Osten, Süden, Westen) the north (east, south, west)
die Stadt, ¨e city
der Wald, ¨er forest

mit·nehmen, -a, -genommen, -i to take along
regnen to rain; **es regnet** it's raining
sich satt essen to eat one's fill; to have enough to eat
stehlen, -a, -o, -ie to steal
tragen, -u, -a, -ä to carry; to bear; to wear
übernachten to stay overnight
überraschen to surprise
verschwinden, -a, -u to disappear
weg·gehen, -ging, -a to leave, go away
weiter·fahren, -u, -a, -ä to drive on

weiter·gehen, -ging, -a to go on, move on

zwingen, -a, -u to force

Ende: zu Ende gehen, ging, -a to come to an end

gefährlich dangerous
immer weiter further and further

traurig sad
unterwegs on the way

A. Give an equivalent from the *Wortschatz* for each of the following expressions.

1. auf dem Wege
2. betrachten als
3. eine Nacht (in einem Gasthaus) verbringen
4. enden
5. ich finde es schwer
6. stehenbleiben
7. treffen
8. verlassen (eine Stadt, z.B.)
9. unsichtbar werden

B. Give an opposite from the *Wortschatz* for each of the following expressions.

1. Norden
2. Osten
3. einsteigen
4. sich setzen
5. Hunger haben
6. verlassen
7. froh
8. sicher
9. beginnen

C. Complete the sentences with words from the *Wortschatz*.

1. Der Zug fährt durch viele große _____ und kleine _____.

2. Im Krieg haben sich dort sicher nur die _____ satt gegessen.

3. Man kann das Gefühl nicht los_____, daß es heute nicht mehr viele traurige Menschen gibt, die _____ auf Gräber legen.

4. Wie soll man die Frauen in Deutschland _____: mit *Sie* oder *du*?

5. Es _____ uns, daß auf den Feldern alles _____; im März erwartet man das nicht.

6. Hier ist es schön; ich _____ nicht _____.

7. Es _____? Leider habe ich keinen Regenschirm.

8. Wo ist mein Gepäck, und wer _____ es? Hoffentlich hat niemand es _____!

9. Das Tier ist im _____ verschwunden.

Gefährdungen

10. Wenn ich mich abends hinlege, träume ich weiter von der schönen _____.

11. Die Straßenbahn hält nicht, sondern es geht _____ _____.

12. Niemand _____ mich zum Weiterfahren.

13. Sie haben die Landschaft nicht _____.

    In Rostock° wurde der Oberst° vom Ende° überrascht. Er hätte es nicht für möglich gehalten, wenn er nicht gezwungen worden wäre, es zu glauben. Die Stadt war von drei Seiten durch die Russen eingeschlossen.° Der Oberst war in Frankreich, Italien, Rußland, auf dem Balkan—wo war er überall gewesen.° Darum fiel es ihm schwer° zu begreifen, daß er jetzt kein Oberst mehr war und daß von den Riesenräumen,° in denen er überall gesiegt° hatte, eine elende Kasernenstube° übriggeblieben war, in der er noch in letzter Minute zusammengeschossen° oder aus der er in Gefangenschaft abgeführt werden konnte.° Er mußte sich entscheiden. Sein einziger Gedanke war zunächst:° nicht in Gefangenschaft geraten.° Er stopfte die Hosentaschen voll Wehrmachtsuhren,° die Manteltaschen voll Munition, hängte die Maschinenpistole um° und ging. Er schlug sich durch. Dann wurde die Maschinenpistole mitsamt° der Munition weggeworfen,° die Wehrmachtsuhren hatte er noch alle, aber auch die Uniform eines Obersten hatte er noch. Er war stolz auf sie° gewesen—er war als Zwölfender° aus dem Mannschaftsstand° aufgestiegen; nun mußte er sie so rasch wie möglich loswerden.

    Vor Buchholz° ging er zu einem Bauern und wollte seine Uniform gegen Zivilkleidung eintauschen;° denn hier ging° das Niemandsland zu Ende. Der Bauer zeigte keine Ergebenheit° vor dem Oberst, zuckte° mit den Schultern und sagte: „Kleidungsstücke sind rar. Und eine Uniform zieh ich nicht einmal aufs Feld° an. Der Oberst legte eine Wehrmachtsuhr auf den Tisch. Der Bauer schaute sie an und sagte: „Gestohlen. Aber für einen Rock reicht sie.° Da warf der Oberst eine zweite Uhr auf den Tisch und bekam dafür eine Hose.

Rostock: heute in der DDR / *colonel* / Ende = Ende des Krieges

encircled

wo... = wo war er nicht gewesen! / fiel... = er fand es schwer
huge areas / *been victorious*
barracks room
shot to pieces

er... *he could be taken away to a prison camp.*
zunächst = zuerst
in... *to be taken prisoner*
army watches
over his shoulder

mitsamt = mit / wurde [...] weggeworfen = er warf [...] weg

sie = die Uniform / *having served twelve years*
aus... *from the ranks*

Buchholz: ein Dorf

to exchange / *came*
respectful submission
shrugged

nicht... *not even for working in the fields*

für... *it's enough for a suit jacket*

Der Bauer wollte so gut sein,° die Uniform verschwinden zu lassen.° Das war also vorbei, der Respekt vor der Uniform. Gut. Das ist nicht für immer. Jetzt hieß es, sich bis nach Hause durchzuschlagen.° Das war weit; ein kleines Städtchen im Süden. Und hier war man ganz im Norden.

Der Oberst wollte bei dem Bauern übernachten, aber der° duldete° das nicht; das sei gefährlich.

Als es dunkel zu werden begann, ging der Oberst auf den Kirchhof,° schaute sich um, trat zu einem frischen Grab, nahm von dem Grab einen frischen Kranz und suchte einen Wald. Dort legte er sich hin, um zu schlafen. Es war eine kalte Nacht, und der Oberst mußte sich mit dem Totenkranz° aus Kiefernzweigen° zudecken.°

Es war gut, daß er den Totenkranz hatte. Am nächsten Mittag begegneten ihm die ersten Engländer. Sie beachteten den Mann mit dem Kranz, der ins Nachbardorf zu einem Begräbnis° ging, nicht.

So ging es einige Tage. Der Oberst war ununterbrochen° zu einem Begräbnis unterwegs und trug ununterbrochen einen Totenkranz. Da dieser schäbig geworden war, tauschte° er ihn auf einem Grab gegen einen anderen aus, einen leichteren,° nur aus Papierblumen. Dieser verdarb° aber schon am nächsten Tag, weil es regnete, und der Oberst mußte sich einen neuen beschaffen.° Auch der Oberst begann zu verderben.° Die weiten Wege, das Schlafen im Freien,° das Wenige, das er für seine Wehrmachtsuhren zu beißen° bekam ... Einem Bauern mußte er die angebotene Uhr lassen, ohne dafür etwas einzutauschen; anders° hätte der Bauer den ehemaligen° Soldaten an die Engländer verraten. Aber Totenkränze gab es genug. Es gab überall frische Gräber. Als der Oberst eines Tages auf einen Friedhof° kam, um den alt gewordenen° Kranz gegen einen neuen auszutauschen, war gerade ein Begräbnis. Der Oberst konnte nicht einfach wieder weggehen, und so legte er seinen Kranz neben das Grab und nahm an der Trauerfeier teil.° Danach wurde er zum Totenessen° eingeladen. Dabei aß er sich zum ersten Male satt.

Ein andermal begegnete ihm ein amerikanisches Auto. Es fuhr nicht weiter, sondern hielt, und der

wollte ... *was going to be so kind*
verschwinden ... *dispose of*

Jetzt ... *Right now, he had to make his way home.*

der = der Bauer / duldete = erlaubte

cemetery

funeral wreath
pine branches / to cover

funeral

constantly

austauschen = eintauschen
einen ... *a lighter one*
spoiled

sich [...] beschaffen *get hold of*
to be in bad shape
im ... = draußen
beißen = essen

anders = sonst
former

cemetery / alt ... *no longer fresh*

nahm ... *took part in the funeral service*
meal after the funeral

Gefährdungen 211

Fahrer redete ihn an: „Hallo! Bist du noch immer nicht dort?"—„Wo?" fragte der Oberst.—„Wo du den Kranz hinbringen willst."—„Wieso?"—„Ich habe dich schon vor vier Tagen gesehen."—„Mich?—Nun freilich,° es fahren noch immer keine Züge."—„Daß du° auch schon wieder zu einem Begräbnis mußt.° Traurig."—„Wieso?"—„Vor vier Tagen hattest du doch einen anderen Kranz."—„Ich bin gleich da.° Dort sieht man schon das Dorf."—„Well. Gib mir eine von deinen Uhren."—„Uhren?" fragte der Oberst wie ein Rekrut, der sich dumm stellt.°—„Ja, für die du Lebensmittel° eintauschst."—Da mußte der Oberst mit einer Uhr herausrücken.° Er dachte: die° haben uns besiegt° und wollen uns Kultur bringen und haben selber nicht einmal anständige Uhren.° Denn das hatte er erfahren, daß die Amerikaner auf Uhren wie der Teufel auf eine Seele scharf waren.° Der Amerikaner freute sich wie ein Kind über die Uhr, legte sie sogleich um sein Handgelenk° und sagte: „Okay!", hieß den Oberst einsteigen° und nahm ihn mit.

    Sie fuhren weit, danach durfte der Oberst wieder seinen Kranz nehmen, aussteigen und auf seinen eigenen Füßen weitergehen. Er war auf diese Weise ein hübsches Stück° rasch° gegen Süden gekommen. Das war gut, denn nach den Manteltaschen wurden jetzt auch die Hosentaschen leer. Das mit den Amerikanern war gut abgegangen.° Humor ist doch was wert,° dachte der Oberst. Aber er selbst hatte keinen° mehr.

    Es ging weiter wie vorher, immer mit einem Kranz, einmal um die rechte, dann um die linke Schulter gelegt, von Friedhof zu Friedhof. Der Kranz wurde immer schwerer, der Magen immer leichter,° die Füße immer müder, überhaupt alles immer elender, je näher° der Oberst an zu Hause kam. Von der Ostsee bis an den Fuß der Alpen hatte er den Totenkranz quer durch ganz° Deutschland getragen und dabei immer nur von Friedhof zu Friedhof gedacht,° von einem frischen Grab zum anderen, als ob es in Deutschland nur noch Friedhöfe und frische Gräber gäbe.° Und Oberst war er nicht mehr, der sich auf diese Weise tarnte,° nicht einmal mehr Portepee°-Träger, gar nichts mehr° war er, ein Totenkranzträger war er. Wie verwachsen war der Kranz mit° ihm, er konnte sich gar nicht mehr

---

Nun . . . *But of course*
Daß . . . *Amazing that you*
mußt = gehen mußt

Ich . . . *I'll be there shortly.*

sich . . . *plays dumb* / *food*
mit . . . *hand over a watch*
die = die Amerikaner / *defeated*
haben . . . *don't even have decent watches*
scharf . . . *were out for*

wrist
hieß . . . *had the colonel get in*

ein . . . *a good distance* / rasch = schnell

Das . . . *That episode with the Americans had turned out all right.*
doch . . . *still worth something*
keinen = keinen Humor

der Magen . . . *his stomach became emptier and emptier*
je . . . *the closer*

quer . . . *all across*

dabei . . . *all the while thinking only of one cemetery after the other*
es [. . .] gäbe *there were*
disguised
Portepee: *sword knot worn by officers* / *any more*

verwachsen [. . .] mit *grown together with*

ohne ihn° denken, er konnte ihn gerade jetzt° nicht einfach wegwerfen, da° er in einer Gegend war, wo man ihn schon kennen mochte.° So kam er denn mit
130 dem lästigen Ding, das ihm aber die Freiheit bewahrt hatte,° nach Hause.

Seine Frau konnte nicht noch bleicher werden,° als sie schon war, als sie ihren Mann sah, dazu° mit einem Totenkranz.

135 „Ein Jahr!" stammelte sie.

Ja, ein Jahr lang hatten sie einander nicht gesehen. Aber das war wie fünf Jahre. So älter erschien dem Oberst seine Frau.° Sie war eine Feldwebelsfrau° geblieben und keine Offiziersfrau
140 geworden. Doch das war, als er Offizier geworden, nicht wesentlich° gewesen. Jetzt aber war sie nicht einmal mehr° die Frau eines Feldwebels, denn ihr Mann war nie etwas anderes als Soldat gewesen. Und das zählte jetzt nichts.°

145 „Willst du nicht vorher° etwas essen?"

„Was heißt vorher?" sagte der Oberst unwillig.° „Ich habe natürlich Hunger. Nach einem solchen Weg!"

„Gewiß.° Den Kranz können wir nachher auf
150 den Friedhof tragen. Ich bin froh, daß du es schon weißt und ich es dir nicht sagen muß." Sie drückte die mageren° Hände über ihr Gesicht und weinte. „Aber ich bin nicht schuld daran.° Wirklich. Ich war gerade hamstern° gewesen. Horst spielte im Hof, als
155 die Tiefflieger kamen. Am 3. Mai, kurz vor seinem fünften Geburtstag. Er ist sogleich tot gewesen."

„Schweine!" schrie der Oberst, als stünde er als Spieß° auf dem Kasernenhof.° „So kurz vor dem Ende! Gemein!° Auf Zivilisten schießen! Auf
160 Kinder! Gangster!"

Er stand auf und nahm den Kranz.

„Willst du,° noch ehe du etwas gegessen°?"

„Ich habe keinen Appetit mehr."

Sie gingen, und der Oberst legte, nachdem er
165 von der Ostsee bis zu den Alpen quer durch ganz Deutschland einen Totenkranz getragen, jetzt, da° er am Ende° war, den Kranz auf das Grab seines Kindes. Eine Weile stand er, abgemattet,° verbraucht° wie der Kranz, den er einige Tage ge-
170 schleppt° hatte, dann durchfuhr es ihn;° er wollte sich soldatisch stramm aufrichten,° aber es wurde nichts.°

ihn = den Kranz /
 gerade . . . least of all now
 when
ihn . . . might already know him

das . . . which had, however,
 preserved his freedom
konnte . . . could not have
 become paler
at that

So . . . So much older did the
 wife appear to the colonel.
sergeant's wife

wesentlich = wichtig

nicht . . . not even . . . anymore

nichts = nicht

first

unwillig = ärgerlich

Gewiß = Natürlich

mager = dünn
ich . . . it's not my fault
hamstern: trying to buy food
 products from farmers, without
 ration stamps

drill-sergeant / barracks-yard
Disgusting!

Willst du: auf den Friedhof
 gehen? / gegessen =
 gegessen hast

when
Ende = Ende seines Marsches
exhausted
worn down
dragged / dann . . . then
 something jolted him
sich . . . to stand erect like a
 soldier
aber . . . but he couldn't manage
 it

Gefährdungen 213

Alfred Kubin Der Krieg *1903*

    Die Frau hatte sich gebückt, und ihre Finger versuchten, die verdrückten° und zerknitterten° Papierblumen des Kranzes, so gut das möglich war, in Ordnung zu bringen. Als sie dann den Kranz mitten über° das Grab gelegt hatte, schob sie ihn° wieder zur Seite. Da blühten Veilchen,° die wie blaue Kinderaugen aus dem schmalen Grabhügel° schauten. Sie sollten° durch den Totenkranz aus zerdrückten Papierblumen nicht verdeckt° werden, sie wollten die Sonne sehen.

175
180

crushed / crumpled

mitten ... *in the middle* / ihn = den Kranz
violets
schmalen ... *narrow grave-mound*
were to be
verdeckt = bedeckt

■ Zum Leseverständnis

Zeile 1–24 Wir stellen fest: richtig oder falsch?

1. _____ Das Ende des Krieges kam plötzlich.
2. _____ Der Oberst hatte den Krieg nur in einer Kasernenstube erlebt.
3. _____ Er kam am Ende des Krieges in Gefangenschaft.
4. _____ Es war zu gefährlich, weiter die Uniform zu tragen.

Wir diskutieren

1. Die deutsche Wehrmacht hatte im zweiten Weltkrieg zuerst gesiegt; nun war der Krieg verloren. War der Oberst nicht froh, daß der Krieg aus war, oder woran mußte er zuerst denken?
2. Nun drohte dem Oberst im eigenen Lande die Gefangenschaft. Wieso? Stellen Sie sich ein Land mit fremder Besatzung vor! Warum konnte man sich nicht mehr in deutscher Uniform sehen lassen?
3. Der Oberst war Berufsoffizier. Nun stiehlt er Wehrmachtsuhren und will seine Uniform loswerden. Ist er ein Deserteur und Dieb? Oder ist Überleben wichtiger als Pflicht und Moral?

Zeile 25–55 Wir stellen fest: Wählen Sie **a, b,** oder **c**!

1. Der Bauer (a) war freundlich und wollte helfen; (b) konnte die Uniform gut gebrauchen; oder (c) hatte keinen Respekt vor dem Oberst.
2. Der Oberst zahlte (a) mit Geld; (b) mit Wehrmachtsuhren; oder (c) überhaupt nicht.
3. Er wollte (a) zu einem Begräbnis; (b) nach Hause; oder (c) ins Nachbardorf.
4. Er trug (a) noch immer seine Uniform; (b) einen Totenkranz; oder (c) seine Waffen.

Wir diskutieren

1. Der Bauer ist kriegsmüde. Verstehen Sie seine Einstellung (*attitude*) dem Oberst gegenüber? Was denkt er?
2. Der Oberst hat einen weiten Weg vor sich. Warum muß er natürlich zu Fuß gehen? Was kann ihm unterwegs passieren?
3. Mit einem Totenkranz in der Hand kann er sich sicherer fühlen. Liegt es daran, daß die Menschen immer Achtung vor dem Tod haben? Die Engländer, denen er begegnet, auch?

Zeile 56–182 Wir stellen fest: richtig oder falsch?

1. _____ Es ging dem Oberst auf dem langen Weg nach Hause nicht gut.
2. _____ Die Amerikaner nahmen ihn mit in die Gefangenschaft.

3. _____ Der Oberst warf den Kranz kurz vor seiner Ankunft weg.

4. _____ Er gab der Frau die Schuld am Tod des Kindes.

Wir diskutieren

1. Die amerikanischen Soldaten waren nett zu dem Oberst; sie wollten nur seine Uhr. Warum wohl? Gibt es in Amerika wirklich keine anständigen Uhren, wie der Oberst meint?
2. Die Frau hat nicht nur ihr Kind verloren sondern auch ihre Rolle als Soldatenfrau. Verstehen Sie diese einfache Frau? Wie könnte man ihre Gefühle beschreiben?
3. Ist der Oberst am Ende immer noch in erster Linie Soldat? (Er schreit wie auf dem Kasernenhof; er will am Grabe des Kindes strammstehen.) Oder ist er doch „nur" ein Mensch, ein müder, verbrauchter Mensch?

(See also *Vom Inhalt zum Gehalt*, which concentrates on the last part and the overall message of the story.)

■ Inhaltliches

1. Warum fiel es dem Oberst schwer zu begreifen, daß der Krieg zu Ende war?
2. Wo war er bei Kriegsende?
3. Was tat er, um nicht in Kriegsgefangenschaft zu geraten?
4. Unterwegs warf er nach und nach (*gradually*) fast alles weg, aber was hatte er noch?
5. Warum wollte der Bauer die Uniform auch nicht?
6. Wofür bekam der Oberst schließlich eine Hose und einen Rock?
7. Wo wohnte der Oberst?
8. Wann ging der Oberst weg, und warum übernachtete er nicht bei dem Bauern?
9. Woher hatte er den Kranz, den er mitnahm, und wo schlief er?
10. Warum beachteten ihn die Engländer am nächsten Tag nicht?
11. Wie lange ging das so weiter?
12. Wozu wurde er eines Tages eingeladen?
13. Erzählen Sie die Episode mit den Amerikanern!
14. Wohin wanderte er weiter, und wie ging es ihm jetzt?
15. Woran hatte er unterwegs immer gedacht?
16. Was fand er vor, als er endlich nach Hause kam?
17. Was schlug seine Frau vor?
18. Wie war das Kind gestorben?
19. Was schrie der Oberst, und warum?
20. Was fand die Frau auf dem Grab des Kindes?

■ Vom Inhalt zum Gehalt

1. Wie gelang es dem Oberst, bei Kriegsende seine Heimat zu erreichen, ohne in Kriegsgefangenschaft zu geraten?
2. Welche Bedeutung hatte dieser Kranz für den Oberst?
3. Der Mann war geduldig und schlau (*cleverly*) wie ein alter, erfahrener Soldat von der Ostsee bis an die Alpen gewandert. Warum verlor er zum ersten Mal die Geduld, als die Frau ihm etwas zu essen anbot?
4. Was dachte die Frau, als sie ihren Mann mit dem Kranz sah?
5. Warum war ihr der Mann, der jetzt als Zivilist vor ihr stand, so fremd geworden?
6. Was heißt das: „Sie war eine Feldwebelsfrau geblieben"?
7. Wenn sie auch nicht mit ihrem Mann „gewachsen" war (zum Beispiel, beruflich), so war das doch bisher gleichgültig gewesen. Warum?
8. Der Mann war immer Soldat gewesen. Heißt das, daß er keine Gefühle hatte? Erklären Sie seine Reaktion, als er vom Tod seines Kindes hört!
9. Jetzt hat dieses Ehepaar noch mehr verloren als die gemeinsame, vertraute Lebensbasis. Erklären Sie, was der Tod des Kindes ihnen bedeuten muß!
10. Meinen Sie, daß ihr Leben jetzt leer sein wird? Oder sind die Veilchen auf dem Beet ein Symbol der Hoffnung?
11. Warum war der Mann „abgemattet", als er am Grab seines Kindes stand? War er körperlich oder seelisch erschöpft?
12. Der Papierkranz ist ein Symbol für etwas Totes und Verbrauchtes. Warum ist das ein guter Vergleich?
13. War der Mann plötzlich kein Soldat mehr? Oder gelang es ihm einfach nicht mehr, Soldat zu bleiben?
14. Will der Verfasser in dieser Erzählung sagen, daß das Leben trotz aller inneren Leere und äußeren Zerstörung doch weitergeht?

■ Praktisches und Persönliches

A. For each question on the left, give a logical response from the column on the right.

1. Warum gehen Sie im Sommer so gern im Wald spazieren?
2. Was machen Sie, wenn Sie kein Hotelzimmer bekommen?
3. Warum lernen Sie nicht noch eine Fremdsprache?

a. Es fällt mir schwer.
b. Ich fahre immer weiter.
c. Im Wald ist es am kühlsten.
d. Ich halte das Autofahren in Deutschland für sehr gefährlich.
e. Ich möchte mich etwas hinlegen.

(continued)

4. Warum wollen Sie ins Hotel zurück?
5. Weshalb sollen wir in diesem Gasthof haltmachen?
6. Wo ist denn nur meine Uhr?
7. Warum ärgerst du dich denn so?
8. Warum machst du so ein langes Gesicht?
9. Warum fahren Sie eigentlich immer mit dem Zug?
10. Warum wollen Sie denn unbedingt zum Arzt, anstatt mit uns einen Ausflug (*hike, short trip*) zu machen?

f. Ich weiß nicht, wie ich meine Erkältung loswerden soll.
g. Mein Gepäck ist verschwunden!
h. Ich bin natürlich sehr traurig darüber.
i. Hoffentlich ist sie nicht gestohlen!
j. Ich möchte mich einmal richtig satt essen.

B. Describe a place in the country that you especially like. Is it in the mountains? Near the beach? Are there many forests? Are there lakes or rivers nearby? Why do you like it?

▌Grammatisches

Complete the sentences with the appropriate relative pronouns. Remember that a relative pronoun agrees in gender and number with its antecedent, but that the case of a relative pronoun is determined by its function within the relative clause. Remember also that **was** is used as a relative pronoun after superlatives, after **etwas** and **nichts**, and in cases where the antecedent is not a specific noun.

1. Das Ende des Krieges, _____ den Oberst in Rostock überraschte, kam plötzlich.
2. Die Russen, _____ früher nicht oft gesiegt hatten, schlossen jetzt die Stadt ein.
3. Daß er jetzt kein Oberst mehr war, das war etwas, _____ er kaum begreifen konnte.
4. Der Gedanke an die Gefangenschaft, _____ er fürchtete, zwang ihn zum schnellen Handeln.
5. Er steckte die Wehrmachtsuhren, _____ er in der Kasernenstube fand, ein.
6. Der Kranz, _____ er von jetzt an immer bei sich trug, blieb nie lange frisch.
7. Der Engländer, _____ er begegnete, beachtete diesen Mann, _____ immer auf dem Wege zu einem Begräbnis war, nicht.

8. Die Amerikaner, _____ Wunsch nach einer Wehrmachtsuhr er erfüllte, nahmen ihn ein Stück im Auto mit.

9. Den letzten Kranz, _____ Blätter schon abfielen, brachte er mit nach Hause.

10. Seine Frau erzählte verzweifelt, daß der Junge tot sei, _____ er noch nicht wußte.

11. Das Schlimmste, _____ der Oberst im ganzen Krieg erlebt hatte, war dieser Tod seines Kindes.

12. Seine Frau, _____ es schwerfiel, alles zu begreifen, bemerkte die Veilchen, _____ niemand beachtet hatte und _____ das Licht fehlte.

■ Max Frisch

Geschichte von Isidor

Max Frisch is one of the most popular German-language authors today. Translations of his works (along with those by Heinrich Böll, Friedrich Dürrenmatt, and Peter Handke) are widely read in America. Frisch was born in 1911 in Zurich and has since lived all over the world. His *Tagebuch* of his early years is a fascinating self-study. Frisch is best known for his plays *Biedermann und die Brandstifter* and *Andorra*, and his novels *Stiller* and *Homo Faber*. The last two works center on the problem of the individual and his identity in the modern world. Frisch is also the author of short stories, essays, and radio plays.

Wortschatz

die Ehe, -n marriage
das Eigenheim, -e house of one's own
der Rechtsanwalt, ⸚e lawyer, attorney
die Scheidung, -en divorce
das Standesamt, ⸚er office for marriage licensing

(sich) ärgern to annoy (to be annoyed)
betrachten als to consider to be

der Streit quarrel, fight
der Verlust, -e loss
die Wüste, -n desert
der Zweifel, - doubt

erwähnen to mention
hoffen (auf + *acc.*) to hope (for)

(sich) lohnen   to be worth
schätzen   to appreciate

abgesehen von   apart from
äußerlich   outwardly, external(ly)
innerlich   inwardly, internal(ly)
sprachlos   speechless

vertragen, -u, -a, -ä   to bear, stand
verursachen   to cause

tatsächlich   actually, in fact
verändert   changed
verantwortlich   responsible
zärtlich   affectionate, tender

A. Give an equivalent from the *Wortschatz* for each of the following expressions.

1. in der Tat
2. ansehen als
3. außer
4. wortlos
5. liebevoll
6. ärgerlich sein

B. Match each word or expression on the left with an opposite on the right.

1. äußerlich
2. Gewinn
3. Glauben
4. Wald und Feld
5. Ehe

a. Verlust
b. Zweifel
c. innerlich
d. Scheidung
e. Wüste

C. Complete the sentences with words from the *Wortschatz*.

1. Jeder liebt und _____ irgendwann im Leben einen Menschen.

2. Vielleicht geht man mit diesem Menschen aufs _____ und heiratet.

3. Das junge Paar wohnt dann entweder in einer Mietwohnung oder in einem _____.

4. Die Liebe ist groß—das braucht man nicht zu _____.

5. Sie _____ natürlich beide, daß es immer so bleibt und daß sie sich immer _____ werden.

6. Sie wollen Frieden und keinen _____, sonst ist alles aus, und sie brauchen einen _____.

7. Wer oder was hat die Scheidung _____? Wer ist dafür _____?

8. Vielleicht sind sie beide nicht mehr dieselben Menschen—vielleicht haben sie sich _____.

9. Die Frage ist: hat sich die Ehe oder die Scheidung nicht _____?

Ich werde ihr die kleine Geschichte von Isidor erzählen. Isidor war Apotheker,° ein gewissenhafter° Mensch also, der dabei nicht übel° verdiente, Vater von etlichen° Kindern und Mann im besten Mannes-
5 alter,° und es braucht nicht betont zu werden, daß Isidor ein getreuer° Ehemann war. Trotzdem vertrug er es nicht, immer befragt° zu werden, wo er gewesen wäre. Darüber konnte er rasend° werden, innerlich rasend, äußerlich ließ er sich nichts anmer-
10 ken.° Es lohnte keinen Streit, denn im Grunde,° wie gesagt, war es eine glückliche Ehe. Eines schönen Sommers unternahmen sie, wie es damals gerade Mode war,° eine Reise nach Mallorca, und abgesehen von ihrer steten° Fragerei, die ihn im stillen°
15 ärgerte, ging alles in bester Ordnung. Isidor konnte ausgesprochen° zärtlich sein, sobald er Ferien hatte. Das schöne Avignon entzückte° sie beide; sie gingen Arm in Arm. Isidor und seine Frau, die man sich als eine sehr liebenswerte° Frau vorzustellen hat, waren
20 genau neun Jahre verheiratet, als sie in Marseille ankamen. Das Mittelmeer leuchtete wie auf einem Plakat.° Zum stillen Ärger° seiner Gattin,° die bereits auf dem Mallorca-Dampfer stand, hatte Isidor noch im letzten Moment irgendeine Zeitung kaufen
25 müssen. Ein wenig, mag sein, tat er es aus purem Trotz° gegen ihre Fragerei, wohin er denn ginge. Weiß Gott, er hatte es nicht gewußt; er war einfach, da ihr Dampfer noch nicht fuhr, nach Männerart° ein wenig geschlendert. Aus purem Trotz, wie ge-
30 sagt, vertiefte er sich° in eine französische Zeitung, und während seine Gattin tatsächlich nach dem malerischen° Mallorca reiste, fand sich Isidor, als er endlich von einem dröhnenden Tuten erschreckt° aus seiner Zeitung aufblickte, nicht an der Seite sei-
35 ner Gattin, sondern auf einem ziemlich dreckigen° Frachter, der, übervoll beladen mit lauter° Männern in gelber Uniform, ebenfalls unter Dampf stand.° Und eben wurden die großen Taue° gelöst. Isidor sah nur noch, wie die Mole sich entfernte.° Ob es
40 die hundsföttische° Hitze oder der Kinnhaken° eines französischen Sergeanten gewesen, was ihm kurz darauf das Bewußtsein nahm,° kann ich nicht sagen; hingegen wage ich mit Bestimmtheit° zu behaupten, daß Isidor, der Apotheker, in der Fremdenlegion°
45 ein härteres Leben hatte als zuvor.° An Flucht war nicht zu denken. Das gelbe Fort, wo Isidor zum

pharmacist / conscientious
übel = schlecht
etlichen = mehreren
im . . . in his prime
getreuer = treuer (faithful)
befragt = gefragt
rasend = wütend

ließ . . . he remained calm / im . . . basically

es . . . as was fashionable at the time
steten = ständigen (constant) / im . . . silence
quite
delighted

lovable

poster / Zum . . . to the secret dismay / spouse

aus . . . in sheer defiance

nach . . . the way men will

vertiefte . . . got engrossed

picturesque
von . . . jolted by a resounding hooting

dreckig = schmutzig
all (i.e., only)
unter . . . = abfahren sollte
ropes
sich . . . = verschwand
hundsföttisch = schrecklich / hook to the chin

das . . . knocked him out
mit . . . definitely
Foreign Legion
zuvor = vorher

Gefährdungen 221

Mann erzogen wurde,° stand einsam in der Wüste, deren Sonnenuntergänge er schätzen lernte. Gewiß dachte er zuweilen° an seine Gattin, wenn er nicht einfach zu müde war, und hätte ihr wohl° auch geschrieben; doch Schreiben war nicht gestattet.° Frankreich kämpfte noch immer gegen den Verlust seiner Kolonien, so daß Isidor bald genug in der Welt herumkam,° wie er sich nie hätte träumen lassen.° Er vergaß seine Apotheke, versteht sich,° wie andere ihre kriminelle Vergangenheit. Mit der Zeit verlor Isidor sogar das Heimweh nach dem Land, das seine Heimat zu sein den schriftlichen Anspruch stellte,° und es war—viele Jahre später—eine pure Anständigkeit° von Isidor, als er eines schönen Morgens durch das Gartentor trat, bärtig, hager° wie er nun war, den Tropenhelm unter dem Arm, damit die Nachbarn seines Eigenheims, die den Apotheker längstens° zu den Toten rechneten, nicht in Aufregung gerieten° über seine immerhin ungewohnte Tracht;° selbstverständlich° trug er auch einen Gürtel mit Revolver. Es war ein Sonntagmorgen, Geburtstag seiner Gattin, die er, wie schon erwähnt, liebte, auch wenn° er in all den Jahren nie eine Karte° geschrieben hatte. Einen Atemzug lang,° das unveränderte Eigenheim vor Augen, die Hand noch an dem Gartentor, das ungeschmiert° war und girrte wie je,° zögerte er. Fünf Kinder, alle nicht ohne Ähnlichkeit° mit ihm, aber alle um sieben Jahre gewachsen, so daß ihre Erscheinung ihn befremdete,° schrien schon von weitem: Der Papi! Es gab kein Zurück.° Und Isidor schritt° weiter als Mann, der er in harten Kämpfen geworden war, und in der Hoffnung, daß seine liebe Gattin, sofern° sie zu Hause war, ihn nicht zur Rede stellen° würde. Er schlenderte den Rasen° hinauf, als käme er wie gewöhnlich aus seiner Apotheke, nicht aber aus Afrika und Indochina. Die Gattin saß sprachlos unter einem neuen Sonnenschirm. Auch den köstlichen Morgenrock,° den sie trug, hatte Isidor noch nie gesehen. Ein Dienstmädchen, ebenfalls eine Neuheit,° holte sogleich eine weitere° Tasse für den bärtigen Herrn, den sie ohne Zweifel, aber auch ohne Mißbilligung° als den neuen Hausfreund° betrachtete. Kühl sei es hierzulande,° meinte Isidor, indem° er sich die gekrempelten Hemdärmel° wieder herunter machte. Die Kinder waren selig,°

wo ... where they made a man out of him

zuweilen = manchmal
wohl = wahrscheinlich
gestattet = erlaubt

got around
sich ... never would have dreamt / versteht ... = natürlich

den ... made the documented claim
decency
hager = dünn

längstens = seit langem
in ... got excited
seine ... his after all unusual outfit / selbstverständlich = natürlich

auch ... even though
Karte = Postkarte / Einen ... For a moment
not greased
girrte ... was as squeaky as ever
ihre ... he found their appearance strange
turning back / schritt = ging

sofern = wenn
zur ... question
Rasen = Gras

robe

Neuheit = etwas Neues
eine ... = noch eine
disapproval / friend of the family
hierzulande = hier
indem = während / sich ... his rolled-up sleeves
selig = glücklich

mit dem Tropenhelm spielen zu dürfen, was natürlich nicht ohne Zank° ging, und als der frische Kaffee kam, war es eine vollendete° Idylle, Sonntagmorgen mit Glockenläuten° und Geburtstagstorte. Was wollte Isidor mehr! Ohne jede Rücksicht auf das neue Dienstmädchen, das gerade noch das Besteck° hinlegte, griff Isidor nach° seiner Gattin. „Isidor!" sagte sie und war außerstande,° den Kaffee einzugießen,° so daß der bärtige Gast es selber machen mußte. „Was denn°?" fragte er zärtlich, indem er auch ihre Tasse füllte. „Isidor!" sagte sie und war dem Weinen nahe. Er umarmte° sie. „Isidor!" fragte sie, „wo bist du nur so lange gewesen?" Der Mann, einen Augenblick lang wie betäubt,° setzte seine Tasse nieder; er war es einfach nicht mehr gewohnt, verheiratet zu sein, und stellte sich vor einen Rosenstock,° die Hände in den Hosentaschen. „Warum hast du nie auch nur° eine Karte geschrieben?" fragte sie. Darauf nahm er den verdutzten° Kindern wortlos den Tropenhelm weg, setzte ihn mit dem knappen Schwung der Routine° auf seinen eigenen Kopf, was den Kindern einen für die Dauer ihres Lebens unauslöschlichen Eindruck hinterlassen° haben soll, Papi mit Tropenhelm und Revolvertasche, alles nicht bloß echt, sondern sichtlich vom Gebrauche etwas abgenutzt,° und als die Gattin sagte: „Weißt du, Isidor, das hättest du wirklich nicht tun dürfen!" war es für Isidor genug der trauten Heimkehr,° er zog (wieder mit dem knappen Schwung der Routine, denke ich) den Revolver aus dem Gurt,° gab drei Schüsse mitten in die weiche, bisher noch unberührte und mit Zuckerschaum° verzierte° Torte,° was, wie man sich wohl vorstellen kann, eine erhebliche Schweinerei° verursachte. „Also° Isidor!" schrie die Gattin, denn ihr Morgenrock war über und über von Schlagrahm verspritzt,° ja, und wären nicht die unschuldigen Kinder als Augenzeugen° gewesen, hätte sie jenen ganzen Besuch, der übrigens kaum zehn Minuten gedauert haben dürfte,° für eine Halluzination gehalten. Von ihren fünf Kindern umringt,° einer Niobe° ähnlich, sah sie nur noch, wie Isidor, der Unverantwortliche, mit gelassenen° Schritten durch das Gartentor ging, den unmöglichen Tropenhelm auf dem Kopf. Nach jenem Schock konnte die arme Frau nie eine Torte sehen, ohne an Isidor denken

Zank = Streit
vollendete = perfekte
(church) bells ringing

silverware / griff ... reached for
war ... = konnte nicht
eingießen = einschenken (pour)
Was ... What is it?

embraced

wie ... stunned

rosebush
auch ... even

verdutzt = überrascht
dem ... the deft motion that comes with experience
für ... left an indelible impression for the rest of their lives
sichtlich ... obviously worn somewhat from use

trauten ... cozy homecoming

Gurt = Gürtel

sugar frosting / decorated / Torte = Kuchen
eine ... a considerable mess
Also = Aber

von ... splashed with whipped cream
eyewitnesses

gedauert ... probably lasted
surrounded
Niobe: famous mother in Greek mythology
gelassen = ruhig

Gefährdungen 223

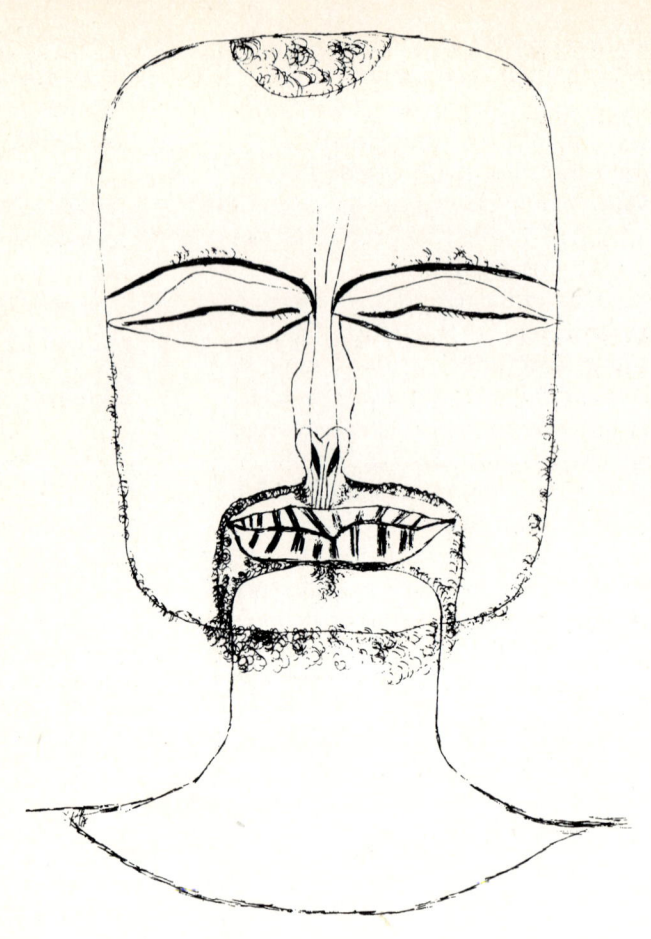

Paul Klee Meditation (Self-Portrait) *1919*

        zu müssen, ein Zustand, der sie erbarmenswürdig°   *pitiable*
140 machte, und unter vier Augen,° insgesamt etwa   *unter . . . privately*
        unter sechsunddreißig Augen riet man ihr° zur   *riet . . . she was advised to*
        Scheidung. Noch aber hoffte die tapfere° Frau. Die   *brave*
        Schuldfrage war ja wohl° klar. Noch aber hoffte sie   *ja . . . obviously*
        auf seine Reue,° lebte ganz den fünf Kindern, die   *remorse*
145 von Isidor stammten,° und wies den jungen Rechts-   *von . . . were Isidor's*
        anwalt, der sie nicht ohne persönliche Teilnahme°   *sympathy*
        besuchte und zur Scheidung drängte,° ein weiteres   *urged*
        Jahr lang ab, einer Penelope° ähnlich. Und in der   *Penelope: loyal wife of Odysseus*
        Tat, wieder war's ihr Geburtstag, kam Isidor nach
150 einem Jahr zurück, setzte sich nach üblicher Be-
        grüßung,° krempelte die Hemdärmel herunter   *greeting*

und gestattete den Kindern abermals,° mit seinem Tropenhelm zu spielen, doch dieses Mal dauerte ihr Vergnügen, einen Papi zu haben, keine drei Minuten. „Isidor!" sagte die Gattin, „wo bist du denn jetzt wieder° gewesen?" Er erhob sich,° ohne zu schießen, Gott sei Dank, auch ohne den unschuldigen Kindern den Tropenhelm zu entreißen,° nein, Isidor erhob sich nur, krempelte seine Hemdärmel wieder herauf und ging durchs Gartentor, um nie wiederzukommen. Die Scheidungsklage unterzeichnete° die arme Gattin nicht ohne Tränen, aber es mußte ja wohl sein, zumal° sich Isidor innerhalb der gesetzlichen Frist nicht gemeldet hatte,° seine Apotheke wurde verkauft, die zweite Ehe in schlichter Zurückhaltung° gelebt und nach Ablauf der gesetzlichen Frist auch durch das Standesamt genehmigt,° kurzum,° alles nahm den Lauf° der Ordnung, was ja zumal für die heranwachsenden Kinder so wichtig war. Eine Antwort, wo Papi sich mit dem Rest seines Erdenlebens herumtrieb,° kam nie. Nicht einmal eine Ansichtskarte. Mami wollte auch nicht, daß die Kinder danach fragten; sie hatte ja Papi selber nie danach fragen dürfen . . .

abermals = wieder

jetzt . . . this time /
  erhob . . . = stand auf

entreißen = wegnehmen

unterzeichnen = unterschreiben

especially since
innerhalb . . . was not heard from
  within the legal time limit
in . . . with modest discretion

approved
in short / course

wo . . . where Daddy was
  roaming around for the rest of
  his earthly life

■ Zum Leseverständnis

Zeile 1–22   Wir stellen fest: richtig oder falsch?

1. _____ Isidor war ein guter Familienvater.
2. _____ Obwohl sie viel Streit hatten, war es eine glückliche Ehe.
3. _____ Die Ferienreise war sehr schön, aber seine Frau befragte ihn zuviel.
4. _____ Die Frau war nett, und Isidor war romantisch.

Zeile 22–48 Wir diskutieren

1. In Marseille stiegen sie in einen Dampfer nach Mallorca, aber Isidor fuhr nicht mit. Warum nicht?
2. Was hatte der Trotz gegen die Fragerei seiner Frau damit zu tun? War er absichtlich (*intentionally*) zurückgeblieben?
3. Wenn er sich nicht in eine französische Zeitung vertieft hätte, wäre er sicher nicht in der Fremdenlegion gelandet. Wie kam es dazu?
4. Warum war eine Flucht aus der Fremdenlegion unmöglich? Was war das Gute an dem harten Leben in der Wüste?

Gefährdungen

Zeile 48–67   Wir stellen fest: richtig oder falsch?

    1. _____ Er schrieb nicht an seine Frau, weil er zu müde war.

    2. _____ Die Fremdenlegion wurde in den französischen Kolonien eingesetzt.

    3. _____ Er vergaß seine Heimat und sein Heimweh.

    4. _____ Viele Jahre später kam er in Tropenuniform wieder nach Hause.

Zeile 67–90   Wir diskutieren

1. Isidor stand am Geburtstag seiner geliebten Frau vor seinem Hause. War dort alles wie sonst? Wer hatte sich verändert?
2. Isidor selbst hatte sich auch verändert. Wie? Auf welche Veränderung in seiner Frau hoffte er?
3. Seine Frau war zuerst sprachlos. Worüber?
4. Vieles war Isidor neu: der Sonnenschirm, der Morgenrock seiner Frau, das Dienstmädchen. Wie benahm er sich, und wofür hielt ihn das Dienstmädchen?

Zeile 90–127   Wir stellen fest: richtig oder falsch?

    1. _____ Es war eine glückliche Familienszene, und Isidor wurde zärtlich.

    2. _____ Isidor war nicht sehr erfreut, als er die Frage seiner Frau hörte.

    3. _____ Als er die zweite Frage hörte, machte sich Isidor sofort zum Weggehen fertig.

    4. _____ Bei der dritten Bemerkung seiner Frau richtete Isidor die Pistole auf sie.

Zeile 127–145   Wir diskutieren

1. Die Frau schrie, als Isidor in die Geburtstagstorte schoß. Warum verlor *sie* die Geduld?
2. Man konnte kaum glauben, was in zehn Minuten alles passiert war. War es vielleicht eine Halluzination? Warum nicht?
3. Wieso sah sie einer Niobe ähnlich? (Niobe war berühmt dafür, wie sie sich für ihre Kinder einsetzte [*stood by*].)
4. Nach diesem Schock erinnerte jede Torte sie an Isidor. Wollte sie sich sofort scheiden lassen? Warum nicht?

Zeile 145–174   Wir stellen fest: richtig oder falsch?

    1. _____ Penelope wartete auch jahrelang auf Odysseus, ihren Mann.

    2. _____ Nach einem Jahr kam Isidor wieder zum Geburtstag seiner Frau zurück.

    3. _____ Diesmal stellte die Frau keine Frage.

    4. _____ Isidor ging wieder weg, und man hörte nie wieder von ihm; da wartete die Frau nicht länger mit dem Heiraten.

■ Inhaltliches

1. Was für ein Mensch war Isidor? Wie lebte er (Beruf, Familie usw.)?
2. Was vertrug er absolut nicht? Zeigte er das?
3. Wohin fuhr das glückliche Ehepaar in die Ferien?
4. Gefiel ihm die Reise? War seine Frau nett? War er nett zu ihr?
5. Worüber ärgerte sich seine Frau, als sie auf die Abfahrt des Dampfers warteten?
6. Wie kam es, daß Isidor statt in Mallorca in der Fremdenlegion landete?
7. Wie ging es ihm dort, und warum lief er nicht weg?
8. Warum schrieb er nicht nach Hause? Dachte er oft an seine Heimat?
9. Wie sah er aus, als er viele Jahre später in den Garten seines Hauses trat?
10. Hatte sich zuhause etwas geändert?
11. Wie empfingen ihn die Kinder?
12. Beschreiben Sie seine Frau, die an diesem Sonntagmorgen im Garten saß!
13. War es eine glückliche Familienszene? Was taten sie (jeder)?
14. Warum setzte Isidor plötzlich seine Kaffeetasse hin?
15. Wovon waren die Kinder beeindruckt (*impressed*)?
16. Was tat Isidor bei der dritten „Anklage" (*accusation*) seiner Frau?
17. Wollte sich seine Frau nach diesem kurzen Besuch sofort scheiden lassen?
18. Was wiederholte sich nach einem Jahr?
19. War das Isidors letzter Versuch? Warum?
20. Seine Frau gab nun das Warten auf. Was tat sie?
21. Ließ Isidor noch einmal von sich hören? Was durften die Kinder nicht? Warum?

■ Vom Inhalt zum Gehalt

1. Wovon handelt diese Kurzgeschichte eigentlich: von einer schlechten Ehe, von einem Mann, der das bürgerliche Leben nicht mehr mitmachen will, oder wovon sonst?
2. Ist die Handlung (*plot, action*) realistisch? Könnte so etwas tatsächlich passieren? Oder sagt der Verfasser mit der absurden Handlung etwas anderes? Was zum Beispiel?
3. Manches an der Geschichte ist dagegen nicht nur realistisch, sondern sogar typisch für menschliches Verhalten (*behavior*). Was zum Beispiel?
4. Im Englischen nennt man das, was Isidors Frau tut, "*nagging*". Im Deutschen gibt es kein so rechtes Wort dafür. Verstehen Sie Isidor? Warum ist es so schlimm, daß die Frau immer fragt?
5. Ist man kein freier Mensch mehr, wenn man immer erklären muß, wo man gewesen ist und was man getan hat?
6. Stellt diese Geschichte in erster Linie den Wunsch jedes Mannes dar, sich davon zu befreien? Ist es möglich, daß so mancher Ehemann gern den symbolischen Schuß in die Torte täte?

Gefährdungen

7. Die Fremdenlegion bietet auch kein freies Leben. Was gibt es da aber nicht? Was für eine Anziehungskraft (*attraction*) hat die „männliche" Lebensweise?
8. Ist die Geschichte anti-feminin? Liebt Isidor nicht im Gegenteil seine Frau, und ist er nicht sogar ein zärtlicher Ehemann (wenn er Zeit hat)?
9. Die Frau selbst ist sehr nett. Wogegen rebelliert Isidor denn eigentlich? Weiß er es selbst? Warum erklärt er seiner Frau gar nichts?
10. Der Verfasser gibt auf humorvolle Art einen Kommentar über die menschliche Natur, den wir sofort verstehen. Welchen?
11. Es gibt Gefährdungen (Thema des Kapitels!) vieler Art. Im *Kranzträger* kommt auch ein Mann wieder nach Hause. Vergleichen Sie die beiden „Probleme" dieser Heimkehrer!

■ Praktisches und Persönliches

1. Im Leben jedes Menschen gibt es kritische oder entscheidende Situationen und Umstände. Sie können sich auf etwas Privates oder auf äußere Umstände beziehen. Im *Kranzträger* war es der Krieg, bei Isidor war es der private Mensch. Haben *Sie* schon einmal etwas erlebt, was in irgendeiner Form entscheidend war, vielleicht sogar für Ihr ganzes weiteres Leben? Was war es?
2. Sind Sie schon einmal in Lebensgefahr gewesen? Oder in einer Situation, die in anderer Weise gefährlich war? Erzählen Sie davon!
3. Sind Sie ein ängstlicher Mensch? Wovor haben Sie Angst? Oder fürchten Sie sich fast nie?
4. Sind Sie unabhängig oder möchten es gern sein? Oder verlassen Sie sich noch gern auf den Schutz Ihrer Eltern, zum Beispiel? Finden Sie es leichter, *nicht* allein zu leben?
5. Was für eine Lebenseinstellung (*attitude toward life*) haben Sie? Sind Sie optimistisch? Haben Sie oft Zweifel? Worüber? Haben Sie eine Weltanschauung oder eine Religion, die Ihnen hilft? Oder woher bekommen Sie Ihren Lebensmut (*courage*)?

13 Kunst und Wirklichkeit

Max Beckmann Selbstbildnis *1919*

Hermann Hesse

Der Dichter

In the United States Hermann Hesse is the most widely read author who wrote in German. Born in 1877 in Calw, Württemberg, he grew up in Basel and was groomed by his missionary parents to be a theologian. But his theological studies were short-lived, and he took up several trades before deciding to earn his living by writing. He married three times, and his third marriage, in 1931, was lasting. In 1919 he moved to Montagnola in Ticino on the Swiss-Italian border, where he lived, as a Swiss citizen, until his death in 1962.

Hesse is the author of poetry, essays, and short stories, but it is for his novels that he is best known; these include *Demian* (1919), *Siddhartha* (1922), *Der Steppenwolf* (1927), and *Das Glasperlenspiel* (1943). The many honors he received culminated in 1946 with the Nobel Prize for Literature. Hesse was strongly influenced both by his family's scholarly interest in the Orient and by a journey to India in 1911. His early years are vividly portrayed in his semiautobiographical novels. In his work as a whole, recurring themes are the inner torments of boyhood, psychoanalytical problems (especially the dual nature of human beings), and a faith in the spirituality of all humankind, a faith he called *Weltglaube*.

Wortschatz

der Anfänger, - beginner, novice
der Dichter, - poet; writer
die Dichtkunst art of writing poetry
der Ehrgeiz ambition
die Flöte, -n flute
das Gedächtnis memory, remembrance
das Gedicht, -e poem
das Heimweh (nach) homesickness (for); **daheim** at home
der Herbst autumn
der Klang, ⸚e sound
das Lied, -er song; poem

der Meister, - master, expert; **das Meisterwerk, -e** masterpiece; **die Meisterschaft** mastery; championship
die Schönheit beauty
die Seele soul, heart, innermost self
die Sehnsucht yearning
die Träne, -n tear
der Traum, ⸚e dream
die Umgangsformen (*pl.*) manners
die Wirklichkeit reality
die Wissenschaft, -en science; **der Wissenschaftler, -** scientist
der Zuschauer, - beholder, observer; audience

(be)grüßen   to greet; to welcome
beherrschen   to master; to rule, dominate
bestimmen   to determine; to designate; **bestimmt sein zu**   to be destined for
dichten   to write poetry
(ent)fliehen, -o, -o   to escape, flee (from)
entzücken   to delight, charm
genießen, -o, -o   to enjoy, relish, savor

loben   to praise
schwimmen, -a, -o   to swim
(sich) unterscheiden, -ie, -ie   to (be) distinguish(ed)
verachten   to despise
vergleichen, -i, -i   to compare
verschieben (auf·schieben), -o, -o*   to postpone
widerstehen, -stand, -a   to resist

deutlich   distinct, clear
einsam   lonely, alone, isolated
geheimnisvoll   mysterious
heimlich   secret

lieb: (es) ist mir lieb   I like (it)
vergebens (vergeblich)   in vain
vollkommen (vollendet)   perfect, true

A. Give an equivalent from the *Wortschatz* for each of the following expressions.

1. allein
2. baden
3. der Beginner
4. das Benehmen
5. die Erinnerung
6. Freude haben
7. Gedichte schreiben
8. ich habe es gern
9. klar
10. meistern
11. der Ton
12. weglaufen

B. Complete the following sentences with words from the *Wortschatz*.

1. Nur wenige haben den _____ (*ambition*) zu dichten, aber viele schreiben irgendwann einmal _____ (*poems*); andere _____ es auf und tun es dann nie.

2. Es sind sicher selten _____ (*masterpieces*), aber man _____ (*praise*) die Mühe, auch wenn sie bei den meisten _____ (*in vain*) ist.

3. Nur wenige sind _____ (*destined*), _____ (*poets*) zu werden, und auch ihre Werke sind nicht alle _____ (*perfect*).

4. Die Kunst erfüllt in manchen Menschen eine _____ (*secret*) _____ (*yearning*).

*Compare **schieben**, *to push*, in Chapter 4.

5. Der Klang einer _____ (flute) _____ (delight) das Ohr.

6. Der _____ (autumn) mit seiner _____ (beauty) erweckt in der _____ (soul) des Künstlers eine Art _____ (mysterious) _____ (homesickness).

7. Dann kann er nicht _____ (resist), und ein _____ (song) entsteht.

8. Bei solch einem offenbar romantischen Dichter gehören auch _____ (tears) und _____ (dreams) zur _____ (reality).

9. Die _____ (science) _____ (distinguish) sich von dieser Kunst so sehr, daß man beide kaum _____ (compare) kann.

10. Deshalb _____ (despise) der _____ (scientist) den Künstler jedoch nicht, und umgekehrt (vice versa).

11. Nur wenige bringen es zur _____ (mastery); nur wenige sind dazu _____ (destined).

12. Wir als _____ (observers, audience) oder Zuhörer (listeners) _____ (welcome) die Kunst als etwas, was uns die Wirklichkeit verschönt.

    Es wird erzählt,° daß der chinesische Dichter Han Fook in seiner Jugend von einem wunderbaren Drang beseelt° war, alles zu lernen und sich in allem zu vervollkommnen,° was zur Dichtkunst irgend ge-
5 hört.° Er war damals, da° er noch in seiner Heimat am Gelben Flusse lebte, auf seinen Wunsch und mit Hilfe seiner Eltern, die ihn zärtlich liebten, mit einem Fräulein aus gutem Hause° verlobt° worden, und die Hochzeit° sollte nun bald auf einen glück-
10 verheißenden Tag festgesetzt werden.° Han Fook war damals etwa zwanzig Jahre alt und ein hübscher Jüngling, bescheiden° und von angenehmen° Umgangsformen, in den Wissenschaften unterrichtet° und trotz seiner Jugend schon durch
15 manche vorzüglichen° Gedichte unter den Literaten° seiner Heimat bekannt. Ohne gerade reich zu sein, hatte er doch ein auskömmliches Vermögen zu erwarten,° das durch die Mitgift seiner Braut noch erhöht wurde, und da diese Braut außerdem sehr
20 schön und tugendhaft° war, schien an dem Glücke des Jünglings durchaus nichts mehr zu fehlen.° Dennoch war er nicht ganz zufrieden,° denn sein Herz war von dem Ehrgeiz erfüllt, ein vollkommener Dichter zu werden.

Es . . . The story goes

von . . . inspired by a wondrous urge
sich vervollkommnen = vollkommen werden
irgend . . . relates in any way / da = als

Hause = Familie / engaged
wedding
sollte . . . was soon to be set for a good-luck day

modest
agreeable
educated
manche . . . several excellent
unter . . . among the writers

hatte . . . he could nevertheless expect adequate financial means

virtuous
be missing
contented

25   Da° geschah es an einem Abend, da° ein Lampenfest° auf dem Flusse begangen° wurde, daß Han Fook allein am jenseitigen° Ufer des Flusses wandelte.° Er lehnte sich an° den Stamm eines Baumes, der sich über das Wasser neigte,° und sah im Spiegel
30   des Flusses tausend Lichter schwimmen und zittern,° er sah auf den Booten und Flößen° Männer und Frauen und junge Mädchen einander begrüßen und in festlichen Gewändern° wie schöne Blumen glänzen, er hörte das schwache Gemurmel°
35   der beleuchteten° Wasser, den Gesang der Sängerinnen, das Schwirren° der Zither und die süßen Töne der Flötenbläser, und über dem allem sah er die bläuliche Nacht wie das Gewölbe eines Tempels schweben.° Dem Jünglinge schlug das Herz,° da er
40   als einsamer Zuschauer, seiner Laune folgend, alle diese Schönheit betrachtete.° Aber so sehr ihn verlangte,° hinüberzugehen und dabei zu sein° und in der Nähe seiner Braut und seiner Freunde das Fest zu genießen,° so begehrte er dennoch weit
45   sehnlicher,° dies alles als ein feiner° Zuschauer aufzunehmen° und in einem ganz vollkommenen Gedichte widerzuspiegeln:° die Bläue der Nacht und das Lichterspiel des Wassers sowohl wie die Lust° der Festgäste und die Sehnsucht des stillen Zu-
50   schauers, der am Stamm des Baumes über dem Ufer lehnt. Er empfand,° daß ihm bei allen Festen und aller Lust° dieser Erde doch niemals ganz und gar wohl und heiter ums Herz sein könnte,° daß er auch inmitten des Lebens ein Einsamer und gewisserma-
55   ßen° ein Zuschauer und Fremdling° bleiben würde, und er empfand, daß seine Seele unter vielen anderen allein so beschaffen sei,° daß er zugleich die Schönheit der Erde und das heimliche Verlangen° des Fremdlings fühlen mußte. Darüber wurde er
60   traurig und sann dieser Sache nach,° und das Ziel seiner Gedanken war dieses, daß ihm ein wahres Glück und eine tiefe Sättigung° nur dann zuteil werden° könnte, wenn es ihm einmal gelänge,° die Welt so vollkommen in Gedichten zu spiegeln, daß er in
65   diesen Spiegelbildern die Welt selbst geläutert und verewigt besäße.°
   Kaum wußte Han Fook, ob er noch wache oder eingeschlummert° sei, als er ein leises Geräusch vernahm° und neben dem Baumstamm einen
70   Unbekannten° stehen sah, einen alten Mann in

Da = Dann / da = als
festival of lights / celebrated
jenseitigen = anderen
wandelte = wanderte / lehnte ... was leaning against
sich [...] neigte was bent (over)
tremble
rafts

festlichen ... festive gowns
murmur
illuminated
humming

sah ... he saw the deep-blue night suspended like a temple arch / Dem ... The young man's heart was pounding
betrachtete = ansah
ihn verlangte = er wünschte / dabei ... be part of it
enjoy
so ... still he longed far more fervently / keen
to absorb
to give a picture
delight

empfand = fühlte
bei ... at any festival or pleasure
ganz ... could feel truly happy and serene

in a way / Fremdling = Fremder

so ... was such
longing

sann [...] nach = dachte [...] nach

fulfillment
zuteil ... be obtained / wenn ... if he should succeed one day

die ... would possess the world, (but) purified and immortalized
eingeschlummert = eingeschlafen
vernahm = hörte
Unbekannten = unbekannten Mann

Kunst und Wirklichkeit 233

Conrad Felixmuller Bildnis Max Liebermann *1926*

einem violetten Gewande° und mit ehrwürdigen Mienen.° Er richtete sich auf und begrüßte ihn mit dem Gruß, der den Greisen und Vornehmen zukommt,° der Fremde aber lächelte und sprach
75 einige Verse, in denen war alles, was der junge Mann soeben° empfunden hatte, so vollkommen und schön und nach den Regeln der großen Dichter ausgedrückt, daß dem Jüngling vor Staunen das Herz stillstand.°
80 „O, wer bist du", rief er, indem er sich tief verneigte,° „der du in meine Seele sehen kannst und schönere Verse sprichst, als ich je von allen meinen Lehrern vernommen° habe?"
Der Fremde lächelte abermals° mit dem Lächeln
85 der Vollendeten° und sagte: „Wenn du ein Dichter

garment
mit . . . with a dignified air

der . . . which is due old and distinguished men

just then

dem . . . the youth's heart almost stopped in wonder
indem . . . bowing deeply

vernommen = gehört
abermals = wieder
those who have reached perfection

werden willst, so komm zu mir. Du findest meine Hütte bei der Quelle° des großen Flusses in den nordwestlichen Bergen. Mein Name ist Meister des vollkommenen Wortes."

90   Damit° trat der alte Mann in den schmalen Schatten des Baumes und war alsbald° verschwunden, und Han Fook, der ihn vergebens suchte und keine Spur° von ihm mehr fand, glaubte nun fest, daß alles ein Traum der Müdigkeit gewesen sei. Er
95 eilte° zu den Booten hinüber und wohnte dem Feste bei,° aber zwischen Gespräch und Flötenklang vernahm er immerzu die geheimnisvolle Stimme des Fremden, und seine Seele schien mit jenem° dahingegangen,° denn er saß fremd und mit träumenden
100 Augen unter den Fröhlichen,° die ihn mit seiner Verliebtheit neckten.°

Wenige Tage später wollte Han Fooks Vater seine Freunde und Verwandten berufen,° um den Tag der Vermählung° zu bestimmen. Da widersetzte
105 sich° der Bräutigam und sagte: „Verzeihe mir, wenn ich gegen den Gehorsam zu verstoßen scheine, den der Sohn dem Vater schuldet.° Aber du weißt, wie sehr es mein Verlangen° ist, in der Kunst der Dichter mich auszuzeichnen,° und wenn auch° einige
110 meiner Freunde meine Gedichte loben, so weiß ich doch wohl, daß ich noch ein Anfänger und noch auf den ersten Stufen° des Weges bin. Darum bitte ich dich, laß mich noch eine Weile in die Einsamkeit gehen° und meinen Studien nachhängen,° denn mir
115 scheint, wenn ich erst eine Frau und ein Haus zu regieren habe,° wird dies mich von jenen Dingen abhalten.° Jetzt aber bin ich noch jung und ohne andere Pflichten und möchte noch eine Zeit allein für meine Dichtkunst leben, von der ich Freude und
120 Ruhm erhoffe."°

Die Rede setzte den Vater in Erstaunen,° und er sagte: „Diese Kunst muß dir wohl über alles lieb sein, da du ihretwegen° sogar deine Hochzeit verschieben willst. Oder ist etwas zwischen dich und
125 deine Braut gekommen, so sage es mir, daß ich dir helfen kann, sie zu versöhnen° oder dir eine andere° zu verschaffen."°

Der Sohn schwur° aber, daß er seine Braut nicht weniger liebe als gestern und immer, und daß nicht°
130 der Schatten eines Streites zwischen ihn und sie gefallen sei. Und zugleich erzählte er seinem Vater,

---

bei . . . *near the source*

Damit = Mit diesen Worten
alsbald = bald

trace

eilte = lief
wohnte [. . .] bei = nahm [. . .] teil
immerzu = immer
jenem = dem Fremden
dahingegangen = weggegangen
Fröhlichen = fröhlichen Menschen
ihn . . . *teased him about being in love*
berufen = zusammenrufen
Vermählung = Hochzeit
widersetzte . . . *objected*

wenn . . . *if I seem to violate a son's duty to obey his father*
Verlangen = Wunsch
mich . . . *to excel /*
wenn . . . *although*

steps

eine . . . *live in solitude for a while / pursue*

wenn . . . *once I have a wife and have to head a household*
abhalten (von) = hindern (an)

erhoffe = zu bekommen hoffe
setzte [. . .] in Erstaunen = überraschte

ihretwegen = wegen der Kunst

sie . . . *to reconcile you with her /*
andere = andere Braut
provide
swore

not even

daß ihm durch einen Traum am Tag des Lampenfestes ein Meister kundgeworden° sei, dessen Schüler zu werden er sehnlicher° wünsche als alles Glück der Welt.

„Wohl"°, sprach der Vater, „so gebe ich dir ein Jahr. In dieser Zeit magst du deinem Traum nachgehen,° der vielleicht von einem Gott zu dir gesandt° worden ist."

„Es mögen auch zwei Jahre werden", sagte Han Fook zögernd,° „wer will das wissen°?"

Da ließ ihn der Vater gehen und war betrübt,° der Jüngling aber° schrieb seiner Braut einen Brief, verabschiedete sich° und zog davon.°

Als er sehr lange gewandert war, erreichte er die Quelle des Flusses und fand in großer Einsamkeit eine Bambushütte° stehen,° und vor der Hütte saß auf einer geflochtenen° Matte der alte Mann, den er am Ufer bei dem Baumstamm gesehen hatte. Er saß und spielte die Laute,° und als er den Gast sich mit Ehrfurcht nähern° sah, erhob er sich nicht,° noch° grüßte er ihn, sondern lächelte nur und ließ die zarten° Finger über die Saiten° laufen, und eine zauberhafte° Musik floß wie eine silberne Wolke durch das Tal,° daß° der Jüngling stand und sich verwunderte° und in süßem Erstaunen alles andere vergaß, bis der Meister des vollkommenen Wortes seine kleine Laute beiseite° legte und in die Hütte trat. Da° folgte ihm Han Fook mit Ehrfurcht° und blieb bei ihm als sein Diener und Schüler.

Ein Monat verging, da hatte er gelernt, alle Lieder, die er zuvor° gedichtet hatte, zu verachten, und er tilgte° sie aus seinem Gedächtnis. Und wieder nach Monaten tilgte er auch die Lieder, die er daheim° von seinen Lehrern gelernt hatte, aus seinem Gedächtnis. Der Meister sprach kaum ein Wort mit ihm, er lehrte ihn schweigend die Kunst des Lautenspieles, bis das Wesen des Schülers ganz von Musik durchflossen war.° Einst° machte° Han Fook ein kleines Gedicht, worin er den Flug zweier Vögel am herbstlichen Himmel beschrieb,° und das ihm wohlgefiel. Er wagte nicht, es dem Meister zu zeigen, aber er sang es eines Abends abseits von° der Hütte, und der Meister hörte es wohl.° Er sagte jedoch kein Wort. Er spielte nur leise auf seiner Laute, und alsbald ward° die Luft kühl und die Dämmerung beschleunigt,° ein scharfer Wind erhob sich,° obwohl es mitten im Sommer war, und über den grau gewordenen Himmel flogen zwei Reiher in mächtiger Wanderersehnsucht,° und alles dies war so viel schöner und vollkommener als des Schülers Verse, daß dieser° traurig wurde und schwieg und sich wertlos fühlte. Und so tat der Alte jedesmal, und als ein Jahr vergangen war, da hatte° Han Fook das Lautenspiel beinahe vollkommen erlernt, die Kunst der Dichtung° aber sah er immer schwerer und erhabener° stehen.

Als zwei Jahre vergangen waren, spürte° der Jüngling ein heftiges Heimweh nach den Seinigen,° nach der Heimat und nach seiner Braut, und er bat° den Meister, ihn reisen zu lassen.

Der Meister lächelte und nickte, „Du bist frei", sagte er, „und kannst° gehen, wohin du willst. Du magst wiederkommen, du magst wegbleiben, ganz wie es dir gefällt.°"

Da machte sich° der Schüler auf die Reise und wanderte rastlos,° bis er eines Morgens in der Dämmerung° am heimatlichen Ufer stand und über die gewölbte° Brücke nach seiner Vaterstadt° hinübersah. Er schlich verstohlen° in seines Vaters Garten und hörte durchs Fenster des Schlafzimmers seines Vaters Atem gehen, der noch schlief, und er stahl sich in° den Baumgarten beim Hause seiner Braut und sah vom Wipfel° eines Birnbaumes,° den er erstieg,° seine Braut in der Kammer° stehen und ihre Haare kämmen. Und indem er dies alles, wie er es mit seinen Augen sah, mit dem Bilde verglich, das er in seinem Heimweh davon gemalt hatte, ward° es ihm deutlich, daß er doch° zum Dichter bestimmt sei, und er sah, daß in den Träumen der Dichter eine Schönheit und Anmut wohnt,° die man in den Dingen der Wirklichkeit vergeblich sucht. Und er stieg von dem Baume herab und floh° aus dem Garten und über die Brücke aus seiner Vaterstadt und kehrte in das hohe Tal im Gebirge zurück. Da saß wie einstmals° der alte Meister vor seiner Hütte auf der bescheidenen Matte und schlug° mit seinen Fingern die Laute, und statt der Begrüßung sprach er zwei Verse von den Beglückungen° der Kunst, bei deren Tiefe° und Wohllaut° dem Jünger die Augen° voll Tränen wurden.

Wieder blieb Han Fook bei dem Meister des

Kunst und Wirklichkeit 237

vollkommenen Wortes, der ihn nun, da° er die Laute beherrschte, auf der Zither unterrichtete, und die Monate schwanden hinweg° wie Schnee im Westwinde. Noch zweimal geschah° es, daß ihn das Heimweh übermannte.° Das eine Mal lief er heimlich in der Nacht davon, aber noch ehe° er die letzte Krümmung° des Tales erreicht hatte, lief der Nachtwind über die Zither, die in der Tür der Hütte hing, und die Töne flohen ihm nach° und riefen ihn zurück, daß er nicht widerstehen konnte. Das andere Mal aber träumte ihn,° er pflanze einen jungen Baum in seinen Garten, und sein Weib stünde dabei,° und seine Kinder begössen° den Baum mit Wein und Milch. Als er erwachte, schien der Mond in seine Kammer, und er erhob sich verstört° und sah nebenan° den Meister im Schlummer° liegen und seinen greisen° Bart sachte° zittern; da überfiel ihn° ein bitterer Haß gegen diesen Menschen, der, wie ihm schien, sein Leben zerstört und ihn um seine Zukunft betrogen° habe. Er wollte sich über ihn stürzen° und ihn ermorden, da schlug der Greis die Augen auf° und begann alsbald mit einer feinen, traurigen Sanftmut° zu lächeln, die den Schüler entwaffnete.°

„Erinnere dich, Han Fook", sagte der Alte leise, „du bist frei, zu tun, was dir beliebt.° Du magst in deine Heimat gehen und Bäume pflanzen, du magst mich hassen und erschlagen,° es ist wenig daran gelegen.°"

„Ach, wie könnte ich dich hassen", rief der Dichter in heftiger Bewegung.° „Das ist, als ob ich den Himmel selbst hassen wollte."

Und er blieb und lernte die Zither spielen, und danach die Flöte, und später begann er unter des Meisters Anweisung° Gedichte zu machen, und er lernte langsam jene heimliche Kunst, scheinbar nur das Einfache und Schlichte zu sagen,° damit aber in des Zuhörers Seele zu wühlen° wie der Wind in einem Wasserspiegel. Er beschrieb das Kommen der Sonne, wie sie am Rand des Gebirges zögert, und das lautlose° Huschen° der Fische, wenn sie wie Schatten unter dem Wasser hinfliehen,° oder das Wiegen° einer jungen Weide° im Frühlingswind,° und wenn man es hörte, so war es nicht die Sonne und das Spiel der Fische und das Flüstern° der jungen Weide allein,° sondern es schien der Himmel

that

schwanden . . . *dwindled away*
geschah = *passierte*

overcame
ehe = *bevor*
bend

flohen . . . = *folgten ihm*

träumte ihn = *er träumte*

Weib . . . *wife was standing there* / *were watering*

troubled
nebenan = *im Nebenzimmer* /
im . . . *asleep*
greis = *grau* / *gently*
da . . . *at that moment he was overcome by*
ihn . . . *robbed him of his future*
sich . . . *to attack him*
schlug [. . .] auf = *machte [. . .] auf*
gentleness
disarmed

was dir beliebt = *was du willst*

erschlagen = *töten*
es . . . *it is not important*

in . . . *with deep emotion*

Anweisung = *Unterricht*

heimliche . . . *mysterious art of appearing to say something merely plain and simple*
stir up

soundless / *flitting about*
dart away
swaying / *willow* / *spring breeze*

whispering
allein = *nur*

und die Welt jedesmal für einen Augenblick in vollkommener Musik zusammenzuklingen,° und jeder Hörer dachte dabei° mit Lust oder Schmerzen an das, was er liebte oder haßte, der Knabe ans Spiel,° der Jüngling an die Geliebte° und der Alte an den Tod.

Han Fook wußte nicht mehr, wie viele Jahre er bei dem Meister an der Quelle des großen Flusses verweilt° habe; oft schien es ihm, als sei er erst° gestern in dieses Tal getreten° und vom Saitenspiel des Alten empfangen worden, oft auch war ihm,° als seien hinter ihm alle Menschenalter und Zeiten hinabgefallen° und wesenlos° geworden.

Da° erwachte er eines Morgens allein in der Hütte, und wo er auch° suchte und rief, der Meister war verschwunden. Über Nacht schien plötzlich der Herbst gekommen,° ein rauher Wind rüttelte an° der alten Hütte, und über den Grat° des Gebirges flogen große Scharen von Zugvögeln,° obwohl es noch nicht ihre Zeit war.

Da° nahm Han Fook die kleine Laute mit sich und stieg in das Land seiner Heimat hinab,° und wo er zu Menschen kam, begrüßten sie ihn mit dem

to harmonize
upon hearing it

ans Spiel = ans Spielen / die... *his beloved*

verweilt = gelebt / *only*
getreten = gekommen
oft... *he also felt often*

fallen away / unreal
Then
wo... *wherever he*

gekommen = gekommen zu sein / rüttelte an *shook*
ridge
Scharen... *flocks of migratory birds*
So
hinab = hinunter

Alfred Kubin Der Eremit *1906*

  Gruß, der den Alten und Vornehmen zukommt,
und als er in seine Vaterstadt kam, da war sein Vater
295 und seine Braut und seine Verwandtschaft° gestor-   *relations*
ben, und andere Menschen wohnten in ihren
Häusern. Am Abend aber wurde das Lampenfest
auf dem Flusse gefeiert, und der Dichter Han Fook
stand wie damals auf dem dunkleren Ufer, an den
300 Stamm eines alten Baumes gelehnt,° und als er auf   *gelehnt = lehnend*
seiner kleinen Laute zu spielen begann, da seufzten°   *sighed*
die Frauen und blickten entzückt und beklommen°   *perturbed*
in die Nacht, und die jungen Männer riefen nach
dem Lautenspieler, den sie nirgends° finden konn-   *nirgends = nirgendwo*
305 ten, und riefen laut, daß noch keiner° von ihnen   *no one*
jemals° solche Töne einer Laute gehört habe. Han   *ever*
Fook aber° lächelte. Er schaute in den Fluß, wo die   *however*
Spiegelbilder° der tausend Lampen schwammen;   *mirrored reflections*
und wie er diese Spiegelbilder nicht mehr von den
310 wirklichen° zu unterscheiden wußte,° so fand er in   *wirklichen = wirklichen Bildern / wußte = konnte*
seiner Seele keinen Unterschied zwischen diesem
Feste und jenem ersten, da° er hier als ein Jüngling   *da = als*
gestanden war° und die Worte des fremden Meisters   *war = hatte*
vernommen° hatte.   *vernommen = gehört*

■ Zum Leseverständnis

Zeile 1–24   Wir stellen fest: richtig oder falsch?

  1. _____ Han Fook war ein chinesischer Dichter vom Gelben Fluß.

  2. _____ Er wollte schon als Kind Dichter werden.

  3. _____ Er sollte mit zwanzig Jahren eine Braut mit einer Mitgift heiraten, weil er selbst nicht reich war.

  4. _____ Er war aus gutem Hause und doch mit seinem Glück nicht zufrieden.

Zeile 25–89   Wir diskutieren

  1. Beim Lampenfest war er von der Schönheit der Szene entzückt. Was wollte er aber lieber, als das Fest mit seiner Braut genießen?
  2. Er fühlte sich also immer als Einsamer, als Zuschauer und Fremdling, wenn er die Schönheit der Erde sah. Sein wahres Glück lag also nicht in den Freuden dieser Erde, sondern?
  3. Als Han Fook mit diesen Gedanken am anderen Ufer träumte, stand plötzlich ein Unbekannter bei ihm. Was drückte dieser aus?

4. Dieser Fremde war der Meister des vollkommenen Wortes; bevor er wieder verschwand, lud er Han Fook ein. Wozu?

Zeile 90–127 Wir stellen fest: richtig oder falsch?

1. _____ Han Fook wußte nicht, ob das alles nur ein Traum gewesen war.
2. _____ Er erklärte seinem Vater, warum er die Hochzeit aufschieben wolle.
3. _____ Er wollte die Dichtkunst erlernen und eine Zeitlang allein und nur dafür leben.
4. _____ Der Vater war erstaunt und gab der Braut die Schuld.

Zeile 128–184 Wir diskutieren

1. Der Vater erfuhr nun, daß der Sohn schon einen Meister gefunden hatte und gab seinen Segen (*blessing*). Wie lange sollte das Lernen der Dichtkunst dauern?
2. Nachdem er seiner Braut einen Brief geschrieben hatte, machte sich Han Fook auf den Weg. Wo lebte der Meister, und wie fand er ihn vor?
3. Der Meister sprach kaum und lehrte den Schüler zuerst das Lautenspiel. Was erkannte dieser bald über die eigenen Lieder, die er früher gedichtete hatte?
4. Die ersten Verse, die er bei seinem Meister machte, waren auch nicht gut. Was war im Vergleich schöner und vollkommener?

Zeile 184–222 Wir stellen fest: richtig oder falsch?

1. _____ Nach einem Jahr hatte Han Fook das Dichten beinahe vollkommen erlernt.
2. _____ Nach zwei Jahren wollte er seine Familie und seine Braut wiedersehen.
3. _____ Er kam morgens ganz früh zu Hause an und sah sie alle heimlich durch die Fenster.
4. _____ Da er fand, daß die Wirklichkeit nicht so schön war wie seine Träume und Vorstellungen (*ideas*), ging er schnell wieder zurück zu seinem Meister.

Zeile 223–275 Wir diskutieren

1. Nun lernte er monatelang das Zitherspiel. Was passierte ihm aber noch zweimal?
2. Einmal, nach einem Traum, überfiel ihn ein großer Haß auf den Meister, weil er sein Leben zerstört hatte. Was hätte er fast getan? Wie endete der Zwischenfall (*episode*)?
3. Er blieb und lernte nun endlich auch Gedichte machen. Was beschrieb er in seinen Gedichten?
4. Wie wirkten seine Gedichte auf die Hörer? Woran mußten sie dabei denken?

Kunst und Wirklichkeit

Zeile 276–314   Wir stellen fest: richtig oder falsch?

1. _____ Han Fook blieb noch jahrelang bei dem Meister, aber eines Tages war dieser verschwunden.

2. _____ Es war Herbst, und Han Fook ging in seine Heimat zurück.

3. _____ Seine Familie und seine Braut waren gestorben, aber das Lampenfest wurde wie immer gefeiert.

4. _____ Er stand wieder am anderen Flußufer im Dunkeln. Es war alles wie beim ersten Mal, aber nun war *er* der vollkommene Meister, dem alle entzückt zuhörten.

■ Inhaltliches

1. Wie alt war Han Fook, wie sah er aus, und wie benahm er sich? War er reich? Mit wem war er verlobt *(engaged)*?
2. Welchen Wunsch und Ehrgeiz hatte er?
3. Wie verbrachte er den Abend des Lampenfestes?
4. Was fühlte er neben der Schönheit der Erde, und wie konnte er nur glücklich werden?
5. Beschreiben Sie den Unbekannten, dem er am Abend des Festes begegnete! Wohin lud dieser Han Fook ein?
6. Wovon träumte Han Fook, und was erklärte er seinem Vater, als die Trauung festgelegt werden sollte?
7. Was erhoffte er sich von der Dichtkunst?
8. Worum bat er den Vater, und wie wollte dieser helfen?
9. Wohin kam Han Fook nach langer Wanderung, und wen fand er dort?
10. Was tat der alte Mann, und warum blieb Han Fook bei ihm? Was lernte er zuerst?
11. Schrieb er auch Gedichte? Warum gefiel ihm sein erstes Gedicht bald nicht mehr? Warum fühlte er sich wertlos?
12. Was erlaubte ihm der Meister nach zwei Jahren? Warum wollte Han Fook nach Hause?
13. War die Wirklichkeit so schön, wie er sie sich vorgestellt hatte? Warum gefiel sie ihm nicht mehr? Was war schöner?
14. Wie wurde er von dem alten Meister empfangen, als er zurückkam?
15. Was lernte er in den folgenden Jahren? Bekam er noch einmal Heimweh?
16. Was geschah beim zweiten Mal, als er aus dem Traum erwachte und von Haß erfüllt war?
17. Welche geheimnisvolle Kunst des Gedichteschreibens beherrschte er schließlich?

18. Was beschrieb er in seinen Gedichten, und woran dachte jeder, der zuhörte?
19. Wann verließ er die Hütte im Gebirge, und wie wurde er in seiner Heimat begrüßt? Lebte seine Familie noch?
20. Wie erlebte Han Fook nun das Lampenfest? Was war er jetzt wirklich?

■ Vom Inhalt zum Gehalt

1. Ist die Gestalt (*character, figure*) des Han Fook ein Typ, d.h., stellt er den Dichter im allgemeinen dar? Stellt er auch den Künstler überhaupt dar? Inwiefern?
2. In welcher Beziehung ist der Künstlertyp anders als andere Menschen? Zeigen Sie es an Textstellen (z.B. Zuschauer, nicht Teilnehmer, Dichter als Fremdling usw.)!
3. Wie empfindet Han Fook dieses Anderssein? Ist es etwas Beglückendes oder etwas Schmerzliches? Oder beides?
4. Besteht die Begabung des Künstlers darin, die Wirklichkeit anders zu sehen als der Durchschnittsmensch (*average person*)? Ist das die Voraussetzung (*precondition*) zum Künstlertum?
5. Han Fook muß offenbar verschiedene Stufen durchschreiten (*pass through*) und eine lange Lehrzeit (*apprenticeship*) durchmachen, bevor er zur Dichtkunst kommt und sie „beherrscht". Macht Hesse damit die Dichtkunst zur obersten aller Künste? Zeigen Sie es an Textstellen!
6. Das einzige, was noch schöner ist als die Dichtkunst, ist die Natur selbst. Nur eine vollkommene Dichtkunst kann die Schönheit der Natur erreichen. Zeigen Sie Textstellen, die darauf hindeuten (*indicate*), z.B. die beiden Reiher!
7. Dichter sein ist eine Bestimmung (*destiny, calling*). Woran sah Han Fook, „daß er doch zum Dichter bestimmt" war?
8. Welche Rolle spielt der alte Mann bei dieser Entwicklung zum Dichter? Han Fook bezeichnet die Begegnung mit ihm später als Traum—was könnte man daraus schließen?
9. Han Fook übernimmt später die Rolle des alten Meisters. Wie erklären Sie das?
10. Die „anderen" und die Wirklichkeit des täglichen Lebens bleiben lange Zeit eine Versuchung (*temptation*) für Han Fook, aber er will doch Zuschauer bleiben und die Welt nicht in der Wirklichkeit, sondern in den „Spiegelbildern [seiner Gedichte] geläutert und verewigt" besitzen. Es „ward ihm deutlich, daß in den Träumen der Dichter eine Schönheit und Anmut wohnt, die man in den Dingen der Wirklichkeit vergeblich sucht." Was meinen *Sie* dazu? (Ein Vorschlag: Lesen wir Gedichte!)

■ Praktisches und Persönliches

1. Interessieren Sie sich für die Kunst? Welchen Zweig (*branch*) der Kunst? (Sie wissen ja, daß im Deutschen die „Kunst" nicht nur die „Malerei" bedeutet!)
2. Spielen Sie ein Musikinstrument? Welches? Spielen Sie schon recht gut? Üben (*practice*) Sie regelmäßig? Wie oft?
3. Spielen Sie vielleicht in einem Orchester mit? In einer kleineren Gruppe? Wo? Mit wem?
4. Gehen Sie gern ins Konzert? Was hören Sie am liebsten? Opernmusik? Im Radio, oder haben Sie einen Plattenspieler (*record player*)? Haben Sie einen Lieblingskomponisten?
5. Malen oder zeichnen Sie? Was? Landschaftsbilder? In Öl- oder Wasserfarben?
6. Haben Sie schon einmal ein Gedicht geschrieben? Was für eins? Wann war das? Oder schreiben Sie noch immer?
7. Haben Sie vielleicht den Ehrgeiz, eines Tages einen Roman (*novel*) zu schreiben? Oder eine Erzählung für eine Zeitschrift?
9. Man spricht auch zum Beispiel von Reit- und Kochkunst. Wie unterscheiden sie sich von den „schönen Künsten"?
10. Welche anderen Künste gibt es noch? Gehört der Tanz auch dazu? Jeder Tanz?
11. Genießen Sie die Kunst, auch wenn Sie selbst kein Künstler oder keine Künstlerin sind? Oder haben Sie selbst künstlerisches Talent? Wozu?
12. Gehen Sie gern ins Theater? Was für Stücke sehen Sie sich am liebsten an? Tragödien oder Lustspiele (*comedies*)? Mögen Sie Shakespeare? Kennen Sie z.B. ein Drama von Schiller?
13. Lesen Sie gern? Was? Welche Schriftsteller? Haben Sie einen Lieblingsschriftsteller?
14. Welche Art von Literatur lesen Sie am liebsten? Welche Kurzgeschichte in diesem Lesebuch hat Ihnen am besten gefallen? Finden Sie nicht auch, daß die Sprachkunst hinter den anderen Künsten nicht zurückzustehen braucht?

■ Grammatisches

A. Complete the sentences with verbs in the present tense of the passive voice.

Zum Beispiel: Er **wird** von der Presse lobend **erwähnt** (erwähnen).

1. Jedes neue Werk dieses Dichters _____ von der Öffentlichkeit (*public*) freudig _____ (begrüßen).
2. Seine Gedichte _____ von einem breiten Publikum _____ (lesen).

3. Das Kunstwerk _____ von den meisten Kritikern _____ (loben).

4. Die Zukunft der Kunst _____ von vielen Faktoren _____ (bestimmen).

5. Die einzelnen Zweige (*branches*) der Kunst _____ deutlich _____ (unterscheiden).

6. Du _____ als Anfänger bestimmt nicht _____ (verachten).

B. Change these sentences to the passive voice, omitting the agent.

Zum Beispiel: Er sang das Lied. Das ... ⟶ Das Lied wurde gesungen.

1. Man schätzte früher einen anderen Stil. Früher ...
2. Sie malten die Bilder damals mit einer anderen Technik. Damals ...
3. Man fand dort viele Kunstschätze. Viele ...
4. Er spielte das Stück in einem Konzert. Das ...
5. Sie las ihre neuesten Gedichte vor. Ihre ...

C. Change the verbs in these sentences to the present perfect tense of the passive voice.

Zum Beispiel: Sie wurden nicht gefragt. ⟶ Sie sind nicht gefragt worden.

1. Die Bilder wurden ins Museum gehängt.
2. Er wurde als Museumsdirektor eingestellt.
3. Der Roman wurde im selben Jahr veröffentlicht (*published*).
4. Du wurdest in dem Artikel erwähnt.
5. Wurdet ihr alle an der Kunstakademie angenommen?
6. Wurde Kunstgeschichte früher häufiger als Hauptfach gewählt als heute?

D. Change the auxiliaries in the answers to Exercise C to the past tense to form the past perfect.

Zum Beispiel: Er ist nicht gefragt worden. ⟶ Er war nicht gefragt worden.

14 Alltagsgeschäfte

Ernst Ludwig Kirchner Straße mit Omnibus *1926*

Franz Kafka

Der Nachbar

Franz Kafka is perhaps this century's most influential writer in the German language. Born in Prague in 1883 to prosperous Jewish parents, Kafka became a lawyer at the insistence of his father, who, along with Kafka's youngest sister, had a great and lasting influence on him. In 1908, two years after receiving his law degree, he began working in a workers' accident insurance company. From 1917 on he suffered from tuberculosis and spent the years until his death in 1924 at various sanatoriums.

Only a few of Kafka's works were published during his lifetime, and in his will he asked that his unpublished writings (including his diary) be burned. But his friend and the executor of his will Max Brod, himself a writer, disregarded this request and had the works published. Because Kafka's style is so oblique and symbolical, his works have been diversely interpreted. He is best known for the novels *Der Prozeß* (1925), *Das Schloß* (1926), and *Amerika* (1927) and for his short stories.

Wortschatz

die Auskunft, ⸚e information
der Entschluß, ⸚e decision, resolution; **einen Entschluß fassen** to make a decision
das Geschäft, -e business, trade; store; **ein Geschäft führen** to run a business

auf·klären to enlighten; to explain
aus·führen to carry out, execute
klagen (sich beklagen) to complain
läuten (klingeln, schellen) to ring; **es läutet** the doorbell (telephone) is ringing
mieten to rent (from someone)

ähnlich similar
ehrlich honest

der Nachbar (-n), die Nachbarin (-nen) neighbor
das Vermögen, - financial assets, wealth, fortune

mit·teilen to tell, inform, communicate
raten (beraten), -ie, -a, -ä to advise; **ich rate Ihnen dazu** I advise you to do it
(sich) trennen to separate
überblicken (übersehen, überschauen) to survey
übertreiben, -ie, -ie to exaggerate

elend miserable
kleinlich petty

überlastet (überarbeitet)
overworked
ungeschickt   clumsy, awkward

unvermeidlich   inevitable
in Zukunft   in the future

A. Give an equivalent from the *Wortschatz* for each of the following expressions.
   1. sich entschließen
   2. erklären
   3. erzählen
   4. ich gebe Ihnen den Rat
   5. die Information
   6. es klingelt
   7. miserabel
   8. überarbeitet
   9. überschauen
   10. viel Geld

B. Complete the following sentences with words from the *Wortschatz*.
   1. Gestern habe ich eine neue Wohnung ———. Eine Wohnung ist hier so ——— wie die andere.
   2. Nebenan wohnt Herr Meyer. Jetzt sind wir also ———.
   3. Was für ein ——— führen Sie? Ich verkaufe Lebensmittel.
   4. Man muß natürlich das Geschäftliche vom Persönlichen ———.
   5. Ein Geschäftsmann muß immer ——— sein, sonst ——— nicht nur die Kunden.
   6. Er bemüht sich, alle Aufträge (*orders*) ———.
   7. Er hat auch Probleme, und manche sind ———. Sicher wird er in ——— einiges anders machen.
   8. Neulich habe ich im Laden eine Flasche fallen lassen—wie ——— von mir!
   9. So schlimm war es gar nicht. Sie ———!
   10. Er ist wirklich ein netter Mensch, überhaupt nicht ———!

    Mein Geschäft ruht ganz auf meinen Schultern. Zwei Fräulein mit Schreibmaschinen und Geschäftsbüchern im Vorzimmer,° mein Zimmer mit Schreibtisch, Kasse, Beratungstisch,° Klubsessel und
5 Telephon, das ist mein ganzer Arbeitsapparat. So einfach zu überblicken, so leicht zu führen. Ich bin ganz jung und die Geschäfte rollen vor mir her.° Ich klage nicht, ich klage nicht.
    Seit Neujahr hat ein junger Mann die kleine,
10 leerstehende Nebenwohnung,° die ich ungeschick-

°front office
Beratung = Konferenz

°rollen . . . roll along (smoothly) in front of me

Nebenwohnung = Nachbarwohnung

Alltagsgeschäfte   249

terweise so lange zu mieten gezögert habe, frischweg° gemietet. Auch ein Zimmer mit Vorzimmer, außerdem° aber noch eine Küche.—Zimmer und Vorzimmer hätte ich wohl brauchen° können—
15 meine zwei Fräulein fühlten sich schon manchmal überlastet—, aber wozu hätte mir die Küche gedient? Dieses kleinliche Bedenken° war daran schuld,° daß ich mir die Wohnung habe nehmen lassen.° Nun sitzt dort dieser junge Mann. Harras heißt
20 er. Was er dort eigentlich macht, weiß ich nicht. Auf der Tür steht: „Harras, Bureau". Ich habe Erkundigungen eingezogen,° man hat mir mitgeteilt, es sei ein Geschäft ähnlich dem meinigen. Vor Kreditgewährung° könne man nicht geradezu° warnen, denn
25 es handle sich° doch um einen jungen, aufstrebenden° Mann, dessen Sache° vielleicht Zukunft habe, doch könne man zum Kredit° nicht geradezu raten, denn gegenwärtig° sei allem Anschein nach kein Vermögen vorhanden.° Die übliche Auskunft, die
30 man gibt, wenn man nichts weiß.

    Manchmal treffe ich Harras auf der Treppe, er muß es immer außerordentlich eilig haben, er huscht förmlich an mir vorüber.° Genau gesehen habe ich ihn noch gar nicht, den Büroschlüssel hat
35 er schon vorbereitet° in der Hand. Im Augenblick° hat er die Tür geöffnet. Wie der Schwanz einer Ratte ist er hineingeglitten° und ich stehe wieder vor der Tafel° „Harras, Bureau", die ich schon viel öfter gelesen habe, als sie es verdient.

40   Die elend dünnen Wände, die den ehrlich tätigen Mann verraten,° den Unehrlichen aber decken.° Mein Telephon ist an der Zimmerwand angebracht,° die mich von meinem Nachbar trennt. Doch hebe ich das bloß als besonders ironische Tatsache hervor.°
45 Selbst wenn es an der entgegengesetzten° Wand hinge, würde man in der Nebenwohnung alles hören. Ich habe mir abgewöhnt,° den Namen der Kunden beim Telephon zu nennen. Aber es gehört natürlich nicht viel Schlauheit° dazu, aus charakte-
50 ristischen, aber unvermeidlichen Wendungen° des Gesprächs die Namen zu erraten.°—Manchmal umtanze ich, die Hörmuschel° am Ohr, von Unruhe gestachelt,° auf den Fußspitzen den Apparat und kann es doch nicht verhüten,° daß Geheimnisse
55 preisgegeben° werden.

---

right off
besides that
brauchen = gebrauchen

reservation(s)
war... was the reason
mir... let the apartment slip away from me

Erkundigungen...made inquiries

granting credit / exactly
this was
ambitious / Sache = Geschäfte
zum... to give credit
gegenwärtig = jetzt
sei... he apparently had no assets

er... he virtually flits by me

in readiness / Im Augenblick = Sofort

slid inside
Tafel = Schild

die... which give away the secrets of a man who conducts his business honestly / shield
angebracht = hängt

hebe [...] hervor emphasize / opposite
Ich... I no longer

es... of course it doesn't take much cleverness
turns
erraten = raten (guess)
Hörmuschel = Hörer (receiver)
von... riled up by anxiety
verhüten = verhindern
revealed

    Natürlich werden dadurch meine geschäftlichen Entscheidungen unsicher,° meine Stimme zittrig.° Was macht Harras, während ich telephoniere? Wollte ich sehr übertreiben—aber das muß man oft,
60 um sich Klarheit zu verschaffen°—, so könnte ich sagen: Harras braucht kein Telephon, er benutzt meines, er hat sein Kanapee° an die Wand gerückt° und horcht, ich dagegen muß, wenn geläutet wird, zum Telephon laufen, die Wünsche des Kunden
65 entgegennehmen,° schwerwiegende° Entschlüsse fassen, großangelegte Überredungen ausführen°—vor allem aber während des Ganzen unwillkürlich durch die Zimmerwand Harras Bericht erstatten.°
    Vielleicht wartet er gar nicht das Ende des
70 Gespräches ab, sondern erhebt sich° nach der Gesprächsstelle, die ihn über den Fall genügend° aufgeklärt hat, huscht nach seiner Gewohnheit° durch die Stadt und, ehe ich die Hörmuschel aufgehängt habe, ist er vielleicht schon daran,° mir
75 entgegenzuarbeiten.

insecure / shaky

sich . . . *get a clear picture*

Kanapee = Sofa / gerückt = geschoben

receive / schwerwiegend = wichtig
großangelegte . . . *apply my persuasive skills on a grand scale*
Bericht . . . = informieren

erhebt . . . = steht auf
genügend = genug
nach . . . *as is his custom*

busy

■ Zum Leseverständnis

Zeile 1–39 Wir stellen fest: richtig oder falsch?

  1. _____ Der Erzähler hat ein kleines, aber gutgehendes Geschäft.

  2. _____ Die Nachbarwohnung hatte ihn nie interessiert.

  3. _____ Der Nachbar war ein bekannter Geschäftsmann.

  4. _____ Es gelang dem Erzähler nicht, seinen Nachbarn kennenzulernen.

Zeile 40–75 Wir diskutieren

  1. Der Erzähler machte sich Sorgen über die dünnen Wände, besonders weil das Telefon an der Nachbarwand hing. „Die dünnen Wände verraten den ehrlich tätigen Mann." Was meinte er damit?
  2. Er wollte die Namen der Kunden nicht verraten (*give away*) und nannte sie deshalb nicht. Warum nützte das seiner Meinung nach gar nichts? Was fürchtete er trotzdem?
  3. Wie benahm er sich am Telefon, seit Harras eingezogen war? Wie klang seine Stimme? Warum?
  4. Der Erzähler hatte alle möglichen Vorstellungen (*ideas*) darüber, was der Nachbar tat, um ihm geschäftlich zu schaden (*do harm*). Wie nützte Harras

Alltagsgeschäfte 251

wahrscheinlich die Verhandlungen und Entschlüsse aus (*exploit*), die der Erzähler am Telefon besprach?

(Die Fragen in *Vom Inhalt zum Gehalt* geben weitere Hinweise zur Interpretation.)

■ Inhaltliches

1. Wie führt dieser Mann seine Geschäfte? Was für Angestellte (*employees*) hat er?
2. Wer mietete eines Tages die Nebenwohnung?
3. Warum hatte der Geschäftsmann die Wohnung nicht selbst gemietet?
4. Wie hieß der Nachbar, und was für ein Geschäft hatte er?
5. Was weiß man nicht genau über diesen jungen Mann?
6. Wie benimmt sich Herr Harras, wenn man ihm auf der Treppe begegnet?
7. Warum kann man in der Nachbarwohnung alles, zum Beispiel jedes Telefongespräch, hören?
8. Was versucht der Geschäftsmann zu vermeiden? Hat es Zweck?
9. Warum braucht Herr Harras kein Telefon?
10. Was tut er angeblich (*supposedly*) sofort, wenn er den Inhalt des Gesprächs verstanden hat?

■ Vom Inhalt zum Gehalt

1. Warum behauptet dieser Geschäftsmann, er könne sich nicht beklagen? Welche Argumente führt er an (*cite*)?
2. Glauben Sie ihm die Beteuerung (*protestation*) „Ich klage nicht, ich klage nicht"? Will er sagen, daß er zwar keinen Grund zur Klage hat, aber doch nicht zufrieden ist? Warum ist er es nicht?
3. Ist der neue Nachbar der einzige Grund? Oder liegt der wahre Grund tiefer und in dem Geschäftsmann (dem Erzähler, dem Menschen im allgemeinen?) selbst?
4. Wofür wäre dann der Nachbar vielleicht ein Symbol? Denken Sie daran, daß er immer nur „vorbeihuscht" (*flits by*) und „in Türen gleitet wie der Schwanz einer Ratte"!
5. Erinnert Sie das nicht an einen Traum? Könnte man die ganze Kurzgeschichte als Gleichnis (*simile*) oder Parabel bezeichnen? Inwiefern?
6. Wie erklären Sie dann eine Textstelle wie „die übliche Auskunft, ... wenn man nichts weiß"? Der Nachbar läßt sich in der Kurzgeschichte nicht identifizieren. Warum wohl nicht?
7. Der Mensch (oder dieser Geschäftsmann, Kafka, jeder Mensch) fühlt sich bedroht. Ist diese Bedrohung umso schlimmer, je weniger man ihre Ursache (*cause*) kennt? Besteht darin das Thema dieser Kafka-Erzählung?

8. Nimmt der Erzähler in dieser Kurzgeschichte die Bedrohung als Tatsache hin? Warum wehrt (*defend*) er sich nicht? Warum bleibt er so passiv?
9. Während dieser Mann seine Geschäfte weiterführt und in ständiger (*constant*) Angst lebt, fühlt er sich durchaus als Opfer (*victim*). Empfindet er das Leben als etwas, was man nicht kontrollieren kann, was vor einem „herrollt" wie die Geschäfte?

■ Alfred Polgar

Sein letzter Irrtum

Alfred Polgar, the son of a music teacher and composer, was born in Vienna in 1873. He began his writing career by reporting court cases and parliamentary proceedings; later he wrote theater reviews in Vienna and Berlin. In 1940 he emigrated to the United States and eventually became an American citizen. He died in Zurich in 1955. The author of numerous comedies and essays, Polgar is best known for his short, satiric prose pieces.

Wortschatz

der Held (-en), die Heldin (-nen) hero, heroine
der Irrtum, ¨er error
die Neuheit, -en novelty
der Regenschirm, -e umbrella

drucken to print
empfangen, -i, -a, -ä to receive
fassen: sich kurz fassen to make it short; **zusammen·fassen** to summarize
geschehen, -a, -e, -ie to happen, occur
putzen to clean; to polish

bestimmt certain(ly), definite(ly)
billig cheap, inexpensive
breit wide, broad
gleich hier right here
grell loud (in color), bright
kräftig strong

der Schauspieler, (-), die Schauspielerin (-nen) actor, actress
der Staatsbürger, - citizen

schimpfen to scold; to call (insultingly)
schütteln to shake; **die Hand (Hände) schütteln** to shake hands
wirken to have the effect, work

naß wet
peinlich embarrassing
seit kurzem only recently
stundenlang for hours
teuer expensive
zuverlässig reliable

A. Give equivalents from the *Wortschatz* for each of the following expressions.

1. bunt
2. erhalten
3. etwas Neues
4. der Fehler
5. gewiß
6. die Hand geben
7. saubermachen
8. stark
9. weit

B. Complete the following sentences with words from the *Wortschatz*.

1. Es gibt (*there are*) in Amerika viele Einwanderer, die nach einiger Zeit ———— (*citizens*) werden.

2. Viele sind erst ———— ———— (*only recently*) hier und wissen nicht, was hier üblich ist.

3. Das braucht ihnen aber nicht ———— (*embarrassing*) zu sein, und niemand ———— (*scold*) sie deshalb.

4. Sie lernen schnell, was ———— (*expensive*) und ———— (*inexpensive*) ist, und auch, daß das ———— (*printed*) Wort nicht immer ———— (*reliable*) ist.

5. Das was in der neuen Heimat um sie herum ———— (*happen*), ———— (*have the effect*) oft befremdend auf sie.

6. Aber sie gewöhnen sich schnell daran, den ———— (*wet*) ———— (*umbrella*) mit ins Theater zu nehmen, wie es in Amerika üblich ist. (*See story!*)

7. Doch brauchen sie nicht ins Theater zu gehen, um ———— (*heroes*) und ———— (*heroines*) zu sehen, d.h. ———— (*actors*) und ———— (*actresses*)—es ist alles ———— ———— (*right here*) im täglichen Leben.

8. Wir könnten noch ———— (*for hours*) weitermachen, aber wir müssen uns hier ———— ———— (*make it short*).

Mr. Gladham Fröhlich, Redakteur in Diensten° der populären Wochenschrift° „Panorama", hielt ein Manuskript des ihm aus europäischen Tagen gut bekannten Mr. Bederich° in der linken Hand. In der
5 rechten hielt er einen Rotstift.
    Das Manuskript, mit Spuren bedeckt, die der Rotstift hinterlassen hatte, sah aus, als ob es Masern° hätte.
    „*I'm sorry*, aber sie sind nichts für Amerika",
10 sagte Gladham dem alten Kollegen aus Europa. „Das will ich Ihnen an Hand° der siebenundzwanzig

in Diensten = angestellt

weekly

des . . . whom he remembered well from the time when he lived in Europe

measles

an . . . from

254   Chapter 14

stories, über die Sie meine aufrichtige Ansicht erbeten° haben, klarlegen.° Nehmen wir etwa gleich die erste beste° hier: Sein letzter Irrtum."

„Es ist meine beste."

„*Well!* Das erspart° uns die Beschäftigung° mit den übrigen sechsundzwanzig."

Mr. Gladham lehnte sich in den Stuhl zurück, plazierte seine Plattfüße° auf den Schreibtisch, schob den Hut auf die hinterste Rundung° seines Schädels.° Er war erst seit kurzem Bürger der Vereinigten Staaten und bestrebt,° die Neuheit seines Amerikanertums durch Intensität seines Amerikanertums wett zu machen.°

„Ihre Geschichte", begann er seine Kritik an Bederichs Manuskript, „vermeidet grelle Farben, erspart dem Leser die Schilderung° aufregender Vorgänge° und wirkt überhaupt beruhigend auf das Nervensystem."

Der Autor murmelte ein kleinlautes° „Nun also."°

„Nun also", fuhr Mr. Gladham fort, „derlei° Geschichten werden in Amerika von wenigen Leuten geschrieben und von noch viel weniger Leuten gelesen, schon deshalb,° weil sie, wie z.B. die Ihrige° da, bestimmt niemals gedruckt werden."

„Vielleicht könnte ich . . . ändern"°, warf Herr Bederich ein.°

„Ändern?" Gladham lächelte. „*O boy!* Wenn Sie ändern wollten, was zu ändern ist,° bliebe kaum mehr von Ihrer Arbeit übrig° als der Titel. Sehen Sie z.B. gleich hier. Hier schreiben Sie: ‚Er hieb° ihm mit einem Stock über den Schädel.' Ein guter Satz. Ein sehr guter Satz. Unanfechtbar.° Aber was war das für ein Stock? Ein billiger oder ein teurer? Darüber verlieren° Sie kein Wort, erzählen hingegen,° was der Mann mit dem Stock bei dem Hieb° gedacht hat. Hier verlangt man, daß in ihr° Faktum sich an Faktum reiht° wie Stein an Stein auf einer gut gepflasterten° Straße. Auf Ihrer Straße, lieber Freund, sind die Ritzen° zwischen den Steinen breiter als diese,° und viel überflüssiges° Gras wächst aus ihnen."

„Und daheim° haben sie mich Asphalt-Literat geschimpft", dachte wehmütig° Herr Bederich.

„Weiter. Ihr Held sitzt stundenlang in einem gemütlichen Kaffeehaus. In Amerika gibt es kein

George Grosz Stützen der Gesellschaft *1926*

    Kaffeehaus, in dem man stundenlang sitzt, und
    wenn es eines gäbe, wäre es nicht gemütlich, und
60 wenn es gemütlich wäre, wäre es längst pleite.°   *out of business*
    Wenn in Ihrer *story* zwei Leute einander begegnen,

schütteln sie sich die Hand. Das tut man hierzulande° nicht. Ihr Held empfängt von seinem Gegner eine Ohrfeige.° In Amerika wird geboxt,° nicht geohrfeigt. Ihr Held stellt die Schuhe zum Putzen vor die Tür seines Hotelzimmers. In Amerika ist das nicht üblich.° Ihre Heldin hat ein uneheliches° Kind. In Amerika gibt es keine unehelichen Kinder, zumindest° nicht in *magazine-stories.* Sie lassen in der Garderobe des Theaters ein großes Gedränge bei der Kleiderabgabe entstehen.° In Amerika nimmt der Theaterbesucher seine Überkleider° in den Zuschauerraum mit."

„Auch den nassen Regenschirm?"

„Auch den nassen Regenschirm. Sie lassen einen europäischen Schauspieler hier innerhalb° eines Vierteljahres dreimal durchfallen.° Das gibt es in Amerika nicht. In Amerika muß der durchgefallene europäische Schauspieler sechs Monate warten, bis er wieder durchfallen darf. Auch wird er nicht, wie das in Ihrer *story* geschieht, ausgepfiffen,° sondern ausgebooht. Und hier, was für ein Einfall°!, hier lassen Sie einen alten, weisen Amerikaner sagen: ‚So etwas° gibt es nicht in Amerika.' Aber kein alter, weiser Amerikaner würde so etwas sagen, denn es gibt nichts, was es in Amerika nicht gibt."

Es war ein milder Herbsttag. Durch das Fenster des im 32. Stockwerk gelegenen° *office* des Mr. Gladham strömte ozeanisch kräftige° Luft ein. Dennoch° standen Schweißtropfen° auf Bederichs Stirn.

Mr. Gladham fuhr fort in seiner Aufzählung° der *story*-Irrtümer, betreffend° Amerikas Bräuche,° Anschauungen,° Manieren, Geschmack, Methoden und Tabus. „Um es kurz zu fassen", resümierte° er: „Was in Ihrer Geschichte getan wird, das tut man nicht in Amerika. Wie in ihr° geliebt wird, so liebt man nicht in Amerika. Wie in ihr gelacht und geweint wird, so lacht und weint man nicht in Amerika. Wie in ihr gelebt und gestorben wird, so lebt und stirbt man nicht in Amerika."

Bederich schnappte nach Luft.° Um besser schnappen zu können, stand er auf und ging ans Fenster.

„Das Klügste wird wohl sein"°, sagte er mit unpassender° Bitterkeit, „ich nehme meine Manuskripte und werfe sie ins Klosett."°

Alltagsgeschäfte 257

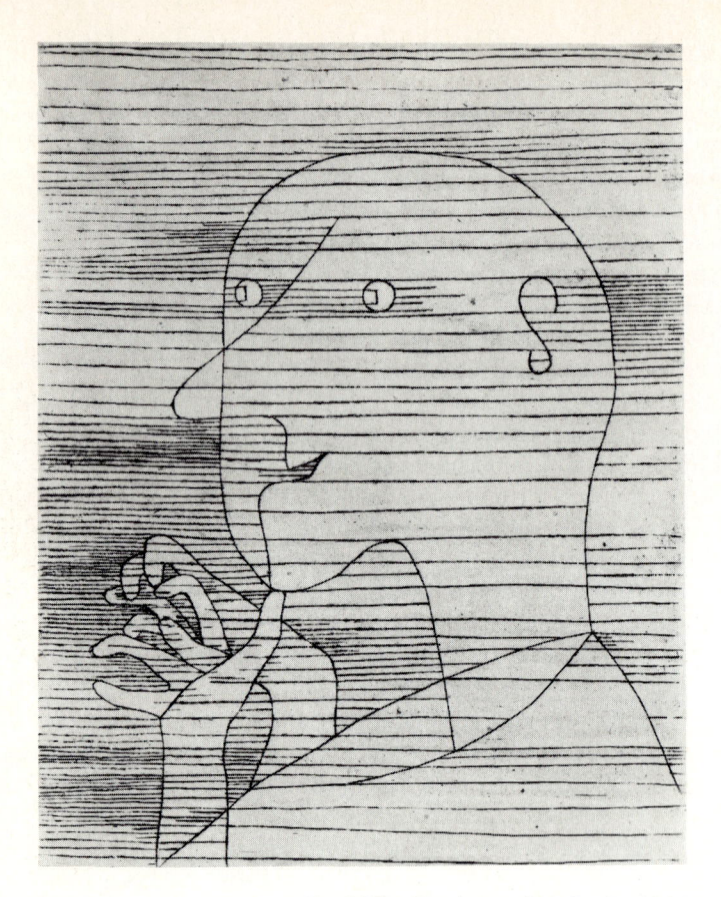

Paul Klee Rechnender Greis *1928*

„Hierzulande wirft man nichts ins Klosett, Mr. Bederich."

„Es war nicht buchstäblich° gemeint, Mr.   *literally*
110 Gladham."

„In Amerika drückt man sich exakt° aus, Mr.   *exakt = genau*
Bederich."

Bederich stand beim Fenster, sah zu den Wolken
hinauf, „Oh, du lieber Himmel°!" wollte er rufen,   *Oh, good heavens!*
115 zögerte aber und fragte vorsichtig° erst: „Gibt es   *cautiously*
einen lieben Himmel in Amerika?"

„Darüber kann ich Ihnen keine zuverlässige
Auskunft geben", erwiderte, leicht pikiert,° Mr.   *leicht . . . slightly piqued*
Gladham, „aber wenn es Sie interessiert, will ich bei
120 unserem *Research Department* anfragen.°" Und er hob   *inquire*
den Telefonhörer ab.

Mr. Bederich war zu nervös, um das Ergebnis der Anfrage abzuwarten.° Ungeduldig, Gladham's *office* zu verlassen, wählte er den zu diesem Zweck° kürzesten Weg, den durch das Fenster.

„In Amerika springt man nicht aus dem Fenster!" schrie, jetzt schon wirklich verärgert,° Mr. Gladham ihm nach.

Aber Bederich, bereits° beim siebenten Stockwerk unten angelangt,° hörte das nicht mehr. Und so blieb ihm das peinliche Bewußtsein° erspart, noch in seiner letzten amerikanischen Minute einen europäischen *faux pas* begangen zu haben.°

to wait for
zu ... for this purpose

verärgert = ärgerlich

bereits = schon
angelangt = angekommen
realization

begangen ... of having committed

■ Zum Leseverständnis

Zeile 1–24   Wir stellen fest: richtig oder falsch?

1. _____ Als Redakteur einer amerikanischen Wochenzeitschrift kritisierte Herr Gladham das Manuskript eines europäischen Verfassers.

2. _____ Der Verfasser hieß Bederich und war dem Redakteur unbekannt.

3. _____ Die beste der siebenundzwanzig Geschichten hieß „Sein letzter Irrtum".

4. _____ Der Redakteur war erst vor kurzem selbst amerikanischer Staatsbürger geworden und wollte besonders amerikanisch sein.

Zeile 25–53   Wir diskutieren

1. Der erste Punkt in Herrn Gladhams ausführlicher (*detailed*) Kritik war, daß die Geschichte nicht aufregend, sondern beruhigend wirkte. War das gut? Warum (nicht)?
2. Der Verfasser wollte gern Änderungen machen. Warum fand Gladham das ganz unmöglich?
3. Herr Gladham behauptete, in Amerika müsse eine Beschreibung realistisch sein. Was sollte man zum Beispiel über den Stock (in der Story) wissen und was nicht?
4. Der Vergleich (*comparison*) mit dem Straßenpflaster sollte zeigen, daß die Fakten alle passen müssen. Was passiert sonst (wie das „überflüssige Gras" zeigt)?

Zeile 54–75   Wir stellen fest: richtig oder falsch?

1. _____ Ein Asphalt-Literat (d.h. jemand, der das Alltägliche sehr genau schildert) ist in Europa nicht beliebt.

2. _____ In Amerika gibt es auch gemütliche Cafés, aber sie gehen pleite.

Alltagsgeschäfte

3. _____ Händeschütteln, Ohrfeigen und geputzte Schuhe gibt es in Amerika nicht.

4. _____ In Europa werden im Theater Mäntel und Regenschirme an der Garderobe abgegeben.

Zeile 75–112 Wir diskutieren

1. Gladham gibt noch mehr Beispiele für amerikanische Bräuche. Welche zum Beispiel vom Theater und vom „weisen Amerikaner"?
2. Bederich hat in seiner Story alles falsch gemacht. Gladham hat erklärt, was es in Amerika *nicht* gibt, und nun behauptet er, es gäbe nichts, was es in Amerika nicht gibt. Kann der arme Verfasser darüber lachen? Wie fühlt er sich trotz der kühlen Meeresluft?
3. Gladham gibt ihm den Todesstoß (*final blow*) mit seiner Zusammenfassung. Wie drückt er es aus?
4. Bederich kann es nicht mehr aushalten. Wie zeigt sich seine Bitterkeit? Wird er sarkastisch?

Zeile 113–133 Wir stellen fest: richtig oder falsch?

1. _____ Bederich wird jetzt zynisch mit seiner Frage, ob es in Amerika einen „lieben Himmel" gibt.

2. _____ Gladham versteht gar keinen Humor, auch keinen zynischen, denn er nimmt die Frage ernst.

3. _____ Bederich ist zu nervös, die Tür zu finden und geht deshalb aus dem Fenster.

4. _____ Bederich hört nicht mehr, daß er schon wieder etwas falsch gemacht hat.

■ Inhaltliches

1. Wie hieß Mr. Gladham früher?
2. Wo war er jetzt angestellt? Als was?
3. Wie sah das Manuskript aus, das er in der Hand hatte?
4. Wer war Bederich?
5. Was wollte ihm Gladham an der Story „Sein letzter Irrtum" klarmachen?
6. Warum brauchten sie sich die anderen Stories nicht mehr anzusehen?
7. Was wollte Mr. Gladham dadurch zum Ausdruck bringen, daß er seine Füße auf den Schreibtisch plazierte?
8. Was vermeidet Bederichs Story, und wie wirkt sie?
9. Warum werden solche Geschichten in Amerika wenig gelesen? Geben Sie Gründe!
10. Warum kann Herr Bederich nichts daran ändern?

11. Was sagt der Verfasser über den Stock, und was sollte er darüber sagen?
12. Womit vergleicht Mr. Gladham aneinandergereihte (*enumerated*) Fakten?
13. Wie nannte man Herrn Bederich in Europa?
14. Warum kann in einer amerikanischen Story der Held nicht stundenlang in einem Café sitzen?
15. Warum könnte ein solches Kaffeehaus in Amerika auch nicht gemütlich sein?
16. Geben Sie noch mehr Unterschiede zwischen Amerika und Europa (aus dem Text)!
17. Wie geht es in Amerika dem Schauspieler, der durchfällt?
18. Was würde ein alter weiser Amerikaner niemals sagen? Warum nicht?
19. Warum war es erstaunlich, daß Herr Bederich schwitzte?
20. Wie faßte Herr Gladham seine Kritik zusammen?
21. Warum ging Bederich ans Fenster?
22. Was schlug er in seiner Verzweiflung (*desperation*) vor?
23. Warum sagt man so etwas in Amerika nicht?
24. Wen wollte Gladham anrufen? Warum?
25. Welchen Weg wählte Bederich? Weshalb?
26. Warum hörte er Gladhams Worte nicht mehr, und was blieb ihm dadurch erspart?

■ Vom Inhalt zum Gehalt

1. Warum hat Gladham seinen Namen ins Englische übersetzt, als er einwanderte?
2. Können Sie sich diesen Typ vorstellen? Beschreiben Sie ihn!
3. Finden Sie, daß Gladham fast schon amerikanischer geworden ist als ein Amerikaner? Wieso (nicht)?
4. Die Kurzgeschichte handelt nicht nur von kulturellen Unterschieden zwischen Europa und Amerika, sondern auch von den Schwierigkeiten eines Schriftstellers. Erklären Sie!
5. Ist es überall gleich schwierig, einen Verleger (*publisher*) zu finden?
6. Übertreibt (*exaggerate*) der Verfasser? Warum? Worin besteht der Humor?
7. Der Verfasser gibt mehrere Klischees über nationale Eigenschaften (*characteristics*), z.B., daß die Amerikaner die Füße auf den Schreibtisch legen. Nennen Sie andere!
8. Am Schluß springt der frustrierte Bederich aus dem Fenster. Was will der Verfasser damit sagen?

■ Praktisches und Persönliches

1. Verstehen Sie etwas von geschäftlichen Dingen? Was? Haben Sie schon einmal in einem Geschäft gearbeitet? In welchem? Als Verkäuferin oder Verkäufer?

2. Können Sie tippen? Finden Sie das nützlich, auch wenn Sie nicht Sekretär(in) werden wollen? Wozu?
3. Was wollen Sie werden? Geschäftsmann? Wissenschaftler? Oder was sonst? Möchten Sie gern eines Tages ein (kleines) Geschäft besitzen?
4. Möchten Sie gern eines Tages viel Geld verdienen, oder hätten Sie lieber einen geistigen (*academic, intellectual*) Beruf? Beides?
5. Was studieren Sie? Warum? Wollen Sie Ihr Fach zu einem Beruf verwenden, oder wollen Sie vor allem ein gebildeter (*educated*) Mensch sein?
6. Können Sie (trotzdem) einen Geschäftsbrief schreiben? Sollte das jeder können? Warum (nicht)?
7. Ist es heute gut, etwas Praktisches zu lernen? Hauptfrage: Ist es heute besonders nützlich, eine Fremdsprache zu lernen? Warum (nicht)?

■ Grammatisches

A. Create sentences from the following elements, using the conjunctions in parentheses.

Zum Beispiel: er weiß es / sie hat keine Stelle (daß) ⟶ Er weiß, daß sie keine Stelle hat.

1. er nimmt die Stelle an / er braucht Geld   (weil)
2. ich rate Ihnen auch dazu / die wirtschaftliche Lage ist schlecht   (denn)
3. teilen Sie (es) uns bitte mit / Sie haben unseren Brief erhalten   (ob)
4. wir werden nicht zahlen / Sie führen den Auftrag aus   (bis)
5. du kannst es versuchen / es ist nicht leicht, ein Geschäft zu führen   (aber)

B. In the following sentences, indicate the extended adjectives and the nouns they modify.

Zum Beispiel: Das **von Ihnen gestern abgeschickte** Paket ist heute angekommen. Noun modified: **das Paket**

1. Wir betonen, daß wir den von Ihnen am 26.7. an uns abgesandten Brief immer noch nicht empfangen haben.
2. Ihr kurzgefaßter, alles aufklärender Bericht wurde mit Interesse aufgenommen.
3. Die von der Geschäftsleitung in ähnlichen Fällen gefaßten Entschlüsse sind nicht mehr zu ändern.
4. Mit den von Ihnen während der vergangenen Monate ausgeführten Arbeiten bin ich sehr zufrieden.
5. Es handelt sich um billige, seit kurzem hier eingeführte (*introduced*) und jetzt überall populäre, grellfarbene Regenschirme.
6. Es gibt bestimmt ähnlich gedruckte, aber nicht so teure, für unser Geschäft jedoch nützliche Broschüren.

German-English Vocabulary

This vocabulary contains most of the German words and expressions used in the text. Excluded are numbers, very elementary words, cognates, and some unusual words or phrases already annotated in the margins of the stories. The active vocabulary preceding each story is repeated selectively. The reader is expected to make his or her own deductions about meanings within word families—for example, to deduce the noun **Bürste** (*brush*) from the verb **bürsten** (*to brush*).

Nouns are listed with their plural endings; a hyphen without an ending means that the noun does not change its form in the plural; and no hyphen between the noun and its meaning indicates the word does not normally exist in the plural—for example, **das Mißbehagen** (*uneasiness*). Nouns are listed with the abbreviation *pl.* when they either do not have a singular or are used almost exclusively in the plural—for example, **die Ferien** *pl.* (*vacation*).

Weak nouns as well as adjectival nouns are given with their genitive forms—for example, **der Student (-en)**—which also represent the plural ending.

Irregular nouns (weak nouns with irregularities in the genitive singular) appear with both genitive and plural endings—for example, **der Gedanke (-ns, -n)**.

Separable prefixes are set off by a bullet (for example, **an•fangen**).

Strong verbs are given with their principal parts (from which all conjugations may be derived), for example, **geben, -a, -e, -i**. The infinitive is followed by the key vowel for the simple past tense (**gab**) and for the past participle (**gegeben**). The fourth key vowel (only applicable to those strong verbs with irregular forms in the present singular) indicates the vowel change for the present tense second- and third-person singular (**du gibst, er gibt**).

Strong verbs with irregularities in addition to vowel changes are listed with these changes; for example, **nehmen, -a, genommen, -i** designates **nehmen, nahm, genommen, nimmt**.

Irregular weak verbs are listed with their principal parts spelled out—for example, **denken, dachte, gedacht**.

Reflexive verbs are listed with the reflexive pronoun **sich**; where this appears in parentheses **(sich)** the verb may also be used nonreflexively.

A parenthesis in the German column has its equivalent meaning in the English parenthesis.

Cases are given for prepositions of the **in/an/auf**-group as well as for verbs governing the dative case only.

ABBREVIATIONS

acc.	accusative	*gen.*	genitive	*sg.*	singular
adj.	adjectival	*o.s.*	oneself	*s.o.*	someone
dat.	dative	*pl.*	plural		

A

ab • beißen, -i, -i to bite off
ab • bilden to depict
ab • brechen, -a, -o, -i to break off
ab • decken to uncover
das **Abenteuer, -** adventure
ab • faulen (+ sein) to rot away, off
ab • führen to lead away, off
der **Abgrund, ⸚e** abyss
ab • hängen, -i, -a (von) to depend (on); **es hängt davon ab** it depends (on)
ab • heben, -o, -o to pick up (e.g., the receiver)
ab • holen to pick up, fetch
ab • lehnen to reject
ab • machen to settle
ab • nehmen, -a, -genommen, -i to take from; to lose weight
ab • reisen (+ sein) to depart (on a journey)
ab • reißen, -i, -i to tear off
ab • sägen to saw off
ab • schließen, -o, -o to lock (up)
die **Absicht, -en** intention
ab • stauben to dust off
ab • stürzen (+ sein) to fall, plunge
ab • weisen, -ie, -ie to turn away
ab • ziehen, -zog, -o to take off, deduct, subtract
ähnlich similar
die **Aktentasche, -n** briefcase
allgemein general
allmählich gradually
die **Altersschwäche** old age (i.e., weakness of old age)
altmodisch old-fashioned
die **Amsel, -n** blackbird
an • bieten, -o, -o to offer
andererseits on the other hand
(sich) ändern to change
an • (aus •)drehen to turn on (off)
angeblich supposedly
angenehm agreeable
die **Angst, ⸚e** fear, anxiety
der **Anhänger, -** follower

(sich) an • hören to listen; **sich an • hören** to sound
die **Anklage, -n** accusation
an • legen to invest
an • nageln to nail to, on
an • nähen to sew on
an • nehmen, -a, -genommen, -i to adopt; to assume; to accept
an • ordnen to order, give orders
die **Anordnung, -en** arrangement; order; direction
an • reden to address, talk to
an • rufen, -ie, -u to call (up), telephone
an • rühren to touch
sich an • schaffen to purchase, get for o.s.
(sich) an • schauen to look at
(sich) an • sehen, -a, -e, -ie to look at
die **Ansicht, -en** view, opinion
die **Ansprache, -n** address, speech; **eine Ansprache halten** to make a speech
an • stecken to light
sich an • strengen to make an effort, exert o.s.
an • wenden *or* **an • wenden, -wandte, -gewandt** to use, apply
an • zeigen to report, indicate
(sich) an • ziehen, -zog, -gezogen to put on; **sich an • ziehen** to get dressed
der **Anzug, ⸚e** suit
an • zünden to light
der **Ärmel, -** sleeve
ärmlich poor, scanty
die **Art, -en** kind, way; species
der **Arzt, ⸚e** physician
der **Ast, ⸚e** branch
der **Atem** breath
der **Atemzug, ⸚e** breath
auf • blasen, -ie, -a, -ä to blow up
auf • fordern to request, demand
auf • geben, -a, -e, -i to give up; to assign
auf • gehen, -ging, -a (+ sein) to rise, come up (of the sun)
auf • klären to enlighten, explain

auf • laden, -u, -a, -lädt to load
aufmerksam attentive
auf • nehmen, -a, -genommen, -i to take in, absorb
sich auf • raffen to pull o.s. together
auf • regen to excite; **sich auf • regen** to get excited
sich auf • richten to raise o.s. (up)
aufrichtig sincere, frank
auf • rücken (+ sein) to advance, be promoted
auf • schreiben, -ie, -ie to write down
(sich) auf • setzen to put on (a hat)
auf • stehen, -stand, -a (+ sein) to get up
auf • steigen, -ie, -ie (+ sein) to rise, climb
auf • tauchen (+ sein) to emerge, pop up
auf • treten, -a, -e, -tritt (+ sein) to occur; to appear (e.g., on stage)
auf • wachen (+ sein) to wake up
auf • wachsen, -u, -a, -ä (+ sein) to grow up
auf • wecken to awaken (s.o.)
auf • zählen to enumerate
auf • ziehen, -zog, -o to pull up; to wind up
der **Augenblick** moment
aus • breiten to spread out
der **Ausdruck, ⸚e** expression
aus • gehen, -ging, -a (+ sein) to go out; to proceed (from)
ausgezeichnet excellent
aus • halten, -ie, -a, -ä to stand, endure
die **Auskunft, ⸚e** information
die **Ausnahme, -n** exception
aus • reichen to suffice
aus • sagen to report; to testify
aus • sehen, -a, -e, -ie (wie) to look (like)
das **Aussehen** appearance
außerdem in addition
die **Aussicht** view; **die Aussicht, -en** prospect
(sich) aus • strecken to stretch (out)
aus • streichen, -i, -i to cross out, strike (e.g., from a record)

aus • tauschen (gegen) to exchange (for)
aus • treten, -a, -e, -tritt to stamp out; to leave (e.g., a political party) (+ **sein**)
aus • üben to practice (e.g., a profession); to have (e.g., an influence)
(sich) aus • ziehen, zog, -o to take off (e.g., clothes); to move out (+ **sein**); **sich aus • ziehen** to get undressed

B

die Backe, -n cheek
baden to bathe; to swim
der Bahnsteig, -e railway platform
die Bank, ¨e bench
die Bank, -en bank
der Bankauszug, ¨e bank statement
der Bart, ¨e beard
bärtig bearded
der Bauch, ¨e belly
bauen to build
der Baum, ¨e tree
die Baumwolle cotton
der Baustein, -e building block
die Baustelle, -n building site
der Bauunternehmer, - building contractor
bedenken, bedachte, bedacht to consider
bedeuten to mean
beeinflussen to influence
die Beerdigung, -en funeral
das Beet, -e (flower)bed
der Befehl, -e command, order
begegnen (+ **sein** *and dat.*) to meet (by chance)
begehen, beging, -a to commit
begeistert enthusiastic, inspired
begießen, -o, -o to water
die Begleitung escort; accompaniment
beglücken to make happy
begraben, -u, -a, -ä to bury
das Begräbnis, -se funeral
begreifen, begriff, -i to comprehend, grasp

der Begriff, -e concept
begründen to give reasons for
beherrschen to master; to rule
sich beherrschen to control o.s.
die Behörde, -n municipal or state office
bei • bringen, -brachte, -gebracht to teach (e.g., a skill); to break (e.g., news)
beinahe almost
beißen, -i, -i to bite
bekämpfen to fight
beklemmend oppressive
bekommen, bekam, bekommen to get, receive
beladen, -u, -a, belädt to load
belegen to enroll in
beleidigen to offend, insult
beliebt well-liked, popular
sich bemühen to make an effort
der Bericht, -e report
berühren to touch
(sich) beschaffen to acquire, get
(sich) beschäftigen to occupy (o.s.)
der Besen, - broom
besonder special
besprechen, -a, -o, -i to discuss
bestätigen to confirm
bestehen, bestand, -a to exist, be; to pass (a test); **(aus)** to consist (of); **(auf** + *dat.*) to insist (on); **es besteht** there is
bestimmt certainly, definitely; destined
bestrafen to punish
bestürzt shocked, alarmed
besuchen to visit
betonen to emphasize
betrunken drunk
die Bettdecke, -n bed cover
beunruhigen to worry
bevor • stehen, -stand, -a to be forthcoming, ahead
bewaffnen to arm, equip with arms
bewahren to keep, preserve
die Bewegung, -en motion, movement
bewirken to produce, cause
bewundern to admire
(be)zahlen to pay (for)

bezeichnen to call, describe as
beziehen, bezog, -o to cover; **sich beziehen auf** (+ *acc.*) to relate to, concern
biegen, -o, -o (um) to turn (around)
das Bild, -er picture; painting; image
bitten, bat, -e (um) to ask (for), request
blaß pale
das Blatt, ¨er leaf
blättern to turn pages, leaf through
bleiben, -ie, -ie (+ sein) to remain, stay
der Blick, -e glance, look; view
blinzeln to wink, blink; to squint
das Blut blood
blutig bloody
brauchen to need
die Braut, ¨e fiancée, bride
der Bräutigam, -e (bride)groom
bringen, brachte, gebracht to bring; to take
der Brocken, - chunk, clump
brüllen to bellow, roar, yell; to moo
die Brust, ¨e chest (*sg.*); breast
der Bücherschrank, ¨e bookcase
der Buchstabe (-ns, -n) letter (of the alphabet)
der Bug bow (of a ship)
der Bürger, - citizen
bürgerlich middle-class
der Bürgermeister, - mayor
das Büro, -s office; study
der Bursche (-n) fellow, guy
bürsten to brush; to scrub

D

das Dach, ¨er roof
die Dachrinne, -n (rain) gutter
dagegen on the other hand; against it
die Dämmerung twilight, dusk; dawn
der Dampfer, - steamer
dauern to last, take (time)
die Decke, -n ceiling; cover, blanket

deshalb therefore
dicht dense; close
der Dieb, -e thief
dienen to serve
der Dom, -e cathedral
donnern to thunder
drängen to urge; **sich drängen** to crowd
draußen outside, outdoors
das Dreieck, -e triangle
dringend urgent
drollig funny, odd
der Duft, ¨e scent, fragrance
der Dunst, ¨e haze; smell

E

die Ecke, -n corner
ehemalig former
die Eichenbank, ¨e oak bench
die Eigenschaft, -en characteristic, quality
eigentlich actually, really
eilen (+ sein) to rush
eilig quickly, hurriedly; **es eilig haben** to be in a hurry
der Eingang, ¨e entrance
ein • laden, -u, -a, -lädt to invite
die Einsamkeit loneliness; solitude
ein • schlafen, -ie, -a, -ä (+ sein) to fall asleep
ein • sehen, -a, -e, -ie to realize, see
ein • treten, -a, -e, -tritt (+ sein) to enter
einwandfrei flawless; correct, perfect
einzig single; only
das Eisen iron
elend miserable
empfangen, -i, -a, -ä to receive
endlich finite, final; at last, finally
der Engel, - angel
das Entsetzen terror, horror
die Entwicklung, -en development
der Erbe (-n) heir
erblassen (+ sein) to become pale

erblicken to see, catch sight of
die Erbschaft inheritance
die Erde earth, soil
erfinden, -a, -u to invent
die Ergebenheit submissiveness
das Ergebnis, -se result
ergiebig productive
ergreifend touching, moving
erheben, -o, -o to raise; **sich erheben** to get up, rise
erhöhen to increase
sich erholen to recover, regain good health
erinnern (an + *acc.*) to remind (of); **sich erinnern (an + *acc.*)** to remember
erklären to explain
erlauben to permit, allow
erleben to experience (firsthand)
das Erlebnis, -se experience
ermorden to murder
ernst earnest, serious; **im Ernst** seriously
erscheinen, -ie, -ie (+ sein) to appear
erschöpft exhausted
erschrecken to frighten
erschrocken startled, shocked
erst only, not until; first
erstaunt surprised, amazed
ertragen, -u, -a, -ä to tolerate, endure, stand, bear
erwachen (+ sein) to awaken, wake up
der Erwachsene (-n) *adj. noun* adult
erwähnen to mention
erwarten to expect
erwidern to reply
erzählen (von) to tell (about)
ewig eternal

F

der Fabrikbesitzer, - factory owner
das Fach, ¨er field; area, subject
der Faden, ¨ thread
fähig capable
die Fahne, -n flag

fahren, -u, -a, -ä to drive, ride; to travel, go
der Fahrplan, ¨e timetable
der Fall, ¨e case
falsch wrong
fassen to grasp, reach; **sich kurz fassen** to be brief
faul lazy; rotten (of food)
die Feier, -n celebration; assembly in school
feiern to celebrate
der Feind, -e enemy
das Fensterbrett, -er window sill
die Ferien (*pl.*) vacation
das Fest, -e celebration; festival
fest • schrauben to screw on tightly
fest • stehen, -stand, -a to be a fact
fest • stellen to determine, find; to state, note
das Fieber fever, temperature
flach flat
die Flasche, -n bottle
die Fliege, -n fly
fließen, -o, -o (+ sein) to flow
das Floß, ¨e raft
fluchen to curse
die Flucht flight, escape
der Flüchtling, -e refugee
der Flug, ¨e flight
der Flughafen, ¨ airport
der Flugplatz, ¨e airport
das Flugzeug, -e airplane
folgen (+ sein and *dat.*) to follow
fort away; gone
fort • setzen to continue
der Frachter, - freighter
im Freien outdoors; **unter freiem Himmel** under the open sky
der Fremde (-n) *adj. noun* stranger; foreigner; outsider
fröhlich cheerful, happy
das Frühjahr spring
der Frühling spring
das Frühstück breakfast
frühstücken to have breakfast
furchtbar horrible, terrible
sich fürchten (vor) to be afraid (of)
die Fußspitze, -n tiptoe

G

der Gang, ⸚e hall, corridor; walk, gait
die Garderobe, -n checkroom; hat-and-coat rack
das Gartentor, -e garden gate
der Gast, ⸚e guest
der Gastgeber, -, die Gastgeberin, -nen host, hostess
das Gasthaus, ⸚er inn
die Gaststube, -n dining room (at an inn)
geben, -a, -e, -i to give; **es gibt** there is, there are
das Gebet, -e prayer
der Geburtstag, -e birthday
der Gedanke (-ns, -n) thought, idea
gefangen • nehmen, -a, -genommen, -i to capture
das Gefühl, -e feeling
die Gegend, -en area
der Gegenstand, ⸚e object
das Gegenteil opposite
gegenüber across (from); vis-à-vis
der Gegner, - opponent
das Geheimnis, -se secret, mystery
geheimnisvoll mysterious
gehorchen to obey
der Geist, -er ghost; spirit; mind
geistig intellectual
das Geländer, - railing
die Gelegenheit, -en opportunity
gelingen, -a, -u (+ sein) to succeed (in doing); **es gelingt mir** I succeed in
gemein disgusting; common
gemeinsam common, joint
das Gemüse, - vegetable
gemütlich cozy, comfortable
genau exact
der Genosse (-n) comrade
genug enough
genügend sufficient
geraten, -ie, -a, -ä (+ sein) to get (into); to end up (in)
das Geräusch, -e noise, sound
das Gericht, -e court
der Geruch, ⸚e smell
der Gesang, ⸚e song; singing
das Geschenk, -e gift, present

die Geschichte history; **die Geschichte, -n** story
geschickt skillful
der Geschmack taste
die Gesellschaft, -en society; company
das Gesicht, -er face
das Gespräch, -e conversation
die Gestalt form; **die Gestalt, -en** figure
das Geständnis, -se admission, confession
gesund healthy
getreu faithful, loyal
die Gewalt, -en power
das Gewissen conscience
gewissenhaft conscientious
gewissermaßen to a certain extent, so to speak
sich gewöhnen (an + acc.) to get used (to)
der Giebel, - gable
glauben (an + acc.) to believe (in)
gleichzeitig simultaneous
gleiten, glitt, -i (+ sein) to slip, glide
die Glocke, -n clock, bell
das Glück happiness; luck; **Glück haben** to be lucky
die (Glüh)birne, -n light bulb
glühen to glow
das Grab, ⸚er grave
der Graben, ⸚ ditch
graben, -u, -a, -ä to dig
der Grabenrand, ⸚er edge of a ditch
der Grad, -e degree
gratulieren (+ dat.) to congratulate
greifen, griff, -i to reach, grab
grell loud (color); bright
grob coarse, crude; rough
großartig fantastic
der Grund, ⸚e reason; ground
die Gruppe, -n group
der Gürtel, - belt

H

die Hafenstadt, ⸚e port city
die Hälfte, -n half

der Hals, ⸚e neck; throat
das Halstuch, ⸚er neckerchief; scarf
die Handbewegung, -en motion with the hand
handeln to act; **es handelt sich um** it concerns
das Handgelenk, -e wrist
die Handlung, -en action; plot
das Handtuch, ⸚er towel
der Handwerker, - craftsman, person skilled in a trade
das Handwerkszeug tool kit, tools
hassen to hate
häßlich ugly, unpleasant
der Hauch breath
der Haufen, - heap, pile
häufig often, frequent
das Haupt, ⸚er head
der Hauptaltar, ⸚e high altar
der Haushalt, -e household
die Haushälterin, -nen housekeeper (female)
die Hauswand, ⸚e outside wall of a house
heben, -o, -o to raise, lift
das Heer, -e army
das Heft, -e notebook
heftig severe, fierce
heilen to heal, cure
heimatlos homeless
der Heimatort, -e hometown
heim • führen to lead home, take home
die Heimkehr return home
heimlich secret(ly)
der Heimweg, -e way home
das Heimweh homesickness
heiraten to marry, get married
heißen, ie, ei to call, name; **das heißt (d.h.)** that is (i.e.)
der Held (-en), die Heldin, -nen hero, heroine
helfen, -a, -o, -i (+ dat.) to help, aid
hell light, bright
das Hemd, -en (men's) shirt
sich herab • beugen to bend down
heraus • bekommen, -bekam, -bekommen to find out, discover
heraus • fordern to provoke, challenge

German-English Vocabulary   A-5

heraus • pflügen to plow up
heraus • rücken to fork out, fork over
heraus • werfen, -a, -o, -i to throw out
herbei • führen to cause, bring about
herbei • rufen, -ie, -u to call in, call over
der Herbst autumn
der Herd, -e stove
herrlich magnificent
herrschsüchtig domineering
herum • tragen, -u, -a, -ä to carry around
der Himmel sky; heaven
hin • bringen, -brachte, -gebracht to bring to, take to
das Hindernis, -se obstacle
hinein • greifen, -griff, -gegriffen to reach inside
sich hin • legen to lie down
hin • nehmen, -nahm, -genommen, -i to endure, to accept
hin • setzen to set down, put down; **sich hin • setzen** to sit down
hinten behind, in back
hinterlassen, -ie, -a, -ä to leave (behind)
die Hitze heat
hochmütig arrogant
höchstens at most, at best
die Hochzeit, -en wedding
hocken to squat, crouch
der Hof, ¨e (court)yard; farm
die Höhe, -n height
höhnisch scornful, sneering
holen to get, fetch
der Holzengel, - wooden angel
hölzern wooden
die Holzsäule, -n wooden column
horchen to listen (intently)
hören to hear, listen
die Hosentasche, -n pant pocket
der Hügel, - hill
hüpfen (+ sein) to hop, jump
husten to cough
sich hüten (vor + *dat.*) to beware (of)

I

innerhalb within
die Insel, -n island
inzwischen in the meantime, meanwhile
irgend- some- (e.g., **irgendein** someone)
der Irrtum, ¨er error, mistake

J

die Jagd hunt
jagen to chase
jedoch however
jemand somebody, someone
die Jugend youth; young people

K

(sich) kämmen to comb (one's hair)
der Kartoffelsalat potato salad
der Käse cheese
der Kasten, ¨ box, chest
die Katze, -n cat
keineswegs by no means, not at all
der Keller, - basement
kennen • lernen to meet, become acquainted, get to know
das Kinn, -e chin
die Kirche, -n church
der Klang, ¨e sound
klappen to slam
klappern to clatter, rattle
die Klasse, -n (school) class, grade; (social) class
kleben to stick; to paste, glue
klopfen to knock
der Klumpen, - clump
der Knabe (-n) boy
die Kneipe, -n beer restaurant, saloon, bar
knieen to kneel
der Knoten, - knot
der Koffer, - trunk, suitcase
der Kolibri, -s hummingbird
das Kontobuch, ¨er bankbook
der Körper, - body

krächzen to crow
die Kraft, ¨e strength
der Krähe, -n crow
kratzig scratchy
die Krawatte, -n tie
der Kreis, -e circle
das Kreuz, -e cross
der Kuchen, - pastry, cake
die Kücheneinrichtung, -en kitchen furnishings
die Kugel, -n ball; bullet
der Kühlschrank, ¨e refrigerator
der Kunde (-n), die Kundin, -nen customer
die Kunst, ¨e art
der Künstler, -, die Künstlerin, -nen artist
künstlerisch artistic
künstlich artificial
das Kupfer copper
kurz short; curt; **seit kurzem** recently
kürzen to shorten

L

lachen to laugh
der Lack varnish
der Laden, ¨ store; shutter, blinds
laden, -u, -a, -lädt to load
das Lagerhaus, ¨er warehouse
lang long; **es ist schon lange her** it was a long time ago
langsam slow(ly)
der Lärm noise
lästig burdensome, tedious
der Lastwagen, - truck
laufen, -ie, -au, -äu (+ sein) to run
lauter nothing but; all kinds of
die Lebensmittel (*pl.*) food, provisions
das Leder leather
legen to lay, place, put; **sich legen** to lie down
(sich) lehnen to lean
der Lehrling, -e apprentice
die Lehrzeit apprenticeship
leicht light; easy; slightly
leid tired (of); **es tut mir leid** I am sorry
leiden, litt, -i (an, unter + *dat.*)

to suffer (from); **ich kann es nicht leiden** I don't like it
leider unfortunately
das **Leinen** linen
leisten to accomplish, achieve
die **Leitung, -en** (electrical) wires, connection
die **Lerche, -n** lark
das **Leseverständnis** reading comprehension
das **Lid, -er** eyelid
liefern to supply, deliver
liegen, -a, -e to lie, recline; to be located
liegen • lassen, -ie, -a, -ä to leave behind, leave
die **Linie, -n** line; **in erster Linie** mainly, predominantly, chiefly
links to the left; on the left
lose loose
los • werden, -u, -o, -i (+ sein) to get rid of
die **Lust** pleasure, delight; **Lust haben** to feel like (doing something)

M

die **Macht, ̈e** power
der **Magen, ̈** stomach
mager skinny
die **Mahlzeit, -en** meal
das **Mal, -e** time (e.g., **dieses Mal** this time)
manchmal sometimes
der **Mantel, ̈** coat
das **Märchen, -** fairy tale
die **Maschinenpistole, -n** submachine gun
der **Maulwurf, ̈e** mole, gopher
das **Meer, -e** ocean
meinen to mean, think; say
meistens most of the time
der **Mensch (-en)** human being; man
das **Menschenalter, -** generation, age
die **Miete, -n** rent
das **Mietshaus, ̈er** apartment house
mißhandeln to abuse

mißtrauisch distrustful
mißverstehen, -verstand, -a to misunderstand
die **Mitgift** dowry
das **Mitleid** sympathy, pity
mit • machen to participate, join in
mit • nehmen, -a, -genommen, -i to take along
mitsamt along with
das **Mittagessen, -** dinner (i.e., main meal at midday)
mitten (in) in the middle (of)
die **Mitternacht** midnight; **um Mitternacht** at midnight
die **Möbel** (*pl.*) furniture
möglich possible
der **Monat, -e** month
der **Mond, -e** moon
das **Moos, -e** moss
der **Mord, -e** murder
die **Möwe, -n** (sea)gull
die **Mücke, -n** mosquito
müde tired
murmeln to mumble
das **Muster, -** pattern
musterhaft exemplary
der **Mut** courage; spirit
die **Mütze, -n** cap

N

nach • sehen, -a, -e, -ie to check, look
die **Nachtschicht** night shift
nach • weisen, -ie, -ie to prove
die **Nadel, -n** needle, pin
nageln to nail
sich **nähern** to approach
die **Nähmaschine, -n** sewing machine
nebenan next door
necken to tease
(sich) **neigen** to bend, lean
die **Neugierde** curiosity
neugierig curious
niemand nobody, no one
der **Nußbaumschrank, ̈e** walnut cabinet
nutzen to use; **was nutzt . . .** what good is . . .
nützlich useful

O

obwohl although
der **Ochse (-n)** ox
offen open(ly), frank
offenbar evidently
die **Öffentlichkeit** public
die **Ohrfeige, -n** slap in the face
das **Opfer, -** victim; sacrifice
die **Ordnung** order; **es ist alles in Ordnung** everything is fine

P

das **Paar, -e** pair, couple
das **Paket, -e** package
der **Panzer, -** tank
passen (+ *dat.*) to fit, suit
passieren (+ **sein**) to happen
die **Peitsche, -n** whip
die **Personalien** (*pl.*) personal data
die **Pfeife, -n** pipe
pfeifen, pfiff, -i to whistle
der **Pferdewagen, -** horse-drawn cart
der **Pfiff, -e** whistle
pflegen to take care of, nurse; **er pflegte zu . . .** he used to . . .
die **Pflicht, -en** duty, obligation
die **Platte, -n** tray; table top; record
plötzlich suddenly
polieren to polish
die **Polizei** police
der **Polizist (-en)** policeman

Q

die **Quelle, -n** source; well, spring
der **Querschnitt, -e** cross section

R

der **Rahmen, -** frame; backdrop, framework
der **Rand, ̈er** edge
rasch fast, quick

German-English Vocabulary   A-7

der Räuber, - robber, thief
rauh rough, coarse
reagieren (auf) (+ *acc.*) to react (to)
recht right, just; quite; **recht haben** to be right
das Recht, -e law, right
das Rechteck, -e rectangle
rechts to the right; on the right
der Rechtsanwalt, ⸚e attorney
(sich) recken to stretch (o.s.)
der Redakteur, -e editor (of a newspaper)
die Regel, -n rule
der Regen rain
der Regenwurm, ⸚er earthworm
die Regierung, -en government; regime
reiben, -ie, -ie to rub
die Reihe, -n row
der Reisende (-n) *adj. noun* traveler
reißen, -i, -i to tear; to pull
reizen to tease, provoke
der Richter, - judge
die Ritze, -n crack
der Rock, ⸚e (men's) coat, jacket; skirt
das Rohr, -e reed(s); pipe
der Rücken, - back
der Rucksack, ⸚e knapsack, backpack
der Rücksitz, -e back seat
rufen, -ie, -u to call, cry out
die Ruhe quiet, peace, tranquility
rutschen (+ **sein**) to slip, slide

S

der Saal (Säle) hall, assembly room
die Sache, -n thing, matter; **die Sachen** (*pl.*) things to wear
sägen to saw
sanft soft, gentle
schäbig shabby; worn
schaden to do harm, damage
schaukeln to swing, sway, rock
die Scheibe, -n slice; windowpane

die Scheidungsklage, -n divorce suit
der Schein, -e bill (of money); appearance
das Schicksal fate, destiny
schieben, -o, -o to push, shove; to slide
das Schießpulver gunpowder
das Schild, -er nameplate; sign
die Schilderung, -en description; depiction
schimmern to sparkle
der Schinken, - bacon; ham
die Schläfe, -n temple (of the head)
der Schlag, ⸚e stroke; blow, slap
schlagen, -u, -a, -ä to beat; to strike
die Schlagsahne whipping cream
schleichen, -i, -i (+ **sein**) to creep, sneak
der Schleier, - veil
schlendern (+ **sein**) to stroll, wander aimlessly
schleppen to drag
schließen, -o, -o to close; to conclude; to form (e.g., friendships)
schließlich finally
schmerzlich painful
schmutzig dirty
der Schnitt, -e cut (of clothing)
die Schnur, ⸚e string
schnurren to purr
die Schönheit beauty
der Schoß lap
schräg slanting
der Schrank, ⸚e cabinet, cupboard; closet; wardrobe
der Schreck (-ens, -en) scare, shock; also, **der Schrecken**
die Schreibmaschine, -n typewriter
der Schreibtisch, -e desk
schreien, -ie, -ie to scream
schreiten, schritt, -i (+ **sein**) to walk, stride, step
der Schritt, -e step
die Schuld guilt; fault; **die Schulden** (*pl.*) debts
das Schuldgefühl, -e guilty feeling
die Schulter, -n shoulder
der Schutz refuge, cover, protection

der Schutzengel, - guardian angel
der Schwanz, ⸚e tail
schweben to float
schweigsam silent, taciturn
das Schwein, -e pig
schwenken to swing
schwer heavy; hard, difficult
schwerfällig clumsy; ponderous
schwierig difficult
schwingen, -a, -u to swing
der See, -n lake
die Seele, -n soul, heart, innermost self
sich sehnen (nach) to yearn, long (for)
selten seldom, rare
senken to lower; to drop
seufzen to sigh
sicher certain; safe; confident
silbern made of silver; silvery
der Sinn, -e sense, meaning; mind
sobald (wie) as soon (as)
sogenannt so-called
sogleich immediately
der Soldat (-en) soldier
sonderbar strange(ly)
die Sorge, -n worry, concern
sorgfältig careful(ly)
der Spaziergang, ⸚e walk
der Spiegel, - mirror
spöttisch disdainful, sneering
sprechen, -a, -o, -i (über, von) to speak, talk (about, of)
der Spruch, ⸚e saying, motto, proverb
spucken to spit
der Stahlhelm, -e steel helmet
der Stamm, ⸚e trunk
stammeln to stammer
starren to stare; **an•starren** to stare at
staubig dusty
stehen, stand, gestanden to stand; **es steht** it says
der Stein, -e rock, stone
der Steinbruch, ⸚e quarry
die Stelle, -n place; position, job; passage; **an Stelle von** in place of

stellen to place, put; **sich stellen** to post o.s.
die Stellung, -en position, job
der Stern, -e star
der Stich, -e engraving, print; sting
der Stiefel, - boot
die Stimme, -n voice
die Stirn(e), -en forehead, brow
der Stock, ⸚e stick; floor, story
der Stoff, -e material, fabric
stolpern (+ sein) to stumble, scramble
stopfen to stuff; mend
der Stoß, ⸚e shove, push, jolt
die Strafe, -n punishment
der Strahl, -en beam, ray; jet, stream (e.g., of water)
das Straßenpflaster, - pavement
streichen, -i, -i to cross out, strike out; to paint
das Streichholz, ⸚er match
der Strom, ⸚e river; stream
der Strumpf, ⸚e sock; stocking
die Stube, -n room; living room (in the country)
das Stück, -e piece; bit; play
der Studienrat, ⸚e secondary school teacher
die Stufe, -n step, level
stumm silent
die Stunde, -n hour
stundenlang for hours
stürzen (+ sein) to fall, plunge
stützen to support; to prop
summen to buzz
süß sweet

T

das Tagebuch, ⸚er diary
die Tat, -en deed, act; **in der Tat** in fact
taumeln (+ sein) to stagger
das Tier, -e animal
der Totenkranz, ⸚e funeral wreath
tot • schlagen, -u, -a, -ä to kill
trauen to trust
die Trauer sadness; mourning
die Trauerfeier, -n funeral rites
träumen (von) to dream (about)

treiben, -ie, -ie to drive, induce; **treiben (+ sein)** to drift
die Treppe, -n staircase
tropfen (+ sein) to drop, drip
der Trost consolation, comfort
das Trottoir, -s or **-e** sidewalk
trotz in spite of
trotzdem nevertheless
der Trumpf, ⸚e trump card
der Trunk drink, gulp
die Trunkenheit drunkenness

U

überall everywhere
überholen to overtake, outdistance
überleben to survive; to outlive
(sich) überlegen to consider, think over
überqueren to cross
die Überschrift, -en inscription; heading, title
überzeugen to convince
üblich customary
übrig • bleiben, -ie, -ie (+ sein) to remain, be left
umarmen to embrace
um • fallen, -fiel, -gefallen, -ä (+ sein) to fall, topple over
umgeben, -a, -e, -i to surround
die Umgebung, -en surroundings, environment
um • schlagen, -u, -a, -ä to turn around
der Umstand, ⸚e circumstance
sich um • wenden, -wandte, -gewandt to turn around
um • werfen, -a, -o, -i to tip, throw over
sich um • ziehen, -zog, -gezogen to change (clothes)
unabhängig independent
unbeschreiblich indescribable
unbetitelt untitled
unehelich illegitimate
unehrlich dishonest
unendlich infinite, endless
der Unfall, ⸚e accident
ungeduldig impatient

ungefähr roughly
die Ungewißheit, -en uncertainty
unheimlich uncanny, eerie
unnütz useless
die Unruhe, -n unrest; restlessness
unschuldig innocent
unternehmen, -a, unternommen, -i to undertake, carry out
unterrichten to inform, teach
untersuchen to examine; investigate
unterwegs on the way
ununterbrochen constantly
unwillig irritated
unzufrieden dissatisfied
die Ursache, -n cause
das Urteil, -e judgment, opinion

V

die Verantwortung responsibility
verbergen, -a, -o, -i to conceal, hide
verbrennen, verbrannte, verbrannt to burn
verderben, -a, -o, -i (+ sein) to spoil, rot
vereinzelt a few, isolated
der Verfasser, -, die Verfasserin, -nen author
die Vergangenheit past
das Verhalten behavior
verhindern to hinder, prevent
der Verkäufer, -, die Verkäuferin, -nen salesman, saleswoman
das Verkehrsmittel, - vehicle, means of transportation
verletzt injured
verlieren, -o, -o to lose
verlobt engaged
vermeiden, -ie, -ie to avoid
verraten, -ie, -a, -ä to betray; to reveal; to give away
verreisen to go on a trip
verschenken to give away
verschieden different
verschließen, -o, -o to lock up
versorgen to take care of

verspotten to mock, sneer at
der **Verstand** mind, reason; intelligence
sich **verständigen** to communicate
das **Verständnis** understanding; empathy
der **Versuch, -e** attempt, try
die **Versuchung, -en** temptation
verteidigen to defend
der **Vertrag, ̈e** contract
vertrauen (+ *dat.*) to trust, have confidence in
vertraut familiar
vertreiben, -ie, -ie to disperse; to drive away
vertreten, -a, -e, vertritt to represent; to endorse
verunglücken (+ **sein**) to have an accident
(sich) **vervollkommnen** to perfect (o.s.)
das **Verwaltungsgebäude, -** administration building
(sich) **verwandeln** to transform (o.s.), change
der **Verwandte (-n)** *adj. noun* relative
verwenden to use, apply
verwunden to wound
verzeihen, -ie, -ie to forgive, excuse, pardon
die **Verzeihung** forgiveness; **um Verzeihung bitten (bat, -e)** to apologize
verzweifelt desperate, in desperation
der **Vetter, -n** cousin (male)
der **Vogel, ̈** bird
vollendet finished; accomplished
völlig complete(ly)
vorbei over, past
vorbei•fahren, -u, -a, -ä (+ **sein**) to drive by
(sich) **vor•bereiten (auf** + *acc.*) to prepare (for)
der **Vorfall, ̈e** occurrence, event
vor•finden, -a, -u to find
der **Vorgang, ̈e** event, episode
der **Vorgänger, -** predecessor
der **Vorgarten, ̈** front yard
vor•haben, -hatte, -gehabt to intend to do, plan
der **Vorhangstoff, -e** curtain material

vorher before, earlier
vorläufig temporary
die **Vorlesung, -en** lecture; reading
die **Vorliebe** predilection, preference
vornehm distinguished
sich **vor•nehmen, -a, -genommen, -i** to intend, plan
vor•schlagen, -u, -a, -ä to propose, suggest
vorsichtig careful(ly), cautious(ly)
(sich) **vor•stellen** to introduce (o.s.); **sich (etwas) vor•stellen** to imagine (something)

W

die **Waffe, -n** weapon
wagen to dare
wahrscheinlich probably
die **Wandtafel, -n** blackboard
das **Warenhaus, ̈er** department store
der **Wartesaal (-säle)** waiting room
der **Wasserhahn, ̈e** faucet
der **Weber, -, die Weberin, -nen** weaver
wecken to wake up (someone)
weg•nehmen, -a, genommen, -i to take away
sich **wehren (gegen)** to resist
weich soft
weichen, -i, -i (+ **sein**) to yield, give way
die **Weise, -n** manner; **auf diese Weise** in this way
weither (from) far away
weitsichtig farsighted
das **Wetter** weather
widerwillig reluctant, unwilling
wiederholen to repeat
wieder•sehen, -a, -e, -ie to see again
wieviel how much
winken to wave, signal
winzig tiny
der **Wipfel, -** treetop
die **Wirklichkeit** reality

die **Wirkung, -en** effect
der **Wirt, -e, die Wirtin, -nen** innkeeper
wirtschaftlich economic(al)
der **Witz, -e** joke
das **Wohnzimmer, -** living room
das **Wunder, -** miracle, marvel; **Kein Wunder!** No wonder!
die **Wurst, ̈e** sausage
wütend enraged, angry

Z

zählen to count
der **Zahn, ̈e** tooth
die **Zange, -n** pliers
sich **zanken** to quarrel, fight
zärtlich tender, affectionate
das **Zauberkunststück, -e** magic trick
das **Zeichen, -** sign, symbol
der **Zeigefinger, -** index finger
die **Zeile, -n** line
die **Zeitung, -en** newspaper
zerbrechen, -a, -o, -i to break to pieces
zerknittert wrinkled; crushed
zerstören to destroy
ziemlich rather
zitieren to quote, cite
zu•decken to cover (up)
zufrieden satisfied, happy, content
der **Zug, ̈e** train; draft (of air)
zu•geben, -a, -e, -i to admit, confess
die **Zukunft** future
zuletzt finally, at last
zunächst first of all
zu•nicken to nod at
zurecht•legen to arrange, prepare, get ready
(sich) **zurück•ziehen, -zog, -o** to pull back, withdraw
zusammen•brechen, -a, -o, -i (+ **sein**) to collapse
zusammen•schießen, -o, -o to shoot down
zwecklos useless, senseless
zweifeln (an + *dat.*) to doubt
zwingen, -a, -u to force, compel
zwischendurch in between

A-10 German-English Vocabulary

(continued from page iv)

42 Käthe Kollwitz, *Krieg: Die Mütter,* 1922/23. Woodcut. The Fine Arts Museums of San Francisco, Achenbach Foundation for Graphic Arts. Gift of Alfred Fromm, 1960.85.27

49 Ernst Ludwig Kirchner, *Drei Wege,* 1917. Woodcut, $19\frac{5}{8} \times 13\frac{5}{8}$ in. Gift of the Print and Drawing Club, © The Art Institute of Chicago

53 Walter Gramatté, *Mann am Meer: Selbstporträt,* 1922. (Plate 9 of *Das Gesicht.*) Etching and aquatint printed in black and green. Image: $9\frac{1}{4} \times 9\frac{3}{4}$ in. Los Angeles County Museum of Art, The Robert Gore Rifkind Center for German Expressionist Studies

57 Ernst Ludwig Kirchner, *Liegender Hirt,* 1918. Woodcut printed in black. Composition: $12\frac{9}{16} \times 21\frac{3}{4}$ in. Collection, The Museum of Modern Art. Gift of Mr. and Mrs. Carroll Cartwright.

63 Lyonel Feininger, *Unbetitelt #8—Blaue Wolkenkratzer,* 1937. Watercolor and ink on laid paper, $12\frac{1}{4} \times 9\frac{5}{8}$ in. Norton Simon Museum of Art at Pasadena, The Blue Four Galka Scheyer Collection, 53.247

69 Ernst Ludwig Kirchner, *Unbetitelt.* Woodcut. Kunstbibliothek, Staatliche Museen Preußischer Kulturbesitz, Berlin (West)

70 George Grosz, *Menschenwege.* © Grosz/VAGA, New York 1985

75 Oskar Schlemmer, *Bauhaustreppe,* 1932. Oil on canvas, $63\frac{7}{8} \times 45$ in. Collection, The Museum of Modern Art, New York. Gift of Philip Johnson

81 Max Beckmann, *Knaben am Fenster,* 1922. Drypoint, $12\frac{1}{2} \times 8\frac{7}{8}$ in. Collection of Allan Frumkin. Courtesy of The Art Institute of Chicago

87 George Grosz, *Hausherr.* © Grosz/VAGA, New York 1985

93 Paul Klee, *Zuflucht,* 1930. Oil, opaque, and transparent watercolor on plaster coated gauze, on paper-faced board, $21\frac{3}{8} \times 13\frac{7}{8}$ in. Norton Simon Museum of Art at Pasadena, The Blue Four Galka Scheyer Collection, 53.65

99 Umberto Boccioni, *Seelenzustände: Die, die gehen,* 1911. Charcoal, 23×34 in. Collection, The Museum of Modern Art, New York. Gift of Victor Baer

105 Käthe Kollwitz, *Verbrüderung,* 1924. Lithograph. The Fine Arts Museums of San Francisco, Achenbach Foundation for Graphic Arts. Gift of Alfred Fromm, 1960.85.17

113 Kurt Schwitters, *Komposition mit Kopf im Linksprofil,* 1921. From 3rd Bauhaus Portfolio, sheet 11. Lithograph. The Fine Arts Museums of San Francisco, Achenbach Foundation for Graphic Arts. Gift of Mason Wells in memory of Christine Flannery, 1960

118 Franz Marc, *Versöhnung,* 1912. Woodcut. From: *Der Sturm: Wochenschrift für Kultur und die Künste.* Berlin: Verlag der Sturm, September, 1912. (Jahrgang 3, Nr. 125/126.) Los Angeles County Museum of Art, The Robert Gore Rifkind Center for German Expressionist Studies

120 Ernst Ludwig Kirchner, *Boy with Cards,* 1915. Lithograph. Städelsches Kunstinstitut, Frankfurt, West Germany. © by Dr. Wolfgang and Ingeborg Henze, Campione d'Italia

135 George Grosz, *Friedensengel (Karikatur des Feldmarschalls Hans Von Seeckt).* Lithograph. The Fine Arts Museums of San Francisco, Achenbach Foundation for Graphic Arts, 1963.30.1481

137 Ernst Barlach, *Die Wandlungen Gottes: Der Siebente Tag,* 1920. Woodcut. The Fine Arts Museums of San Francisco, Achenbach Foundation for Graphic Arts, 1963.30.95

144 George Grosz, *Image of the German Babbit.* © Grosz/VAGA, New York 1985

153 Max Beckmann, *Familienszene,* 1918, #2 from portfolio, *Gesichter.* Drypoint. The Fine Arts Museums of San Francisco, Achenbach Foundation for Graphic Arts. Gift of Mrs. Philip N. Lilienthal, 1963

159 Franz Radziwill, *Liebesgram,* 1921. Woodcut. 28×19.7 cm. From: *Kündung: eine Zeitschrift für Kunst.* Hamburg: Einmann Werkstatt Johannes Schulz, 1921 (1. Folge, Heft 3). Los Angeles County Museum of Art, The Robert Gore Rifkind Center for German Expressionist Studies

173 Georg Schrimpf, *Unbetitelt,* from *Der Weg.* Munich: Verlag der Weg, February 1919. Woodcut. Los Angeles County Museum of Art, The Robert Gore Rifkind Center for German Expressionist Studies

178 Käthe Kollwitz, *Die Eltern der Künstlerin,* 1919. Lithograph. The Fine Arts Museums of San Francisco, Achenbach Foundation for Graphic Arts. Gift of Alfred Fromm, 1960.85.22

183 Käthe Kollwitz, *Die Witwe I,* 1922/23. Woodcut. National Gallery of Art, Washington. Rosenwald Collection, NGA #B-7,763

191 Theo van Doesburg, *Der Baum,* 1916. Oil on panel, 26×22 in. The Portland Art Museum. Gift of Mr. Jan de Graff

197 George Grosz, "Gottes Sichtbarer Segen ruht auf uns." © Grosz/VAGA, New York 1985

199 Ernst Barlach, *Engelreigen,* 1924 (Plate 3 from *An die Freude.*) Woodcut. Image: $10\frac{1}{8} \times 14\frac{3}{16}$ in. Los Angeles County Museum of Art, The Robert Gore Rifkind Center for German Expressionist Studies. Purchased with funds provided by Anna Bing Arnold, Museum Acquisition Fund, and Deaccession Funds

208 Käthe Kollwitz, *Gefallen,* 1921. Lithograph. Philadelphia Museum of Art. The Print Club Permanent Collection

214 Alfred Kubin, *Der Krieg,* 1903. Oberösterreichisches Landesmuseum, Linz, Austria

224 Paul Klee, *Meditation (Self-Portrait),* 1919. Lithograph. $9\frac{1}{4} \times 6\frac{1}{4}$ in. San Francisco Museum of Modern Art. Lent by Professor Carl Djerassi

229 Max Beckmann, *Selbstbildnis,* 1919. Title page to a portfolio of prints, *Die Hoelle.* The Kortebein Collection

234 Conrad Felixmüller, *Bildnis Max Liebermann,* 1926. Woodcut. Composition: 49.7 × 39.2 cm. Sheet: 63.5 × 48.5 cm. Los Angeles County Museum of Art, The Robert Gore Rifkind Center for German Expressionist Studies

239 Alfred Kubin, *Der Eremit,* 1906. Watercolor. Oberösterreichisches Landesmuseum, Linz, Austria

247 Ernst Ludwig Kirchner, *Strasse mit Omnibus,* 1926. Woodcut, 430 × 260 mm. The Fine Arts Museums of San Francisco, Achenbach Foundation for Graphic Arts. Purchase, 1960.72.22

256 George Grosz, *Stützen der Gesellschaft,* 1926. Oil on canvas, 200 × 108 cm. Nationalgalerie, Staatliche Museen Preußischer Kulturbesitz, Berlin (West)

258 Paul Klee, *Rechnender Greis,* 1928. Etching. Philadelphia Museum of Art. Given by Carl Zigrosser

Permission and Acknowledgments

The authors are grateful to the following publishers and authors for their kind permission to reprint the following selections:

„Das Kirschenfest," by Ernst Glaeser, © Kiepenheuer & Witsch.

„Lesebuchgeschichten," by Wolfgang Borchert, from *Das Gesamtwerk,* © 1949 Rowohlt Verlag GmbH, Hamburg.

"Forgive Me," by Hans Bender, from *Worte, Bilder, Menschen,* © Carl Hanser Verlag, Munich.

„Reusenheben," by Wolfdietrich Schnurre, reprinted by permission of the author.

„Die am schnellsten wachsende Stadt der Welt," by Walter Bauer, © 19--. By permission of his Literary Trustee.

„Ansprache zum Schulbeginn," by Erich Kästner, from *Die kleine Freiheit*, Atrium Verlag, Zurich, © the heirs of Erich Kästner, Munich.

„Schulaufsatz," by Paul Schallück.

„Der Diebstahl," by Heinz Risse, reprinted by permission of the author.

„Die Flucht," by Rainer Maria Rilke, from *Sämtliche Werke* © 1962 Insel Verlag, Frankfurt am Main.

„Hunne im Abendland," by Janos Bardi, from *Die Humor-Box* © 1959 Liselotte Kumm Verlag, Offenbach am Main.

„Wie heißt dieses Wesen?", by Günther Anders, from *Der Blick vom Turm. Fabeln,* © 1968 C. H. Beck'sche Verlagsbuchhandlung (Oscar Beck), Munich.

„Ein verächtlicher Blick," by Kurt Kusenberg, from *Gesammelte Erzählungen,* © 1969 Rowohlt Verlag GmbH, Reinbek.

„Schneeschmelze," by Marie Luise Kaschnitz, © 19-- Classen Verlag, Düsseldorf.

„Ein alter Mann stirbt," by Luise Rinser, from *Ein Bündel weißer Narcissen,* © 1956 S. Fischer Verlag GmbH, Frankfurt am Main.

„Risiko für Weihnachtsmänner," by Siegfried Lenz, from *Das Feuerschiff, Zehn Erzählungen,* © 1960 Hoffman und Campe Verlag, Hamburg.

„Der Kranzträger," by Josef Mühlberger, from *Der Galgen im Weinberg,* © 1960 Bechtle Verlag, Munich.

„Geschichte von Isidor," by Max Frisch, © Suhrkamp Verlag, Frankfurt am Main.

„Der Dichter," by Hermann Hesse, from *Märchen* © 1955 Suhrkamp Verlag, Frankfurt am Main.

„Der Nachbar," by Franz Kafka, from *Sämtliche Erzählungen,* © 1964 (1965) Schocken Books, Inc., New York.

„Sein letzter Irrtum," by Alfred Polgar, from *Auswahl,* © 1968 Rowohlt Verlag GmbH, Reinbek b. Hamburg.